宇梶静江

大地よ！

アイヌの母神、宇梶静江自伝

藤原書店

赤い目のフクロウ（古布絵作品、1996 年）

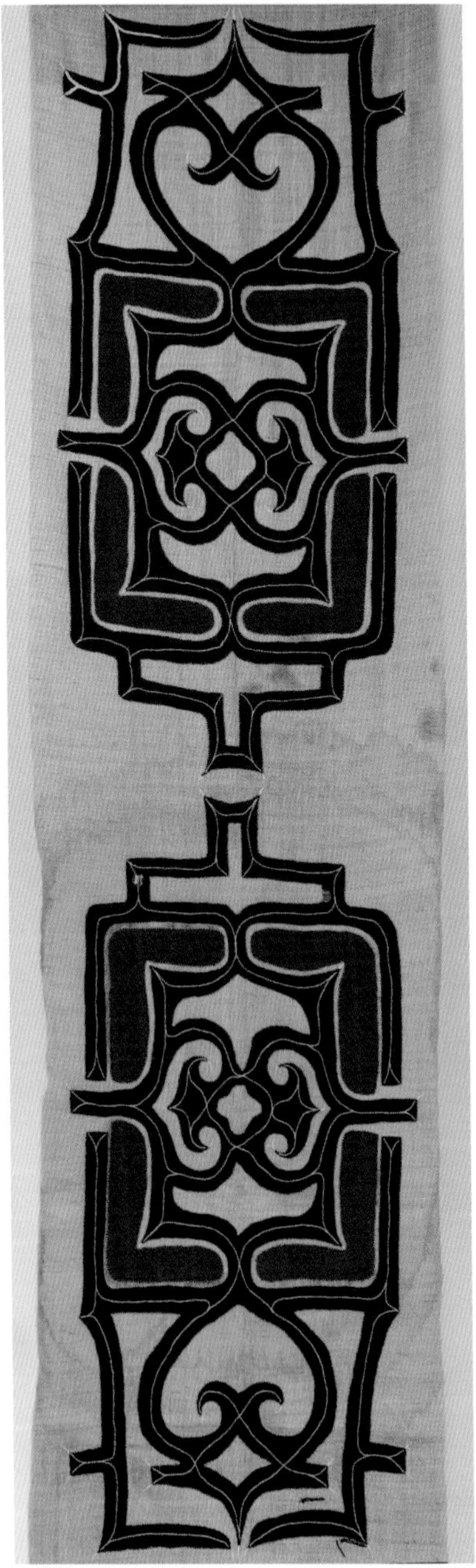

アイヌ模様（タペストリー、1998 年）

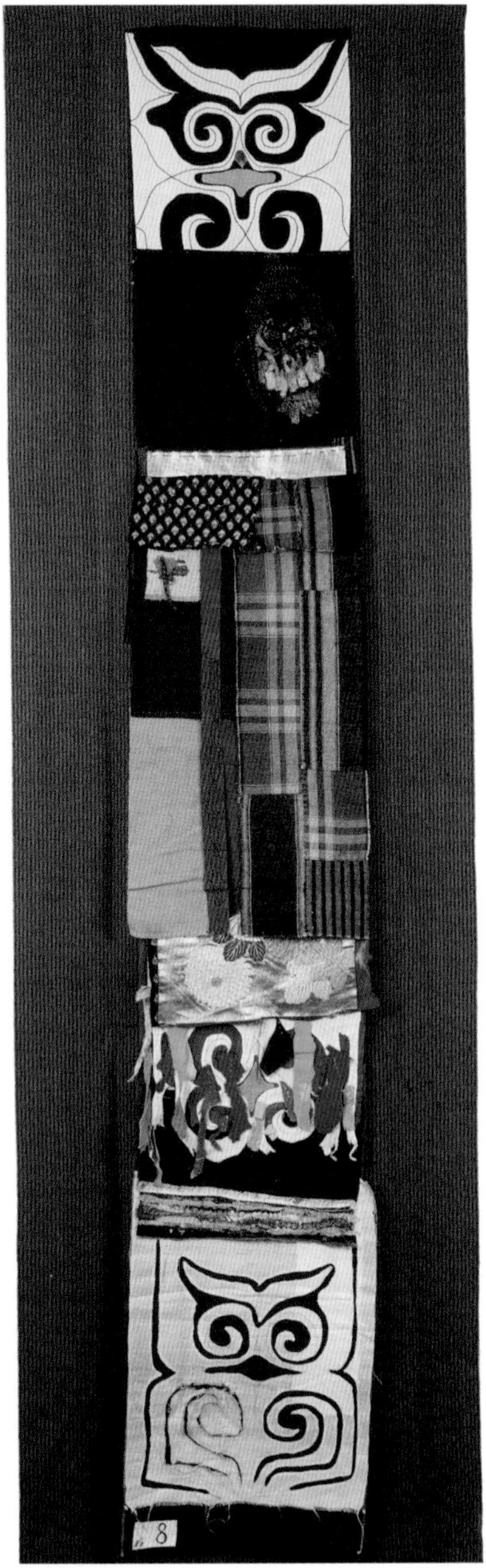

アイヌの歴史（タペストリー、1998 年）

浦河憧憬（古布絵作品、1997 年）

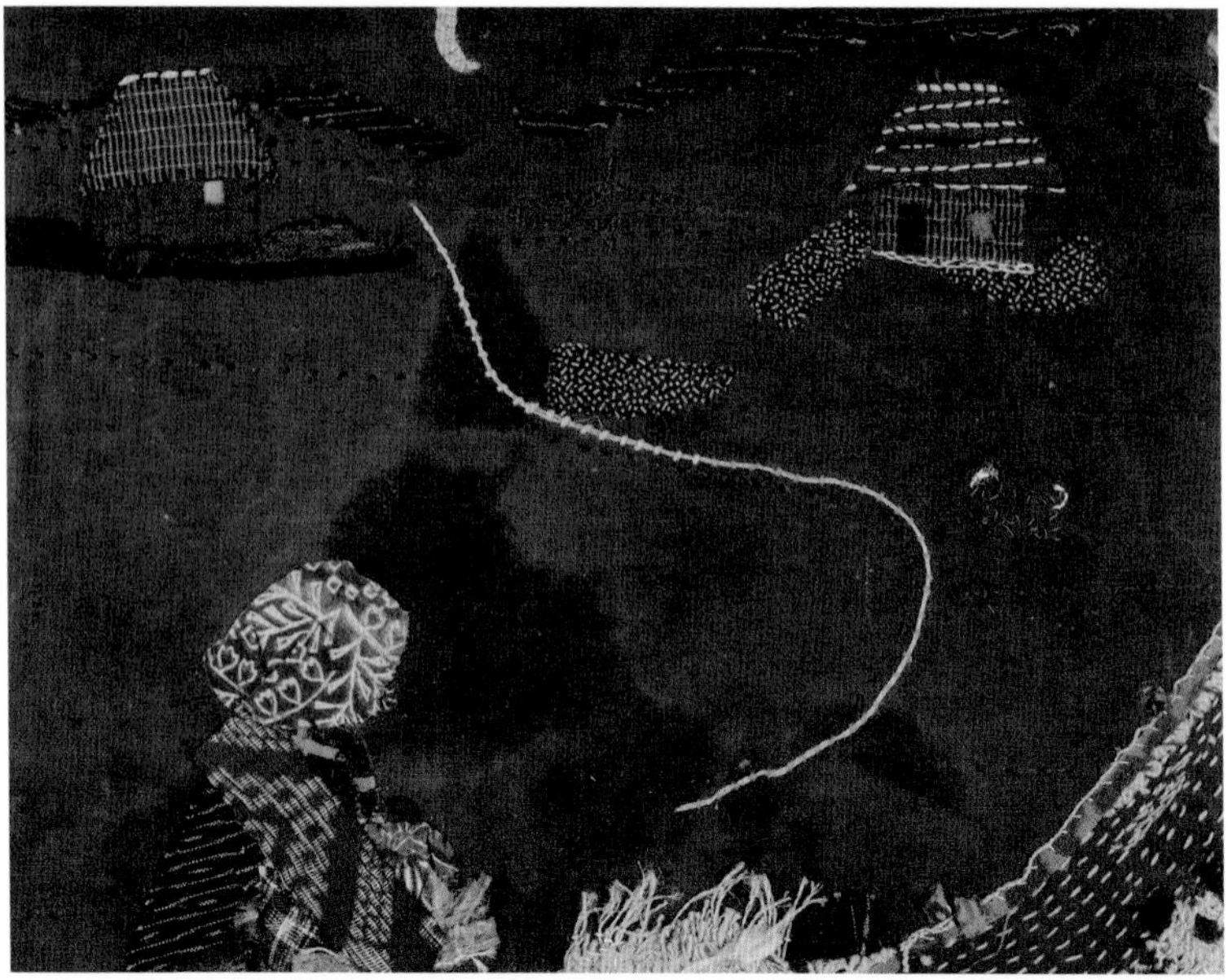

捨子物語　和人の子を育てるアイヌ①（古布絵作品、1996 年）

捨子物語　和人の子を育てるアイヌ②（古布絵作品、1996 年）

捨子物語　和人の子を育てるアイヌ③（古布絵作品、1996 年）

ポシェットに描いたシマフクロウ（古布絵作品、2015 年）

アットゥシ（長羽織、1998 年　上＝表、下＝裏）

お爺さんにお酒を届ける（古布絵作品、1997 年）

野にいきるもの——亡き父に捧げるシマフクロウ
（古布絵作品、2008 年）

大地よ――東日本大震災によせて

大地よ
重たかったか
痛かったか

あなたについて
もっと深く気づいて
敬って

その重さや
痛みを
知る術を

持つべきであった

多くの民が
あなたの
重さや痛みとともに波に消えて
そして
大地にかえっていった

その痛みに
今　私たち
残された多くの民が
しっかりと気づき
畏敬の念をもって
手をあわす

二〇一一年三月十八日

アンコロ　モシㇼ

アンコロ　モシㇼ
エセトゥル　パセ　ア？
エイユニン　カシパ　ア？

アノカイ　オピッタ
ナ　アッカリ　アネエヤム　ワ
アネオリパㇰ　ワ

エセトゥル　パセ　ヒ
エイユニン　ヒ
アネラムオカイ　ロㇰ　ヤクン

ピㇼカ　コㇿカイ

インネ　ウタㇻ
エチケ　ハウェ　トゥラノ
オレブンベ　レブンカ　ワ
オロワノ
シンリッ　コタン　オパイェ　ワ　イサム

アンホッパ　ウタㇻ
アノカイ　オピッタ
エエラムシッネ　ヒ
アネラムオカイ　ワ
オリパㇰ　トゥラノ
アネコオンカミ

アイヌ語訳　訳／中川 裕

大地よ！

目次

〈詩〉大地よ――東日本大震災によせて／アンコロ　モシリ（アイヌ語訳）　1

I　アイヌとして生きる――13

1　幼年時代　15
大地震の中での誕生　姉茶の村里　浦川の家系　父と母　ベンエカシと従叔母　伊達のおっちゃん　変った子だった私　北海道の春と夏の大自然　大きな火の玉と星空への幼少期の記憶　父は私の誇り

2　貧しい暮しの中で――小学生時代　48
小学校への入学　小学校の先生たちのこと　夏場の浜辺での暮し　戦時下、四人の子どもを預かる　アイヌの貧しさと奉公と悲劇　海辺の住まいと姉茶の住まい　人になつきにくい子だった私　夏の川遊びと空襲

3　父母の仕事と慣習　67
父の昆布採りの仕事　冬場の父の山仕事と里で待つ家族　姉茶での牛の世話　山での薪とりと遊び呆け　父が農業への転業を決断する　田圃での春夏秋の仕事　戦時下の学校と生活困窮　ツッピアーニ（交換）という習慣

4　アイヌの食文化――記憶から　90
アイヌの食文化　干し魚のおやつなど　魚をきれいに食べる父　キノコおよび

レバー　戦時中の食の困難　ラダシケップ（混ぜもの）　鮭、タカノハ、蛸

5　アイヌ差別の実体験を通して　106
アイヌ差別の原体験　政府のお墨付を頂いての移住民たち　先住民アイヌの居場所無き歴史　「北海道旧土人保護法」によるアイヌの同化政策　大きな罠を仕掛けられたアイヌ民族　国民学校での差別　差別される日々　差別の理不尽さ、根深さ　早死にするアイヌたちは多かった

Ⅱ　学びへの目覚め

6　敗戦直後の時代　133
母の激しい一言　学歴のない悲哀　時代を深くは意識せず　物のない戦後の生活　結婚をしたいという気持ちは湧かず　飢えた子どもたちを我が家へ迎える　冬の間に和裁・洋裁を習得する

7　女優への憧れと行商体験　146
盆踊り、秋祭り、正月の楽しみ　山椒の実を摘む山中で、シマフクロウに出逢う　村の青年団での演劇活動　女優への憧れと宇野重吉先生　貧しくても支えあって生きてきた　和人の妊婦に新しい服をあげる　行商体験――蒲鉾、タラコ、キンメダイを売る　『ゲーテ詩集』とそろばん

III　詩作、そして古布絵の世界へ

8　姉の死　166
父の家族思いと私　美しいものに魅せられて　父が娘に語る「一度も実現しない約束」　二歳上の兄嫁妙子さん　姉の流転と悲劇　姉二十六歳、冬の朝に逝く　要ちゃんとの淡い交流　女友だちの悲しみと早世

9　二十歳で、中学校へ　188
学校へ行きたい　札幌での充実した北斗中学時代　忘れられない知里真志保先生の御恩

10　アイヌモシリを離れて東京へ　199
一九五六年三月、東京へ　喫茶店勤めから結婚へ　東京での読書生活

11　詩的表現への目覚め　207
『詩人会議』でのデビュー　浦川恵麻として詩を書く

12　アイヌとしての叫び　227
一九七二年、東京で『朝日新聞』「生活欄」に投稿――アイヌ同胞への呼びかけ　「呼びかけ」以降の苦悩　朝まで〝ゴーゴー〟を踊る

13　六十三歳で古布絵を発見　245

「古布絵」との出会い　出会いと縁によって開けた世界——アイヌの表現者として起つ　アイヌのファッションショーの思い出

14 世界の先住民族として 256

久しぶりの詩作——イフンケ（母地球）　ハーバード大学での講演　海外歴訪の日々と先住民としての自覚　日本初の先住民族サミット

15 アイヌの伝統文化と私 285

夢の中のお告げ　アペフチカムイと「炭焼きエカシ」　ご先祖様の供養（イ・チャルパ）　トゥス（アイヌの巫術）　昔のカムイノミの特徴と力　アイヌ語とアイヌ文化の衰退　イタック好きの母　アイヌの語り、歌のリズム、風の読み　アイヌの刺青　格好よく優しい人たち　三信鉄道開通に助力したアイヌ　蠣崎家の末裔との出会い

〈追記〉アイヌの調査にからむ児玉作左衛門氏との経緯 314

16 アイヌの精神性——ユーカラ、そしてイオマンテ 318

「旧土人保護法」とアイヌの土地　罷獲りの一族とアイヌ　姉茶最後のイオマンテを目撃　「アイヌの行事に、リハーサルはいりません」　ユーカラを好んでいた父母　アイヌの精神性とカムイノミ　リミミセの異様な声　ペウタンケ（神様への抗議）の雄叫び　アイヌの葬儀と深い悲しみ　アイヌの幾つかの言い伝え

Ⅳ　大地よ！　347

17　問われる現代文明　349
二〇一一年——大きな節目の年の出来事　アイヌの内なるエネルギー　自然は語る、大樹は語る　親（宇宙、地球）が私たちに教える　伝えるために　大地に迫る危機　幸せの糸口をつかむために　アイヌが消えないための取り組み

18　大きな導きと祈りの中で　381
先住民指導者たちも、神々との対話を許された　アイヌの仕事と生活を営むことが、アイヌ民族の精神性

19　アイヌよ、今こそ立ち上がる時だ　395
語るより、実行で訴えたい　大地、火、水、風などを神としたから生きられた今、アイヌのエネルギーが動き出している　私は、カムイに尽くして死にたい何者かが私を導いてくださる　民族の今後への祈り

あとがき　413
宇梶静江関連年譜（1933–2020）　421

大地よ！

アイヌの母神、宇梶静江自伝

I　アイヌとして生きる

1　幼年時代

大地震の中での誕生

私の生まれは、一九三三年三月三日。この日は、私の出生にとっても、世の中の動きについても、のっぴきならぬことが起こった日でした。自然災禍です。

この時、私たち家族は浦河の浜辺の村に住んでいました。父の仕事が夏を中心とする昆布の採取だったので、波打ち際から百メートルほどの浜辺で暮していました。この日、海辺にいた母親は産気づき、動けなくなりました。難産で苦しんでいたのですが、その夜、突然に、大地に大きな揺れがきて、大騒ぎになったそうです。あまりの揺れの大きさに、「これは津波が押し寄せるのではないか」と言って、人々は小高い山へこぞって避難しました。
そんな騒ぎのなかでも、母の陣痛は収まらず、父も、付き添っていた知人のおばさん方も、避難することができなかったということです。しばらくして高波も収まりましたが、陣痛は続き、その日も暮れかかった頃、ぼたん雪が降りだしました。その雪の中を、父は街のお医者さんを迎え、そのお医者さんが、超未熟児の赤ん坊を取りあげてくださった。その赤ん坊がこの私です。

この大きな揺れのもとは、本州の三陸沖で起きた大地震でした。震源地では、津波によって何千人という方が亡くなり、大きな被害を被っていたそうです。* 私の生まれた地は、北海道浦《うら》河郡《かわぐん》荻伏《おぎふし》村《むら》字《あざ》姉茶《あねちゃ》。六人姉兄弟で、上に姉と兄がいます。上から三番目に生まれた者です。この年の冬場も、家族は浜辺の村、浜荻伏《はまおぎふし》で暮していました。

＊ 昭和三陸地震は、一九三三（昭和八）年三月三日午前二時三〇分四八秒に、岩手県上閉伊郡釜石町（現・釜石市）の東方沖約二百キロ（北緯三九度七・七分、東経一四五度七・〇分）を震源として発生した地震。気象庁の推定による地震の規模はマグニチュード八・一とされている。

そのようにして、やっと生まれた私は、両手に入るくらいの超未熟児、しかもしわしわで、まるで猿の子のような児でした。身体も虚弱で、すぐにも命が絶えそうで、生んでくれた母でさえ、諦めかけるような状態であったと言います。すぐにも神の国に戻りそうだと、父は仕事仲間の同胞たちと共に、神《カムイ》にお願いの祈りを二度、三度とあげたそうです。

「神よ、お願いを聞いてください。私たち夫婦にせっかく授かった児ですが、身体があまりに弱っていて、今にも神《カムイ》の国に行きそうです。もし、この児が神《カムイ》の国に行ってしまった時に、神《カムイ》よ、どうかこの児を受け取ってください。この次に生まれてくる時は元気な児で生まれてくるように」と。そのように祈っていても、息絶え絶えに生きながらえ、出生届は三月十六日に村役場に提出したのだということです。だから、私の誕生日は、三月十六日になっています。

そのようなことで、やっと生きた、と聞いています。三月と言っても北海道は寒いから、育てるのは大変だったと思います。父親は昼間、力仕事をしなければならないのに、赤ん坊の私はよく夜泣きするので、母親はおんぶして外に出て、泣き止むのを待った、というような話をよく聞かされて育ちました。数えてみると、私は父が三十一歳の時の子どもです。そして姉は七歳上で、兄が四歳上でした。

父親は、当時結構な収入がある人だったそうです。仕事のできる人で、そのお金を使って、よく町で女遊びをしていたと言います。また、縄でクジを引いて勝ち負けが決まる「手遊び」という博打をしたり、村では十五歳上のおばさんとデキちゃったりして、滅茶苦茶をして母を泣かせていたとも聞きます。それだけでは足りず、父は、母に「子どもを二人連れて出ていけ」と言い、ひどい仕打ちをしていたそうです。

この仕打ちに耐えられなくなった母は、当時飼っていた馬に、姉と兄を乗せて、母の生まれ里である東静内まで帰ろうとして、出掛ける仕度をしている所を、近所のおばあさんに、「絶対に帰ってはいけないよ」と止められて思いとどまったそうです。その四年後に私が生まれたのです。

聞き及んだ話では、静江が生まれたとたんに、父は遊びをピタッと止めて、手遊びもしなくなるし、飲んだくれることもなくなった、ということです。私の誕生がうちの節になったのだと思います。

父は海辺で育った人だから、生魚の刺身とか、生で食べるものを上手に食していました。父の好きな食べ物を私も好きだったらしくて、子どもは六人もいるのに、母の話では「これは静江に残しておけ」と言って、ほかの子どもには、そんな配慮を示したことがないようです。それは、こぼしているのか自慢なのか、そう言ってくれました。父と私がどのような関係なのか、父の悪い遊びを止めるために生まれたのか、母が難産であったからか、赤ん坊の私が身体が弱かったからなのか、何だったかは、わかりませんが。

父はよく言っていました。「門立つ者には何か施せ」と。旅回りの托鉢の人が、私の生まれたときに、うちの住まいの傍らにある、昆布を収納する小屋の片隅にたまたま泊まっていて、私に静江という名前をつけてくれたそうです。親がつけてくれたのではないのです。村の人々は托鉢で回って来る人たちを「乞食坊主」と呼んでいました。托鉢して歩く人は人の恵みを受けて、食べて、生きながらえなきゃいけないからです。

昆布小屋に居たその人は、少し身体の具合を悪くしてうちに滞在していたようです。田舎の人々は寛大だから、次の収穫まで昆布を収納する場所が空いていて、そこに、旅人をお泊めしてあげたそうです。隣近所のおばさん方が食べ物をつくり、その滞在者が元気になるまで面倒をみました。父の「門立つ者には何か施せ」には、そんな村のしきたりと、私の出生の際のでき事が関わっていたのです。

私が七歳か八歳の頃のことです。坊主がたまたま私一人のときに姉茶の家に来ました。私は走って台所にいって、五合は入るお椀いっぱいにお米をあげました。親が帰ってきた時、褒めてもられると思い、そのことをしゃべったら、大人たちは大笑いして、「静江は乞食坊主に米五合もあげた」と言って話題になりました。親がそう言っていたから、何か差し上げるものだと思っていたのです。五合といったら、一日出面《でづら》（農家の日雇いの手伝い）で二百円か米一、二升しか貰えませんから、半日分の米をあげちゃったことになります。家にたくさん米があったでしょう。だから手で掬《すく》って沢山あげたのでしょう。怒られることはなくて、笑い種になっていました。

昔、旅回りの者で、こころよからぬ曲者というか、一家を惨殺するような恐ろしい者も通ったことがあるそうです。荒れすさんだ流れ者などが通り過ぎていくのです。そんな場合には、自分の女房を一夜与えることもあった、と年寄りたちの口ぶりから感じました。要するに、争いを起こさないよう、犯罪者からの回避手段でもあったのでしょう。今ではとても考えられないことですが、萱野茂先生の本に、「女房は借りもの」って書いてあります。[*] 昔は男が女の所に通ったそうです。女房は神《カムイ》から借りているから大事にしなきゃいけない、ということでしょう。

* 萱野茂『妻は借りもの――アイヌ民族の心、いま』北海道新聞社、一九九四年。

姉茶の村里

わが家のある村里の姉茶は、東北の方角に、三〇キロ以上離れていますが、日高山脈を頂いていて、山脈の裾は、太平洋に面した襟裳岬にまで続いています。日高山脈は、私の村からも容易に仰ぎ見ることができます。山脈の山裾からデルタ状に沢は大きく広がり、流れて海にそそぐような地形で、山奥に行くほど、村里が狭くなっていきます。

村々のやや中央に大川と言われる川が流れている。私の村にも大川の他に細い川が三本ほど流れています。その一本の川の側に、わが家が建っています。その川は、山裾から滲み出た水の集まりでできた小川です。冬寒い時でも凍ることがなく、寒い朝などは、水面に湯気がたっ

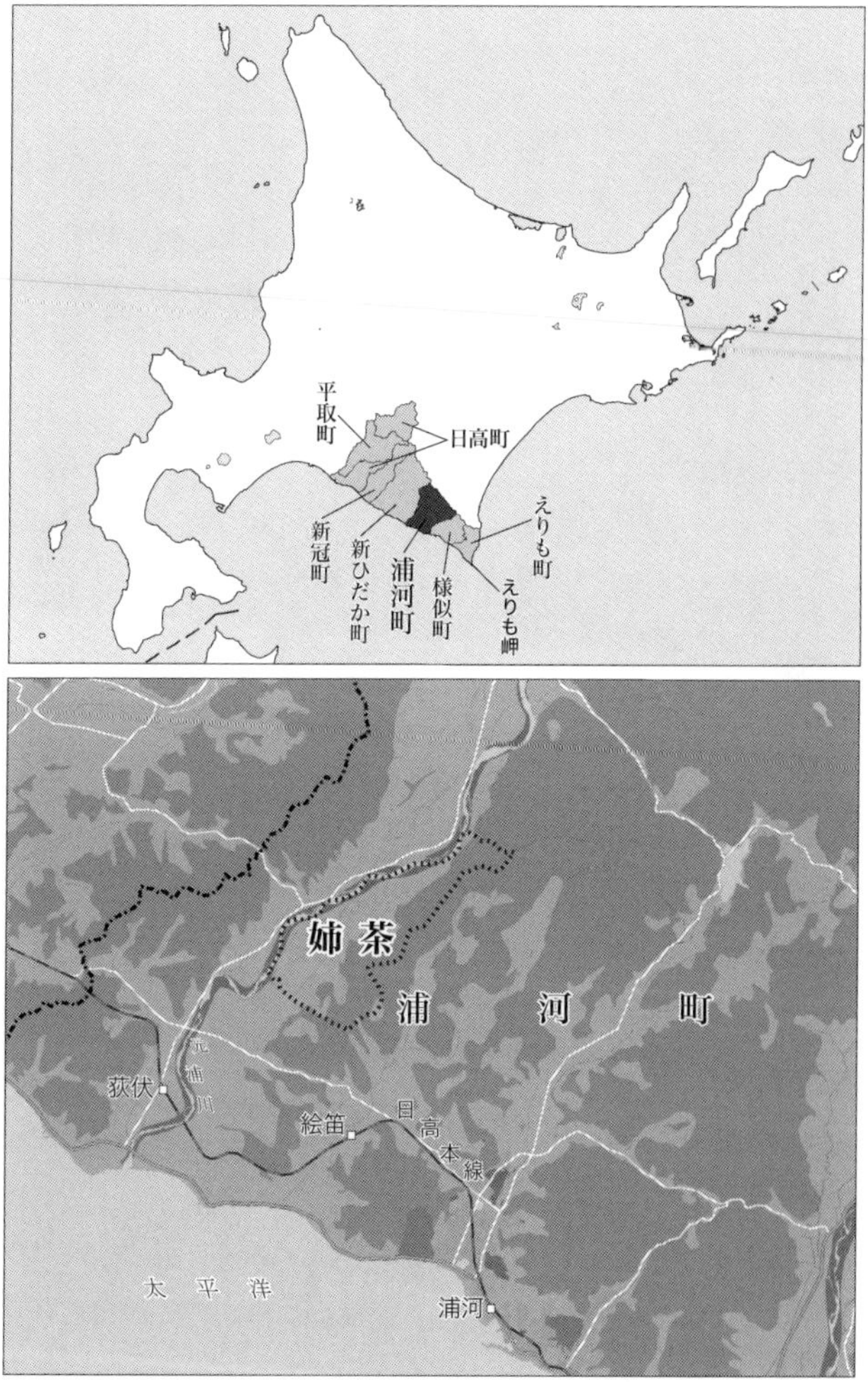

浦河町姉茶

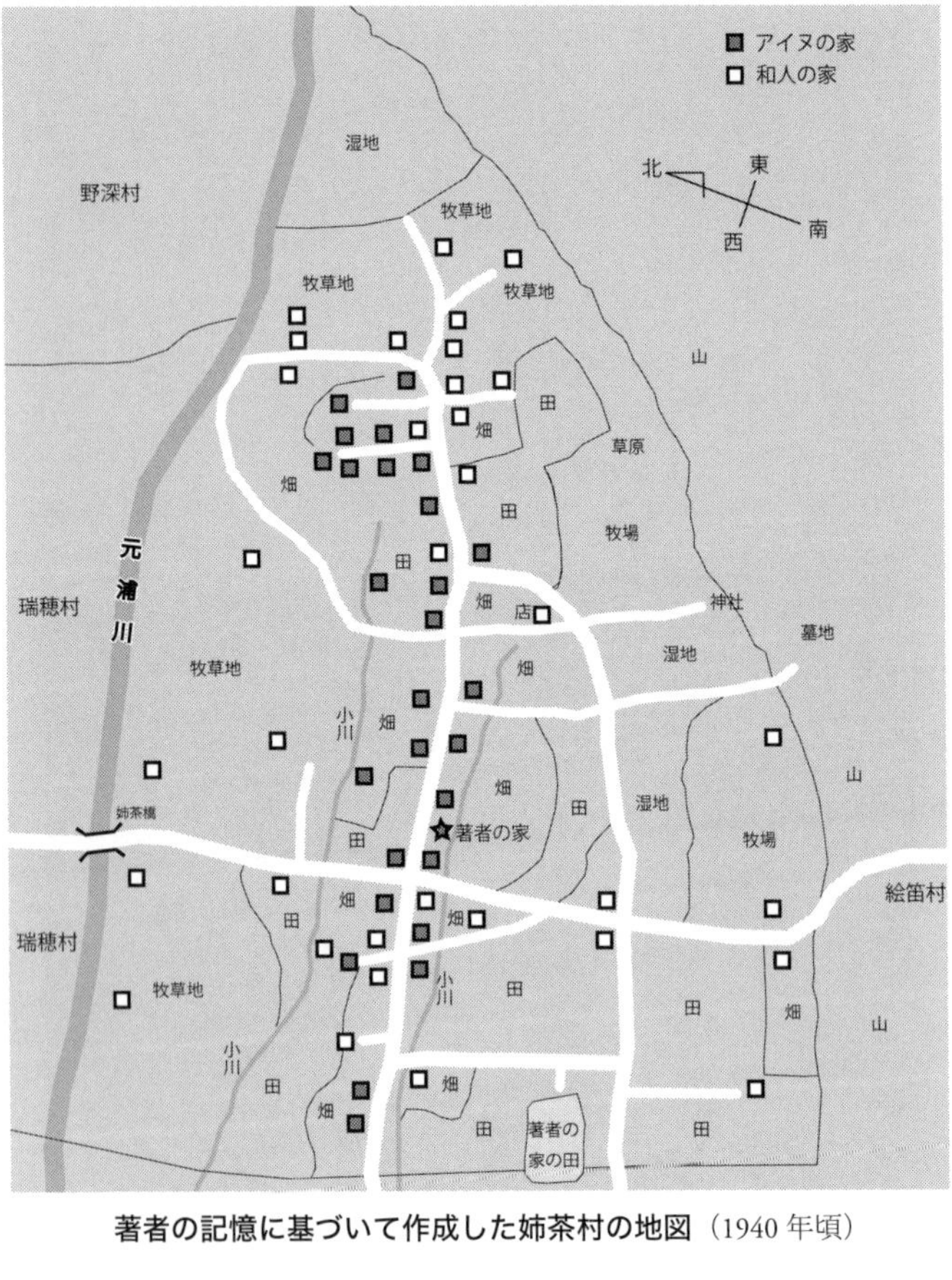

著者の記憶に基づいて作成した姉茶村の地図（1940年頃）

ています。水もおいしくて、川岸に小さい水たまり池をつくり、そこから飲み水を汲んで飲んでいました。

子どもの頃に聞いた話では、私の親の代ぐらいまでは自然がそっくりそのまま残っていたと言います。村も葦原だったそうです。アイヌ語の〝アネサル〟Anesarというのは、アネ・サル ane-sar＝細い・湿原（葦原）という意味で、「葦原の葦を刈って住む所」を表していました。

アイヌが住んでいる所は、だいたい村の中央でした。沢の真ん中の地にアイヌは住んでいました。点、点、点と一家族ごとに、まばらに居を構えていました。

地形的に村の中央は小高い平地になっています。地震の時、中央は地盤が良いので、あまり揺れない。それに対して両側の山に近い湿地帯は揺れが大きい。アイヌは土質の良し悪しを知っているので、そこに陣取って暮していたのだと思います。だいたいは、和人が移住してくるにつれ、アイヌの住まいは強制移住させられていました。けれども、なぜか姉茶には私たちに地盤の良い土地が残されていました。

もともと、アイヌが所有していた土地が相当あったらしいのですが、結局は和人に取られてしまいます。すると、私の畑も土地が、あちらに八反歩、こちらに四反歩というように、櫛の歯が欠けるように飛び地になってしまいます。それを理解して頂くためにはアイヌの歴史を知

現在の姉茶村の風景

る必要がありますが、それはまた後で語りましょう。

ともかく、当時はまだ、自然はそんなに壊されていませんでした。私の育った周りの山の木は、だいたい四〇年たつと刈り取られると聞いていました。そして後年、私が東京に出て、しばらくして里帰りしましたら、山が裸になっていました。それで私が「山のあの木々はどうしたの」と聞きますと、「製紙会社がみんな買いとっていくのだ」と言っていました。寂しいものです、自分の親しんできた山が坊主になっているというのは。

姉茶には隣の村との間に山があり、山道を降りて村里に続く所に四辻《よつつじ》があって、車が通る道になっていました。その角に鋳掛屋《いかけや》さんがあり、その主人がアイヌのおじさんでした。時々四辻の四つ角の所で座って、鍋の疵を直していました。

それから、木挽き。大きい木を立てて、台木に乗っかって、幅広い鋸で切るのです。つまりは製材です。それも近所に住んでいるアイヌのおじさんの仕事でした。だから、今では見られなくなってしまった大木も、当時はあるにはあったわけです。

ところで、時代は大きく遡りますが、松浦武四郎*さんが、姉茶を、何回も訪れていたというのはうれしいことです。小さい村ですが、今では、荻伏沢《おぎふしざわ》全体が随分地形も変ってしまい、村の上の方にベッチャリと呼ばれる、水が豊富に湧き出ていた渓谷がありましたが、川筋が変えられ、今ではその光景も見られません。道路が立派になり、生活が便利になるのはよいけれども、今の姉茶には、昔の面影は全然ありません。私が娘時代を過ごした場所でしたが、その記憶に結び付く景色は全くなくなってしまいました。悲しいけれども、それが今の姉茶です。

＊ **松浦武四郎**（一八一八―一八八八） 幕末から明治にかけての探検家、浮世絵師、著述家、好古家。一八四四年、初の蝦夷地探検に出発。一八四六年には樺太詰となった松前藩医・西川春庵の下僕として同行、その探査は択捉島や樺太にまで及ぶ。さらに、江戸幕府から蝦夷御用御雇に抜擢されると再び蝦夷地を踏査し、「東西蝦夷山川地理取調図」を出版。明治二（一八六九）年に「蝦夷開拓御用掛」となり、蝦夷地を「北海道」（当初は「北加伊道」）と命名。アイヌ語の地名を参考にして国名・郡名を選定している。

私が浦河の街並みを歩いていると、時々アイヌ知人のおばさんに呼びかけられました。
「もしかしたらツネさんの娘さんでないかい」と。

「はい」と言うと、

「ああ、やっぱり」と。それほど父の感じに似ていたらしいです。

その〝ツネ〟は相撲が強かったと言います。秋田とか日本海側の人たちは相撲に強いと聞いていましたが、父には半分そちらの血も流れている。父は何人抜きとかという相撲をとるのだそうです。相撲の大会では、勝者のための賞品として米何表、反物何反といった具合に積んであるそうです。七人抜き以上の人には、それをご褒美にあげるようになっていました。それを父がたびたび受け取っていたらしい。ツネさんが勝つと、みんなは賞品を分けてもらえるので、ツネさんへの応援がすごかったようです。

近所の人が家に来ると、そんな話が出るものだから、父の相撲に関しては、そんな華々しい言草しか聞いていません。けれども、母はそのような反物一反も、米一粒も持って帰ってきたことがない、と言っていました。全部、ファンに分けてしまうそうです。「ツネさんが勝てば、みんなそうして分けてくれるからな、それがなぁ、すごい」と私らは聞いていました。

浦川の家系

父の父（父方の祖父）、常次郎は、父の春松が十一歳の時、亡くなったとのことです。病弱だっ

浦川家の家系図

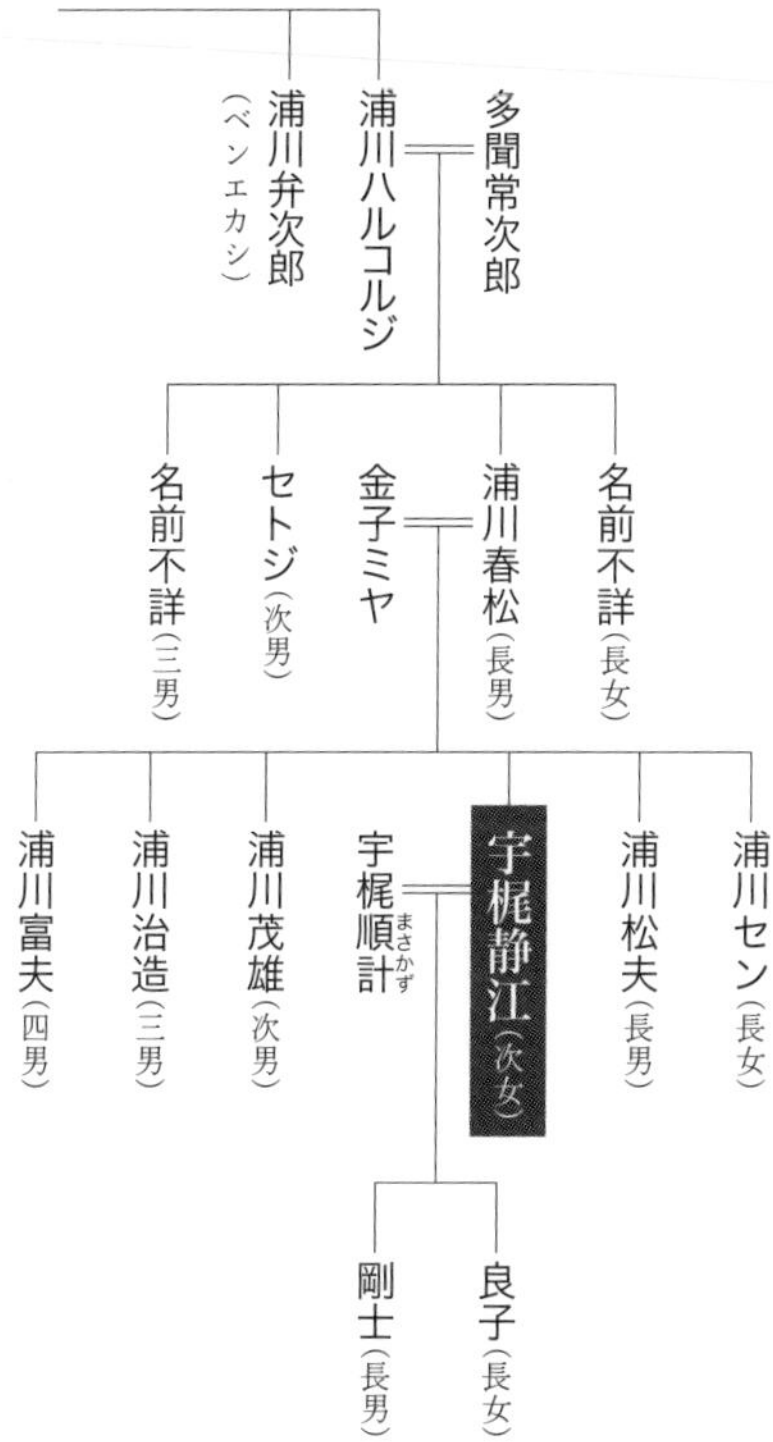

多聞常次郎
浦川ハルコルジ
浦川弁次郎（ベンエカシ）
名前不詳（長女）
浦川春松（長男）
金子ミヤ
セトジ（次男）
名前不詳（三男）
浦川セン（長女）
浦川松夫（長男）
宇梶静江（次女）
宇梶順計《まさかず》
浦川茂雄（次男）
浦川治造（三男）
浦川富夫（四男）
良子（長女）
剛士（長男）

たのでしょうか。父の春松には姉がいたとも聞いています。これも確かな情報ではありませんが、弟も二人いたのではないかという話も聞いています。

浦川という姓は、明治政府が、明治四年に日本人全員に苗字をつけるようにした時、先祖が住んでいた地名を苗字にしたと聞いています。そこは、アイヌ語で「オマウシ」という所だったそうです。「オマ」は「浜ナシ」という植物、「ウシ」は多く茂っている、繁茂している、という意味で、「オマウシ」は、「浜ナシが繁茂している所」を意味しています。また、霧の湧く所をアイヌ語で「ウラルカ」と言います。その「オマウシ」と「ウラルカ」から「ウラカワ」としたようです。それで戸籍上の名は浦川となったようです。

父と母

父の浦川春松は日本名です。どういう訳かわかりませんが、アイヌ名は持っていませんでした。父は荻伏の町と浦河の町のあいだの井寒台《いかんたい》という、海辺の漁師たちが住む集落の出身です。明治三十五（一九〇二）年生まれですから、明治三十二（一八九九）年に旧土人保護法が制定された三年ほど後のことです。

父の母はアイヌで、アイヌ名、ハルコルジでした。その夫は金沢から来た和人で、多聞《たもん》常次郎という人だったと言います。したがって、父は常次郎の息子だから常さんと呼ばれ、春松の次女である私はポンツネと呼ばれていました。父親に顔が似ているからだそうです。ポンはアイヌ語で小さいという意味。大きいはポロ。札幌のポロは、大きいという意味。サッは砂の地。だからサッポロは広大な砂の地という意味です。

父には、自分を含めて姉弟が四人ほどいたようです。推測になりますが、父は、上から二番目だったろうと思います。お姉さんがいたという事は聞いていました。一度父に尋ねたことがありますが、その時父は何も答えてはくれませんでした。悲しみのせいか、父は何も語りませんでした。父自身は口を開いてくれませんでしたが、近所に住んでいたおばさん（他人）が教えてくれました。

父　浦川春松

父の母（祖母）は、父が九歳の時に難産がもとで亡くなったそうです。また、弟（叔父）たちも若くして病気で亡くなったと聞いています。もう一人姉（伯母）がいて、静内の山里に嫁いでいたそうです。静内は大きな川が流れています。その川が大雨で氾濫し、伯母の子どもも二人ほど流されたと聞きました。不幸な目にあった伯母は、挙句の果てに、その後の難産で亡くなったようです。男兄弟もみな働きすぎで、疲れ果てて肺炎や結核を患い、医者に診てもらう診療費にも事欠き、苦しんで亡くなったと聞いています。だから、身近な肉親は少ないのです。多少の親戚はいましたが、本当の意味で頼れる人はいなかったのではないでしょうか。姉弟の中でたった一人生き残った父は孤独だったのでしょう。

父の戸籍については、前々から祖父との関わりを知りたいと思っていました。今から五十年近く前になりますが、息子が小学生の高学年の頃、金沢市でエスペラントに関するイベントがあり、アイヌ語に絡めて、私もそのイベントに呼ばれて参加したことがあります。すでに祖父が金沢出身であることは聞き及んでいたので、何か手がかりがないものかと、市役所を訪ねました。

その時に、「多聞家に関することを知っている方はいますが、もう高齢のお爺さんなので、面会は無理でしょう」と言われました。それとともに「多聞旅館」という屋号を掲げた旅館が一軒あることを知らされました。けれどもその時は、私も金沢まで車で幼い子ども二人を連れて行っていたので、探すゆとりがなく、再来を期して帰途についたのです。結局それっきりになってしまいました。だから、祖父の消息は今に至るも不明です。父も弟も、相撲が強かったのですが、それは金沢の多聞家の血のエネルギーを頂いているせいではないかと思ったりします。

私の母は天真爛漫な性格でした。父親は早く亡くなったということですが、自由闊達に育ったようです。姉が一人いましたが、時のはやりかぜで亡くなってしまい、母は一人娘になってしまったようです。元気な娘時代を送ったようで、開放的な人でした。

今にして思えば、母も混血だったのではないかと思います。聞くところによると、祖母は朝鮮人か和人だったと思います。母はカネコという苗字を持っていました。肌がきれいで、姉も母譲りで肌がきれいだった。祖母は早く亡くなりましたが、祖母が町に出ると、行きずりの人が皆振り返るというくらい美人だったそうです。

母　浦川（金子）ミヤ

アイヌのおばさん方の「あの人はきれい（美人）」という言葉は、毛が薄くて肌がきれいだということを意味しています。「シャモはきれいだ」と言っていました。「きれい」という人を見れば、得てして和人のことを言っていたりします。私は父に「母ちゃんも父ちゃんもあんなに毛が薄いのに、私たちはなんで毛深いのか」と聞いたら、父曰く「母の父、つまり私の祖父に当たる人が毛深かったそうだ」と言っていました。

私の母は、父と一緒になる以前、和人の男性と結婚させられていました。婿取りだったようです。その人とはそりが合わず、別れたのだそうです。その後、アイヌの男と付き合って、その男性と駆け落ちします。帯広まで二人は逃げて行ったそうですが、すぐに連れ戻され、そのアイヌの男性とは別れさせられたそうです。母は一人娘で、婿取りする必要があったのです。その後、ようやく私の父との出会いがあり、やがて結婚しました。

母も父も再婚です。子どもはお互いにいませんでした。アイヌは、事あるごとに、神々に礼を捧げる祈りの儀式、カムイノミを行います。村の年寄りやおじさん、おばさんを呼んで行うのですが、神々に捧げる食べ物、お酒を用意しています。神々への祈りが終わると、改めて酒盛りが始まります。そして、代わる代わる、持ち唄を唄ったり、リズムに合わせて跳ねたり、踊ったりするのです。

そんな時、母も唄声を披露することがあります。唄は、ヤイサマ(自ら唄う)で、全て即興です。自分でリズムを刻み、その時々の場に合わせた歌詞も、即興で作詞されるのです。母は唄います。

♪ヤイサマネナー／ヤイサマネナー♪
♪もしも私に翼があったら／飛んで行って／好きな彼にさわりたいものよ♪

と、失恋の歌を唄う。思い出が甦り、感極まった時などに唄うのでしょう。隣には父が楽しそうに座り、母の唄声に聞きほれています。母はいつも和服を着ていましたが、父はその母の胸を客人たちに披露することがありました。和服の胸をはだけて、母の乳房を露わにします。母の胸は、形よく、ピンク色に輝いていました。「どうだ、俺の女房のおっぱいは素敵だろう」という調子です。客衆も喜んで見ていました。

ベンエカシと従叔母

父の母方の叔父にベンエカシ——浦川弁次郎がいました。私から見れば大叔父ということになります。その他、父の従姉妹に当たる叔母など、遠い親戚は数件ありました。

祖父、多聞常次郎は、生前、アイヌとしてのさまざまな権利をとらないうちに、亡くなってしまったのだと思います。だから、浦川家は、アイヌとしての浜の権利も、和人としての浜の権利も持っていませんでした。ただ、私の祖母の弟（つまり私の大叔父）浦川弁次郎が、絵笛《えぶえ》という所に五ヘクタールの山を持っていました。その山は小高い円形の山で、その周囲は湿地帯でした。

そこは農業もできない不便な所で、「明治政府は、アイヌにひどい場所の土地をあてがった」と歴史に記されているように、その時、浦川弁次郎が、明治政府からあてがわれた土地がその絵笛の五ヘクタールだったのではないかと思います。最近までその土地が残っていました。これは、明治政府がアイヌに農業もできないような所に土地を与えて、いついつまでにそれを耕さないと没収すると言っておどかしているのです。その記録が残っていますが、そのような由来を持つ土地だったと思います。

やがて、浦川弁次郎は、その土地を私の弟の茂雄に相続します。また、戦後になると、国が払い下げた山林がありました。それを私の山として三ヘクタールほど持っていました。けれども、私が姉茶から去った後、こういった土地はほとんどわが家から失われていきました。生活に困ってのことです。傍にあった八反の畑も全部なくなってしまいました。

浦川弁次郎はカムイノミの名人で、皆から「ベンエカシ」と敬われていました。「エカシ」というのは、アイヌ語で翁や祖父を表す尊称ですが、それに弁次郎のベンを付けてベンエカシ、と呼ばれていたのです。ベンエカシは、カムイノミがあれば、遠い地方からでも呼ばれては、出掛けて行きました。神様に一番届くことを述べるのです。カムイノミの達人という印象が脳裏に焼き付いていました。そのベンエカシは、私が数えで十四歳のときに亡くなります。わが家から葬式を出しました。ベンエカシは、腕に軍配の刺青を入れていました。

一方、父の従姉妹、私から見れば従叔母ということになりますが、ややこしいので叔母としておきます。その叔母は、戦争が終わった後、村に戻ってきました。叔母は大正生まれの女性で、戦前のことだと思いますが、身内の病人を助けるために、身売りさせられていたのだそうです。アイヌも混血して和人化された娘が、生活に困ると、小樽あたりに売られていくのです。その叔母が戦後になって村に戻って来た時、私は初めて、毛深くない子はアイヌでも売られていたのだ、と思ったのです。知り合いの家で育てられた和人の女の子も売られていて、戦後になって村に戻ってきていました。日本という国が、戦争に敗けるまで、どんなにひどいことをしてきたのか、これがその実態の一端です。

伊達のおっちゃん

祖父の多聞常次郎と親交のあった人で、伊達藩から流れてきたと言われた人がいました。「伊達のおっちゃん」と呼ばれていました。もう一人、船越という名字の人もいました。二人は祖父ととても仲が好かったそうです。伊達家は蒸気船を所持しており、その船を使ったスケソウダラ、サケ、マス、イカ漁を生業としていました。伊達のおっちゃんの母はアイヌメノコでした。浜を個人で所有していたのは和人だけでした。

伊達のおっちゃんの船が、遠くから戻ってきます。その船を波打ち際に寄せるために、砂浜に船頭が上がると、手伝う人が数人います。船が獲って来たスケソウダラを網から外したり、網に巻き付いた貝を外したり。これらの仕事は大勢の手伝い人によって行われていました。網からはずされた魚は、近くの魚市場に運びます。砂浜から市場は二百メートルほど離れています。市場まで、籠に入れて背負って運ぶのです。この仕事を〝モッコ背負い〟と言います。謝礼として、タラコのないスケソウダラがもらえます。

変った子だった私

姉はセンという名前です。母は姉をトイレで出産したのだそうです。トイレの神様はセンと言い、その名にあやかって、センと名付けられました。おセンちゃん、と言われていました。長男の兄は松夫という名前です。次男の弟は茂雄。その下の三男が治造で、四男が富夫です。

私はとにかくお花やきれいなものがなんでも好きでした。きれいなものに出会うと、夢中になってしまいます。布きれもそういった対象の一つで、六センチぐらいの幅で一五センチぐらいの長さのきれいな布を、姉のセンが作ってくれたのでしょう。お人形さんの頭だけを綿で作ってくれて、胴体も綿で包《くる》んだのを、一日中でも着せ替えを繰り返して遊んでいる。「ご飯を食え」と言われても「腹減ってない」と言うらしい。腹が減ってなくても、この子は黙っていたら、いつまでも夢中になって遊ぶから、無理やりにご飯を食べさせなきゃならない。遊びにも夢中だったようです。

二年半後に生まれた弟が、遊び相手にと私にかまうと、私はワーッと泣くのだそうです。それで父が言うには、ワーッと泣いているのに、「静江」と呼ぶと「ハーイ」と返事をします。そしてまたワーワー泣いて、そういう仕草が面白くて、「静江」と何回も呼んでは「ハーイ」と言わせるのだそうです。いつも鼻唄を唄いながら遊び、二歳半年下の弟にかまわれては泣くのだそうです。ある時父が、そんな私に活を入れたらしい。それから私は猛烈に強くなったと言います。

囲炉裏の回りで皆が暖を取っているときには、退屈しのぎに、誰かしらが「静江は橋の下から拾ってきた」などとからかってきます。それがとても悲しい。だから、私は目を隠して涙をボロボロこぼします。私を産んだ母は、私を橋の下に捨ててどこへ行ったのだろうと思うのです。そんな時は、私はこれから橋の下に行ってみようと思います。でも、こんな話題が出るのは、決まって夜も更けた後で、外は真っ暗です。だから簡単に橋まで行けません。私が悲しむのを面白がって、何回も泣かせては、みんなで笑っているのです。

今でも、本気で橋の下に行ってみようか、と思ったりすることがあります。橋の下に私を捨てた親がいるんじゃないかと。皆がからかって言っているのだけれど、私はそんなふうに受け止めては、よく怒られていました。

私は今も変っていると言われますが、やはり、ちょっと変った子だったのでしょう。最初に母に怒られた記憶は、姉茶村から、海辺の浜東栄《はまとうえい》という村まで、近所の人たちと潮干狩りに出かけた時です。たぶん七、八歳ぐらいだと思いますが、近所の友だちといっしょに海の見える丘まで行きました。私の村から海に出るのに、ちょっとした丘があるのです。

そこを登って丘の上に出て、海が見えた途端、すごい奇声を発したそうです。あまりにもおかしな声だったので、みんなびっくりしたらしい。そのとき母が私を折檻《せっかん》したと言います。ぶつことを折檻と言っていました。お尻をぶたれたか、どこをぶたれたか、記憶はありません。目の先に見えている海の青の美しさに感動したのです。その海の色しか覚えていなくて、「叱られて、あの時、折檻したんだよ」と言われても、ぶたれた記憶はありません。なんで母が折檻したかはあとでわかります。村に住んでいて、ちょっとおかしい子というレッテルを貼られると、そのまま「あそこの子はおかしな子だ」と言われるのが親たちには困るらしい。おかしすぎる子を育てるのは、親としては大変だったようです。

もう一つ、母は針仕事ができたから、針の穴に糸を通すことはできたと思いますが、よく破れた衣服にツギ物を当てて繕ってくれたり、上着も縫ってくれました。戦争中の物のない時期にやぶれた衣服を繕ってもらい、私たちは育てられました。母は目の相が悪くて、目が時々病むのです。母が用事で出掛ける時、私は母の手を引いて歩きました。母の背中には必ず赤ん坊がいて、赤ん坊を背負った母の手を引いて歩いたのです。

アイヌの中には、けっこう目に障害をもった人が多いのです。なんで多いかと言うと、明治の頃まではアイヌの家はけっこう広く、どこの家でもセレモニーができるくらいの家をもっていたそうです。明治三十二年に旧土人保護法が制定され、「保護」の名のもとに、アイヌから財産はほとんど没収され、アイヌ語を使ってはいけない、サケを獲ってはいけない、クマを獲ってはいけない、とアイヌの生活習慣、文化はすべて奪われていきます。

アイヌは困窮し、自ずと家は小さくなっていきます。山の木も国有林という名をつけて、囲炉裏に木をくべることができない。そして山に行って木を取ってくると、盗伐だ、と言われてたしなめられます。でも北海道の寒さのなかで、とくに冬は囲炉裏なくして人は生きられません。だんだんと小さくなる家の中で、生木を燃やすと木から汁が出るから、煙もきつい。それで子どもの時から目の相を悪くしてしまう人が多いのです。眼球に粒状のでき物ができたりした母も、トラホームという眼病で苦しんでいました。私はそんな母と一緒に出歩く機会が多く、母と共に他のアイヌの家に行ったり、アイヌの行事を、見たり聞いたりして育ったのです。

最近、二風谷で二十何年以前に亡くなった青木愛子さんという、お産婆さんで、お母さんといっしょに歩いて、手伝ったりして、自分も産婆になる、という話を読みました。* それで似ていると思ったのは、和人の家に行くのも、アイヌの家に行くのも、用事を足すのでも、母と一緒に歩いた、と書かれていました。私も母と歩いた記憶がよみがえります。

＊ 青木愛子『(新版) アイヌお産ばあちゃんのウパシクマ——伝承の知恵の記録』樹心社、一九九八年。

私の村、姉茶は、海から七キロか八キロぐらいの所ですけれども、姉茶から一つ山を越えた所に、絵笛《えぶえ》という村があります。その農家に、私が母の手を引いて行ったのですが、そこのお母さんはアイヌで、お父さんは和人です。その家は、北海道では馬小屋と言う厩舎も立派で、家も茅葺《かやぶ》きの立派な和人の農家の家でした。

たぶん、二月の末頃だったと思いますが、その家に立ち寄ったとき、入口に広い土間がありました。その土間の片隅に藁が敷いてあって、真っ白な本当に神秘的な生きものに出会いました。それが生まれてまもない仔ヤギだったのです。私はその仔ヤギに魅せられてしまい、仔ヤギのそばに張り付いていました。夕方、母といっしょに山を越えて家に帰るのですが、その翌朝、親が起きてみると、私がいないのだそうです。

私は朝早く、親たちが寝ている間に山を越え、仔ヤギに会いに行っていました。農家の人たちの目が覚めて居間に出てくると、私が仔ヤギのそばにいて、ずっと仔ヤギを見ていたそうです。その仔ヤギのいる農家までは、姉茶の家から山を越えるのです。まだ雪も積もっていて、半端じゃありません。三キロ以上はあったと思います。そういう所を、十歳未満の女の子が夢中で歩いて行ったのですから、ちょっと変り過ぎていたかも知れません。

母が目を覚ますと、私がいないものだから、「静江はあの子ヤギの所だ」と思ったそうです。それで、どのぐらい通ったのかわからないけれども、最終的には親に二円というお金を持たされて、私はその仔ヤギを買って帰ることができました。親をびっくりさせる無茶なことばかりしてきました。

十歳ぐらいまでの私は、けっこう親の手伝いもしましたが、他方で親を困らせる子でした。学校へ行っても、朝日が当たって木の枝に積もる雪がキラキラと光っている。それに目を奪われて、よく先生に叱られて、教室の後ろに立たされるということばかりやっていました。私自身、なんで叱られたか、それは憶えていませんが、よく叱られていました。感受性が豊かと言えば豊かなのでしょうが、親やきょうだいから見たら、ちょっとおかしく見えたのではないかと思います。

また、小さい時に急性肺炎を三回ぐらいやっています。お医者さんは、姉茶から海辺に近い市街まで六キロ以上行かないといません。それでも父におんぶしてもらい、夜中に幾度か医者に連れて行ってもらったりしていました。

北海道の春と夏の大自然

植物が芽を出す春、山から水がひたひたと流れてきて、その脇に黄色い花が咲きます。山からおりてくる水と、村を彩る花々が織りなす光景は、古代の生活につながっています。水が山からしたたり、それが小川になり、次第に大きな流れになっていく。あの美しさに感謝したいと思います。

脇の湿地には、水芭蕉が生えていました。水たまり用に掘った土壁には、二センチほどの穴ができていて、その穴から、こんこんと、小さな音をたてて水が落ちてきます。池の中には、日本ザリガニや、トンギョと言われる小さな魚がいて、私はこの小さな池を覗いていました。水スマシや、ゲンゴロウもいます。飽きるということはありません。

私はカタクリソウが一面に咲く所を知っています。様似《さまに》という所。チャシ*というアイヌの砦があった所に、今でもそのままの自然が残っていて、頭を地面につけて下から覗くと、カタクリの花が、一層麗しく見えるのです。早朝の牧草の葉先に大豆ほどの雫が宿っていて、その水

釧路市の北 40km の鶴居村下雪裡地区の埋蔵文化財包蔵地として周知されている山崎岬のチャシ

ウバユリ

カタクリ

玉は、まるで水晶のようで、今にも「りんりん」と音が聞こえてくるようです。

＊ 近世にアイヌが築造したある種の施設で、高い場所に築かれ、壕や崖などで周囲と切り離された施設。チャシはアイヌ文化の中でも重要な位置を占めていると考えられているが、アイヌによる文献史料が存在しないため、詳しいことはわからない。現在、北海道内に五百基以上のチャシが確認されている。

私が知っているチャシは、絵笛《えぶえ》という村から海辺の井寒台《いかんたい》という村に行く途中にあったものと、様似《さまに》にあったものです。どちらも切り立った山の上の平坦な場所にあり、遠くまで見通すことができる、見張り台のような場所でした。

カタクリソウと別れると六月です。五月の末から六月の初旬は、ウバユリの採集時期です。そのウバユリはとてもおいしく食べることができます。また、この六月は、ちょうど蟹の実が豊かな時期でもあり、山の幸、海の幸が楽しめます。

大きな火の玉と星空への幼少期の記憶

隣の家が家移《や》りしたことがありました。二五〇メートル先の家を、村の人たちが転《ころ》という丸太を地面に置いて、その上に家を載せ、何日かかけて私の家の近くまで引っ張ってきました。

その作業が完了した夕方のことです。大人たちが家の中に入ってカムイノミしてお祝いをしていると、次第に周囲は薄暗くなっていきます。私たち子どもは五、六人で鬼ごっこをしていました。

すると、二百メートルほど離れた田圃の上を、大型のトラックを丸くしたような大きな火の玉が、子どもがかけっこするくらいの速度で、東から西の方へ通っていくのです。それでその大きな火の玉の後ろから、青い火が少し尾を引いていました。遊んでいた私たち子どもは、みんな立ち止まり、「わあ、でかい」と言って見ていましたが、やがて飽きてしまいました。あれを追いかけて行ったら、どうなっていたのでしょう。

そんな火の玉の話など誰も信じないでしょうから、めったに口に出しませんが、当時の遊び仲間は何人かで見ています。その仲間たちも、今は皆亡くなってしまいました。生き残っているのは私だけです。墓場は山の斜面にあり、村から見える所にあります。小さな火の玉は時々見ましたが、あのように大きいのは、初めて見たのです。当時のアイヌは皆土葬だったから、夜になると、お墓から燐《りん》がぽっと飛んでいたのでしょう。トイレは外なので、二つ下の弟がトイレに行くのを、怖がって泣いていたのを思い出します。

当時の夜空、私が子どもの頃の星空といったら、本当にボールぐらいの星がびっしりと天空を蔽っていて、今にも落ちてきそうで、怖いくらいでした。今はあのような星は見えません。

この頃、私は井寒台のお婆さんが大好きでした。ロシア人みたいな恰好のおばあさんでした。時々ババは家に来て泊まります。ババのおっぱいはとても大きく、私はそのおっぱいの間に顔をうずめて寝るのです。

父は私の誇り

私にとって、父は誇りです。世間の人が父を認めたり、母を認めたりしてくれます。ツネさん、ツネさんと言ってくれるのです。

私たちきょうだいが、まだ小さかった頃、私が小学校三年生になる位までの話ですが、父は、夏になると昆布浜を切り上げ、少し身体を休めます。冬に向う季節に父は、山で材木の切り出しの仕事をしていました。戦争中、まだ父が農業を始める前のことです。秋口から、山奥の宿舎に泊まり、お正月まで働くのです。この時父は、材木会社から前借金を受け取り、家族の冬仕度をします。この前借金と正月の費用を、父は秋から正月までの働きで稼いでしまいます。こうして得たお金は、正月に家族のために使います。

けれども、正月から、春先まで働いて得たお金は、村で身寄りのない老人や、夏にお手伝いをしてくれた人を接待するのに使います。春、父が山仕事を切り上げ、戻って来ると、そこで稼いだお金を使って、酒盛りが始まります。それは一日や二日では終わりません。一週間ぐらい、もてなしの宴を続けるのです。客人となるのは、老人や、夏の間、仕事を手助けしてくれた人々です。皆、ツネさんのうまい酒を楽しみにして、生きる糧の一部にしてくれていたのかなと、今では思います。

母も時々は、「子どもたちの春の衣類の仕度もしなければならないのに」と零《こぼ》してはいましたが、このおもてなしの宴を開くことについて、父に文句を言ったことはありません。それどころか進んで協力し、もてなしの料理を作っていました。母のことだから他人の悪口も言わないし、言わせません。「生意気なことを言うんじゃない、他人のことを言うんじゃない」と怒られるから言えません。そういう意味では、母のように振る舞えない私は、自分を恥じるのみです。思うにつれ、父や母が背中で守ってくれているのだな、とそんなふうに思います。

2　貧しい暮しの中で――小学生時代

小学校への入学

父親の大きくて温い掌で、背中をさすってもらって、私は目を覚まします。私が小学校[*]の一年生に入学する日の朝のことです。父にうながされて、私は布団からぬけ出します。母は朝食の仕度をしています。姉のセンが、私の髪の毛をとかしてくれました。

＊　著者の記憶では、国民学校ということだが、国民学校への改組は昭和十六年度のことであり、入学時はまだ尋常小学校だったと考えられる（編集部注）。

家族揃っての朝食の後、母は、柳行李から、新しいきれいな着物を取り出して、私に着せてくれます。唐縮緬織布《とうちりめんおりふ》で仕立てた花柄の重着《かさねぎ》でした。姉は学用品などを布製の鞄に入れてくれたり、学校内で履く上履の靴を鞄に入れてくれたりして、登校の準備もできました。

登校時には、姉が付き添ってくれます。父や母に見送られて学校へ向います。家から学校までのみちのりは、二キロ以上はあります。緊張していたのでしょう、ただ前へ向いて歩いたことだけは覚えています。

やがて、路の左側に大きな建物が目に入りました。その建物が、野深尋常小学校でした。門を通って校庭に入ると、正面には、大きな玄関があります。幾つかの教室の前を通って、西側に生徒用の下駄箱のある玄関があります。

私たちは西側玄関の入口に立ち、私は玄関の奥の方に向って、ペコリと頭を下げました。玄関自体が、立派に見えたからです。玄関の両脇に箱形の下駄箱が設置されていて、私の名前も貼られてありました。玄関から廊下に出て右側に折れた所に一年生用の教室があります。

机が並べられた教室内には、父兄に伴われた児童が大勢いました。その中に私の名前の書かれた机もあります。入学式は、大きな運動場で行われました。先生父兄、上級生に祝福されての新しい門出でした。

小学校の先生たちのこと

一年生の担任は、加藤美知子先生です。美しくて、やさしい先生でした。良い天気など校庭内の中庭の日当たりの良い所で、先生は両足を投げ出して座り、生徒一人一人の頭を先生の膝の上に置いて、耳の垢取りをしてくれました。

その先生は、私たちが三年生の時、お嫁に行くということで学校を去っていきました。その後で赴任されたのは、男の原先生でした。この先生も、とてもやさしい先生で、私たちは先生が好きでした。その先生も兵隊さんとして戦地に赴かれ、お帰りを待っていましたが、ついに戻りませんでした。幼い子どもが残されていました。

私が一年生に入学した頃は、まだ少しは物資も潤っていて、衣類なども街のお店から買っていましたが、一年ごとに物資は不足し始め、食糧難に陥り始めました。国民のほとんどが、貧苦に苦しんでいきます。物資不足で、衣類などが破れても、あてる布や糸や針までも不足していました。

原先生が戦地に赴かれた後に赴任されたのは、若い女の先生でした。この頃は狭い田舎村でも、声を出して愚痴を言うことさえ慎まなければなりませんでした。おまけに、スパイ呼ばわりされるのが恐くて、国の情勢などうっかり口に出せません。何でもかんでも統制下に置かれ、女は男に従うものだと決めつけられていました。言葉のはしばしに、女のくせに、女だから、どうせ女はとか、まず、女は価値のないものとして扱われたものです。子どもの頃の私は年上の男の人はきらいでした。封建的で、目下の者を抑えつけるのは平気で、そんな無神経にならされていた男たちが多く、こうした風習が、家庭の中にまで入り込むという、恐ろしい社会に変っていきました。

子どもがよく唄った唄に、「雪やコンコン狐はコンコン」という唄がありましたが、当時は、野にも山にも、狐はおろか、狸も、鼬《いたち》も、ましてや鹿など、幻の生き物となっていました。こうして、自然は滅ぼされたのです。大人たちには、このような社会状況を本気で受け入れている人々が多かったと思います。原先生が兵士として戦地に赴かれた後は、アイヌの子どもたちにとって学校は居心地の悪いものに変っていきました。

二人の先生方に代わって赴任されてきた女の先生は、言葉のはしばしに、アイヌの子どもたちにとって喜ばしいものではないものが紛れ込んでいました。それにも増して、校長先生は、朝の朝礼の訓示など、言葉の中に、よく、「アメリカのアイヌは」と敵愾心を持って話すのです。この時代は日米で戦争の真最中でしたが、私たちはいつも、同級生や上級生に、アイヌであることでいじめられ、そのように言われた「アイヌ」という言葉は、受け入れられないものでした。

社会的にもアイヌの生活は一層苦しくなってゆきます。村里は、居心地悪いものに変ってしまいました。私は、浜辺の生活と、村里の生活と、一年に二カ所の生活をもっていました。父の仕事の内容で、それぞれの違いはありましたが、私が小学校三年生までは、浜辺の暮しと、村里での暮し、つまり二重の生活があったわけです。戦禍はますます激しくなり、生活は厳しくなる一方で、お米も配給制になり、食糧にもこと欠く、そんな時代でした。

私は、出生時から、両親に苦労をかけたり、姉に世話になったりして、育ってきた。その後も十歳近くまで、虚弱で熱を出したり、急性肺炎を患ったりしていました。したがって、就学しても、長期欠席児童でありました。

そのように育てられた私が今、八十五歳を過ぎた老婆になって生き長らえているのは、神《カムイ》が繋いでくださった命なのだとつくづく思います。そう思うと、不思議な思いにかられます。

夏場の浜辺での暮し

六月の始めに、家族で浜辺の小屋に移り住みます。父は、夏場は浜辺で昆布を採る仕事をしていました。秋、涼しくなる頃は、村里の家、姉茶に戻るので、生活様式が変るのです。冬場から春はしばらく姉茶で暮し、初夏が近づくと、また浜辺に移ります。

この時、私が通う学校も変ります。短期的な転校です。もっとも、浜辺での暮しは九月の末までなので、間に夏休みが入りますから、浜辺の学校に通ったのはごくわずかな期間でした。そして九月末になるとまた野深国民学校に戻るのです。夏場を浜辺で暮したのは三年生の時までなので、海辺で過ごした期間、学校に通った記憶はあまりありません。

様似の親子岩を前に

春早くだったと思うのですが、私たちの知らないおじさんが、どこからか我家を訪ねて来ます。その方と父は、仕事の交渉をしているようです。だから、昨年暮した浜辺と、今年移り住む浜が違っていたりします。あの時、父と何やら話し込んでいたのが、このようになる交渉であったのでしょう。

父がその年に請負う昆布採りの親方になって、人夫を連れて海に降りて行きます。何で山里に住んでいる父の所に来るかといったら、父は、収穫量が多い昆布採りの名人だったようです。昆布採りの人夫は、農家で言えば小作人のようなもので、前借の割り当て等を返さなきゃいけません。それで、多くの収穫を見込める人間を親方として、父が望まれて、浜を預けられるのです。言われた浜に行くと、既に私たちの住居は用意されていました。採集した昆布を収納して選別するための場所である昆布小屋も用意されていました。

住居の前は海です。浜辺は、絶えず波が押し寄せたり、引いたりの繰り返しです。ザブンザブンと音がします。この音を聞きながら暮します。子どもも、この波打ち際で遊ぶのです。波に洗われた貝殻が真っ白で、とてもきれいでした。私は夢中になって、貝殻を集めては、遊んでいました。

昆布の採集というのは、夏の日の晴天に限られています。昆布は海藻なので湿気に弱い。海の波が穏やかで晴天の日、浜辺の中央に白い幡《はた》がなびきます。それが、幡が上がると言って、舟を海に浮かべ、昆布が繁茂している場所へ向い、竿を持って昆布を引き上げるのです。舟いっぱいに採集された昆布を積んで砂浜へ戻ってきます。浜辺では、三、四人ほどの人々が、舟が戻るのを待っています。

舟が砂浜に着くと、総出で舟を砂浜へ引き上げます。その舟から、即座に昆布を取りおろすのです。この時、収穫された昆布の耳頭を揃え、根と昆布本体に繋がっている茎を切り、根と本体を離します。そして、砂浜へ並べて干します。舟は、何回も繰り返し採集していました。

稲刈りに使うような鎌刃はぎざぎざで、刃先が曲った鎌です。夏場は、学校へ行く以外は、上半身は裸でした。浜辺の住まいでも、部屋の中央には畳一畳ほどの囲炉裏が設置してあります。上から自在鉤を下げて、鍋を掛けて薪《たきぎ》を燃やして、食事を煮炊きしていました。

戦時下、四人の子どもを預かる

やがて、戦争の厳しさも増す状況のなか、父の弟で、今は亡き叔父さんの友だちに、いきなり召集令状がきて、四人の子どもと妻を残して、戦地に旅立っていきました。急遽、家族は生活に困り、子どもたちは残された母親にゆだねられます。だからと言って、働く所もままなりません。思いあぐねて、山奥の杣人《そまびと》たちのまかない婦として、出稼ぎに行くことになります。それゆえ四人の子どもを預かる所がないということで、私の家で引き取ることになったのです。

四人は、十二歳の男子、八歳の女の子、七歳の男の子、四歳の女の子、これにはさっそく四人分の夜具の用意が必要です。この兄弟の一番上の男子は、障害者で足の病気で松葉杖を使って歩きます。私の家族とて、父も母も働き詰め、頼りにされる私も、まだ遊びに行きたいさかりです。姉も奉公に出され、四人分の夜具も用意しなければなりません。母の苦労は大変なものであったと思います。

部屋を仕切って、麻布で作った関東米の米袋を解《ほど》いた糸目の荒い布《きれ》を用いて、大きく縫い合わせて、面に仕立て、稲藁《いなわら》を詰めて、子どもたちの敷布団にします。掛布団は綿布団でした。藁布団は、ぶかぶかと弾力があるので、子どもたちは、布団の上をぴょんぴょんはねて、喜んでいました。姉や兄の口は減らせても、私たち四人の弟姉と、預かっている四人の子どもとで、合計八人の子どもを抱えての生活は、とうてい今の私では考えられません。

しかし、当時は現実にそうしなければならなかったのです。春先、雪が解ける頃、この四人の子どもたちの母親が山奥の飯場、労務宿舎から戻ってきて、子どもたちを引き取りにきました。彼らの父親が戦地から戻ったのは、敗戦後しばらくしてからのことです。

目の見えない人の面倒をみたり、身体の弱い人が滞在したりしていました。今では、よくやっていたものだと思います。うちの親も変っていて、普通じゃないのかもしれません。

アイヌの貧しさと奉公と悲劇

私は一生懸命働いていましたが、年ごろの友だちは、どこかに奉公に行きます。私は世間に出たことがなかったから、それを羨ましく思ったことがあります。私だって世間を知りたいと思うのですが、出してくれないから〝かごの鳥〟でした。けれども、世間に出ることがどんなに過酷なことだったか、ということは、後でわかるのです。

　私の家から一五〇メートルくらい離れていた家に、同年の娘が、養女として暮していました。ある時、この娘がかぜをこじらせて肺炎になり、床に臥せっていましたが、病気になっても医者にかかれませんでした。それで、もうだめだという時に、姉茶から井寒台まで、三里ほど（一二、三キロ）の道のりを、寒さの中、何時間もかかって、病人自身が歩いて、親元へ帰りましたが、とうとう亡くなってしまいます。そういう境遇の知人が二人いました。

　私が病気になると、父がおんぶして、何里もの距離を病院まで連れて行ってくれましたが、彼女たちのことを思うと涙が出ます。食べものも不足し、農家もやっていけないし、出面《でづら》稼ぎぐらいで、畑もろくにありません。彼らはどのように暮しをつないでいたのか。

姉　浦川セン（16歳頃）

　家庭によっては、親が半分いません。男親がいない家が多く、それは戦争中だったためかもしれませんが、働きすぎで過労死する者も多かったのです。親たちがある葬儀から帰って来て「あの青年もお金さえあれば助かったのに」と言います。亡くなった青年は、働き先からくたくたになって家に戻って来て、過労のあまり病気になってしまい、医者にかかるお金がなくて死んでしまったのです。

その話を聞いて、私自身はそのお兄さんに会ったことはありませんでしたが、涙がぼろぼろ出ました。周囲にそういう悲惨なことがたくさんあって、奉公に出されてもみんな傷ついて帰ってくるとか、そういう状況の中で私は育っていきます。

私らは、子どもだから親たちの苦労をあまり知らないで、食べさせてもらって育ったのですが、兄や姉は、常時、何か雇い奉公に出されていました。現金を稼がなければ、子どもの教育費、生活費も捻出できなかったのでしょう。

兄も年ごろになると、父と一緒に材木の切り出しに行って、それで現金を持ってきて、冬の賄いのメリヤスシャツ、セーター、オーバーを買って着なきゃなりません。そういうお金も大変だったので、兄や姉も大変苦労していたと思います。私は六人兄弟の上から三番目で、身体が弱く、下に三人の弟がいたこともあり、一番下の八歳下の弟のおむつや子守を任されていました。母が仕事に行っている間、昼ごはんをつくったり、夕方、母や姉が帰ってくると夕食の仕度を手伝ったりしたのは、八、九歳頃からでした。

農業の仕度は大変です。今の時代と違って何かしら仕事があります。それでじっとしていると、「カラッポヤミ」と言われていました。「怠けもの」という意味です。他にも、ノウタリン（脳の働きが弱い）とか、サットバカ（少しバカ）とか、あまりいいことを言われた記憶はありません。

小学校の三、四年生になると、教室からアイヌ子弟の欠席者が急に増えます。女の子であれば、和人の農家の家の子守に雇われて登校できない。男の子は貧しい親を援けて、畑仕事の手伝いをする。衣服なども不足し、学校の授業にも魅力を感じられず、差別だけが横行する教室は、アイヌの生徒には寒々としています。子どもが教育を受ける場としては耐え難いものがありました。

姉茶を境として、両側に山並みがあり、日高山脈に向って右側が絵笛村、左側はミノワや、ワッカアンベツという小さな村につながっています。十三歳の時に、そんなよその村の田圃の草取りに行って、一日で、お米二升か、二百円もらいました。そして十四、五歳の時、自分の家の田圃の仕事が手すきになり、何週間か休養の時間が空く時があります。そのような時、一日米二升の泊まり込みで仕事に行き、お盆に鼻緒のきれいな下駄をもらって帰って来たりしていました。ワッカアンベツは「水が悪い」という、濁ったような赤い水が出る所を意味しています。

家に戻ると、母が簡単服という服を買っておいてくれて、下駄もそろえてありました。お盆のお祭りに出掛け、夜には盆おどりに行きます。十三歳ぐらいからお金を稼ぐ仕事を手伝い、家の手伝いをしたり、朝五時には起きて馬の飼い葉をしなければならない。それが私の仕事でした。

海辺の住まいと姉茶の住まい

私たち家族は、夏を過ごす海辺の家では、囲炉裏のまわりに花茣蓙（干したイグサ茎を編んで縁をつけたもの）を敷いた上に暮していました。一間しかない住居なので、空間に布団を敷いて寝るのです。私が一年生の頃の家族は七人でした。私と、五歳、二歳と一歳の弟たちとです。

私はいつも浜辺で遊びます。海はずっと先まで海で、海と空がくっついています。それが水平線というのでした。海の向うには何があるのだろう、と知りたくてしょうがありませんでした。砂浜は波ぎわに横に続いていて、砂浜には筋状の白い帯が亘っているように、貝殻が砂浜に打ち寄せられている状態でした。

一方、秋から冬を越し、春を迎えるまでの期間を過ごす姉茶の家は、東南に向いていて、床は板張りです。出入口は、やはり東南のやや西方に付いていて、秋に暮した出入口の戸は、板戸で引き戸になっていました。

入口の戸を引くと、一・八メートル巾ほどの土間です。奥行は、四メートルはありました。その先は厨房になっています。流し台のある台所です。台所は区切られています。床は板敷です。家族は囲炉裏を囲んで座ります。人が座る場所は茣蓙《ござ》かキナ＊と言われる、シゲ草で編んだものを敷いてあり、土間から板間の部屋へ上がると、部屋の中央からやや左側に、大きな囲炉裏が設置されています。形は縦長です。囲炉裏の正面にあたる場所には、父が座ります。父の近くの横座には母が座り、その側には姉が座り、左側の上座には兄や弟、私などが座ります。

＊ アイヌ語で、草、蒲、もしくはゴザを意味する言葉。

秋深まる頃、海辺での生活を切り上げ、姉茶の村里に戻ります。姉茶の家の後側に五〇坪ほどの畑があり、畑の先は道路が縦横に走っています。この道路は村人をつなぐ道です。私の家の向きは東南に面していて、東の角から北側の角の間の一角は、神聖な場所となっていました。その場所は、アイヌが神に祈りを捧げる所です。その横側には、囲炉裏の灰、日常使われ破損した食器類、祭りごとに使われた道具類、神事につかわれたお箸、器、茶碗、食卓で使われた茶碗やお皿、器のたぐい、小道具類を置く場所がありました。

親たちは、生活に使われたものが破損した器物は、神の世界に返すのだ、と言います。送り場として、そこではこの世で破損した物は、神の世界では再生されるのだと言われていました。私たちは、生活必需品が破損した時は、器物をロッタ（破損した物は霊界では再生されると言われる置き場）にそっと置きに行ったものです。東角から南西に向かう家の西側角近くに出入口があり、出入口の戸は板引き戸でした。

姉茶の家には奥の部屋があり、その部屋の隅の方には神様の場所というのがありました。その神様の場所の近くで私たちが寝起きします。それで家の中に入ったら、左側の広い方が父たちのいる場所で、右側はお客さんが来たときにもてなす場所。あとは、流し、炊事場で、その他に土間が二間ぐらいあった。その土間が広かったので、その片隅に、冬は家の中で鶏の卵をかえすための場所をつくりました。外に置くとネズミにとられてしまうのです。

人になつきにくい子だった私

私は学校で、綴り方のときに、母がどうだった、姉がこうだったと家族のことを書いていたそうです。そうすると、姉にすれば、恰好いいことを書いてほしいけれど、「母ちゃん、静江ったらうちのことをこんなふうに書いて」って、姉はよく母に訴えていました。けれども母は知らん顔して私をとがめることはありません。

低学年の頃、アイヌの子は毛深いというので、いじめられ、身体からワカメがぶら下がっていると言われて、情けない思いをしています。和人と結婚して生まれた子は、一般的には体毛は薄くなります。姉のセンは、村人に「おせんちゃん、可愛い、きれい」と言われていましたが、ある時母に「母ちゃんもシャモといっしょになればよかったのに」と言いました。私も内心そうだと思いながら聴いていましたら、母に頬を張られています。母が姉に手を挙げたのをはじめて見ました。

私のからだは成長するにつれ、次第に健康になっていきました。でも「ヤセッポガリガリ骨ばかり、ノミに食われて骨ばかり、ワーイワーイ」と言われます。細くてガリガリで、目だけギョロギョロしていて、それで夏になると、パンツ一枚か、裸で遊んでいました。真っ黒になって、「静江はまるでサツマイモだ」と言った変なおばさんがいて、「なんでサツマイモなの」と聞くと、「色が黒くて目が引っ込んでいるから」て、ろくなことを言われていません。「キューピーさん」と言われたのはまだいい方でした。

キンメダイという赤く目の大きな魚がありますが、北海道ではそれを「サガ」と言います。「目の大きいタイ」をなぞって、メノキタイとも言われますが、無視して遊んでいました。アイヌの子どもは和人と遊ばなくても、近所に遊ぶ友だちがいました。百メートルか三百メートルぐらい離れていても、遊ぶ時は一つになって遊びました。

だから、学校の行き帰り、学校へ行ってからのいじめの他は、遊ぶ相手には困りませんでした。本当に自由奔放に棒を持って、戦争ごっこやかくれんぼをしたり、鬼ごっこをやったり、そういう遊びでした。バッヂという地面にバーンと打ちつけて、ひっくり返したら取られる遊びや、野球をやってしていました。

私はいつもむずかしい顔していたそうです。写真を撮っても苦虫をかみつぶしたような顔をしていると言われました。そして人になつかない、すぐに母の後ろに隠れたりしていたそうです。たとえば大人の顔を見ると気持ちが悪くて、目を伏せていました。目の中の神経まで見えたのです。だからそれは怖かったのかもしれません。目の中を見て、子どもだからそれなりに判断して口走ることが、親たちは危険だと思ったのかもしれません。言いたい放題言ったら村はじきにされるんじゃないか、孤になるんじゃないか、というので、そういうのをたしなめられた形跡があります。

性については、男の人が成長すると、青春の苦しみを迎えなければならないことには気づいていませんでした。本当にお前はバカだと言われても、すみませんというぐらいわかっていなかったのです。

大人たちは猥談を喋っていましたが、直接的な所までは理解できていませんでした。大人たちがまたバカなこと言って騒いでいるとしか思っていませんでした。

私は何でも内緒が嫌いでした。母と姉がよくひそひそと話しているのを見て、すごく嫌な思いをした覚えがあります。ある時、母が初潮のことを耳打ちして教えてくれましたが、私は自分は初潮にならないと思い込んでいました。実際に初潮を迎えた時は戸惑いました。もう少し丁寧に教わっていれば良かったのかもしれませんが、突然の遭遇にびっくりしてしまいました。

現在の姉茶村の大川にかかる橋の上で

夏の川遊びと空襲

夏は川で遊びます。そういう時には、三歳くらい年上の女の子や男の子の友だちと川へ泳ぎに行きます。その人たちは初潮があったりする年頃ですが、私はまだ男の子みたいでした。初潮を迎えた友だちの女の子の家に、近所のおじさんが「川の神様を汚す」と言って怒った、という話を聞いたことがあります。

私は成長するにつれ、家の手伝いが忙しくなってきたので、川に行って泳いだのは、せいぜい十一歳ぐらいまでで、畑や田圃の仕事に追われていました。浦河の町まで焼夷弾が落ちるというので防空壕を掘って、大事なものを入れましたが、そこに入れたものは皆カビてしまって、アルバム写真もみんなダメになってしまいました。だから、子どもの頃の写真は一枚も残っていません。

敵の飛行機が来る時だけ、私は畑に伏せたのですが、その時だけ身体を休めると思えるくらい、労働は負担だったんだな、と思い出します。不謹慎かもしれませんが、空襲というのは、自分の身体を少し癒してくれる時間でした。弟が三人もいると、十一歳といえども大変でした。

時々父も母も働きすぎて倒れていましたから、そういう時のケアも必要でした。子どもでもそうしなければ生きられない、という状況の中で、必然的に親の手伝いをしました。七、八歳ぐらいまでは海辺で暮したり、姉茶の農家に来て暮したりしていましたが、海辺にいた時の方が楽だったと思います。

3　父母の仕事と慣習

父の昆布採りの仕事

先に記したように、父は昆布採りを生業にしていました。小学校に入るまでは、手伝わなくてもよかったのですが、小学校に入った年に、「静江も働け」と言われました。鎌を持たされて、昆布の葉と茎に当たる本体を切り離す仕事を手伝わされました。できないと怒られて、泣きながら手伝ったのが、親の手伝いのし始めです。それまでは遊び放題だったと思います。

村里の生活では、親たちも、自分の仕事の合間に、日銭稼ぎに農家の手伝いに行っていたと思います。自分たちで食べるトウモロコシ、ジャガイモ、豆などの作物は、浜辺の知人に持って行って、魚と交換する分まで作っていました。

父は、魚食を欠かしませんでした。「魚がないと、食い物がまずい」と。「食べ物が不足していると、子どもたちの体格がよくならないから、ちゃんと食わせろ」と言うのです。それで魚をよく食べていました。おみおつけにドサンドサンと魚を入れ、魚汁をおかずのようにして、ご飯を食べて育ちました。

昆布も人の倍は採って、船にあふれんばかりに積んできます。浜主から頼まれ、何割か浜の上がりを支払う必要がありますが、その昆布の選定も父が行っていました。父の仕事仲間がうちに来て、父を褒めそやすのでわかっていましたが、父から自慢話を聞いたことはありません。父は学校に行けなかったようですが、数学の計算ができた人だと思います。暗算もできました。計算のできる人が、仕事のできる人だという思い込みが私にはあります。

父がコンブ採りの船に乗せてくれたことがありました。私が船に酔ってしまうと、船の舳先の方に私を連れて行き「そこにいた方が酔わないからね」と言われた覚えがあります。

夏は家族全員で海の小屋に行ってコンブ採りの仕事をします。昆布を採るのは、七月の二十日ごろから九月いっぱい位でしたか……。それで毎日採るわけではなく、天候を見ての仕事でした。天気が悪いと、母や姉が、村に戻り、何日か畑仕事をして、冬の仕度をします。その間、父は昆布の選定をしながら浜の家にいます。

姉茶の村から昆布採りの浜の小屋までは何里もあります。昔の人は三里、四里とけっこう歩いたものです。

冬場の父の山仕事と里で待つ家族

春から夏、夏から秋へと、季節の移り変りの中で、私たち家族には、二度三度と生活の転換が生じます。農家が秋仕舞いになる頃、家族全員、浜から引きあげて姉茶の家に戻ります。家に戻ると、父も少し休養します。そして、冬に、父は、住み家からはるか山奥へ材木の伐り出しに出掛けます。

冬の間、父は杣人《そまびと》と呼ばれ、大樹を伐採する樵《きこり》を生業としていました。昔の杣人《そまびと》は、大きな樹木の伐り出しの際、「コクを出す」と言って樹木の容量を出します。容量を出すとは、一本の木にどれだけの価値があるかを見定めることです。伐採された樹木の容量によって伐採者の賃金が決まります。その計量を行う父の仕事は、樵《きこり》たちの信頼を得ていなければできない仕事でした。

「ツネさんは、コク出しではすごい腕をもった人だ。かなわない」と、一緒に山に行ったおじさんたちが、酒を酌み交わしながら話すのを聞いていると、父への尊敬に話が終始していました。父はすごくいい仕事をしていたんだな、というのはわかりましたが、父からじかにそういう自慢話を聞いたことはありません。でも私は、心の中ではそんな父が自慢でした。

仕事を請け負う頭《かしら》の依頼で、父たちのような杣人や樵が集まってきます。皆、出稼ぎ労働者となるわけです。父は山に出掛ける前に、家族のために前借りします。仕事が終わり、清算する時に、前借り分が差し引かれ、借りたお金は、私たち子どもの、冬まかない用のメリヤス、下着類、服やズボンの類いに使われるのです。家族が無事に過ごせるようにとの父の気遣いです。

山奥の一角に飯場と呼ばれる労務宿舎があり、そこには、樹木の伐採によって切り倒された材木を運ぶための道づくりを担当する人夫の方々や、こうした仕事人たちをまかなう、飯炊きの人がいました。

この労務宿舎での食事の内容といえば、ごはんはお腹いっぱい食べられ、弁当も一升枡ほどの大きさのお米のごはんを持って山に行きます。ごはんにそえるお惣菜は、タクワンだけです。お汁といえば、汁なべをのぞくと、自分の目が映る、そんな具のない、炭水化物だけの食事です。重労働者にとっては、栄養のバランスがとれていない食事のせいで、長期に亘る山での仕事は、身体を壊す羽目になることは、火を見るより明らかでした。

私たち家族は、父のいない寂しさを、母のやさしい身づくろいに守られて、留守番をしています。この頃の私の家は、囲炉裏に燃やす薪《たきぎ》によって、家中温められていました。この薪は、毎日のように山に行って集めたもので、生木を切り倒して、薪にして背負ってきます。

秋から真冬にかけては、寒いことは寒いが、浦河あたりは、年の暮れから正月近くまで雪は降りません。朝、学校へ行く時など、近道で田圃の畔畝《あぜうね》の上を歩くと、三センチほどの霜柱が立っていて、その上を歩くと、さくっさくっと霜柱のくずれる音がします。私は、特に近道が好きで、馬車や車の通る道には見られない、可愛い草花を楽しんでいました。けれども、霜柱が立つ頃は、それらの野草も枯れていて、霜柱の氷が足に跳ね返って、指先が冷たくなります。

いよいよ年の瀬が迫ると、母は正月仕度をします。餅をつき、煮物などのごちそうをそろえて父を待ちます。父が帰ってきた時の、私たちきょうだいの喜びようは、大変なものでした。

父は手足をまず清め、用意されたお盆に神々《カムイ》にそなえる御神酒を持って、火の神様、囲炉裏の中の火に向って祈ります。火の燃えている先の方に、神様に伝えるためのイナウ（木のけずり花のついた棒）を立てて、その頭の所に、神にささげるためのイクパスイ（お箸）を用いて、パスイの先に御神酒をふくませ、その雫をイナウの頭の所にたらします。その雫が祝い酒となって、カムイの世界に届くことを願い、お祈りをするのです。

こうした常日頃の感謝をたむける神々《カムイ》に祈ったあとは、父はあぐらをかいてくつろぎます。その膝上には赤ん坊が抱かれています。父の両肩には私と弟がぶらさがり、一時も父から離れようとしません。私たちは生まれた順々に、こうして父のあぐらの上で育ったのです。正月を無事に迎える幸せを、家族揃って祝うのです。

正月も七日を過ぎる頃、父はまた山奥へ仕事に向います。私たち家族は、それぞれ母を中心に、その日を過ごします。母は子どもたちの衣服のつくろい物、洗濯、食事の仕度など、姉は囲炉裏で燃やす薪を採りに山へ行ったり、私たちの世話をしたり、冬場は裁縫教室に通っていました。私より四歳年上の兄は、友たち仲間とスキーやソリ遊びをしていたと思います。

こうして、長い冬が終わり、春がきます。村里でも雪のかげがなくなった頃、父は稼ぎだかの上金《あげ》を持って家に戻ってきます。山から戻った翌日から、家では宴会が始まります。夏場に海辺で昆布採りの間働いてくれた女の人や、村で仕事もできずに老いた人など、囲炉裏と客人が占拠する場所でした。ツネさんの上金のある間、飲めや食えやのおまつりです。何日間か楽しい日々を過ごします。

正月から春先まで働いた上金をいくら持ち帰ったのかは、子どもであった私には知る由もありませんが、給金は、その何日かで使い果たすのです。客人が皆帰ったあと、「これからも子どもたちにお金がかかるのに、父ちゃんたら、上金、全部使い果たすまで、ふるまってしまうんだから」と母がそっと呟くのを一度だけ聞いた覚えがあります。

姉茶での牛の世話

父が昆布採集の仕事を切り上げたのは、私が八歳の頃だと思います。姉茶の住いの庭に、牛を飼うための牛舎を建てて、牝牛を一頭購入して養い始めたのです。それは牛乳を採る目的だったのでしょう。牛の世話役は、もっぱら姉の仕事でした。やがて牝牛は妊娠しました。生み月が来て、早朝、「牛が子を産む、出産だ」と大人たちが牛舎に集まった。私も、大人たちと一緒に、牛の赤ちゃんが生まれるのを見守っていました。

牛のお母さんは地べたに横になり、赤ちゃんを産むために頑張ってお腹から押し出そうと、唸《うな》っています。やがて牛の赤ちゃんは、足から出てきて、無事に出産は完了しました。雄牛です。湯気がたっている赤ちゃんの身体を、母牛はペロペロと舌の先で舐めはじめます。すると間もなく、牛の赤ちゃんは立ちあがり、ふうふうしながら歩いたのです。

牛の赤ちゃんは、母牛に触れることは許されず、別の檻に移されました。雌牛は、牛乳を出荷するために飼われているからです。直《じか》に母牛からお乳をもらいません。人間が母牛から乳を搾って子牛に飲ませるのです。母牛と、子牛が、向き合う形で飼われています。翌日から、姉は、乳送管を用意して、母牛の乳搾りをして、牛乳の出荷場所に持って行きます。出荷場では、牛乳から、バター用の油を抽出したあとの乳、「さ乳」を持って帰ります。この「さ乳」を子牛や、私たち人間も飲みます。子牛が自力で草を食《は》むまで飲ませます。

日中は、牛の首に縄を掛けて遊び、草のある所に繋いで置きます。夕刻、牛舎へ戻し、牧草、餌を与えます。早朝、姉は牛舎へ行って、牛の糞を片づけ、小屋の中や外まわりをそうじするのです。早朝と夕刻、牛の世話の合間は、春から秋まで畑仕事に従事します。姉や母が働いているこの時間、私はたぶん学校へ行っていたのだと思います。九歳から十歳に向う頃の家の暮しぶりは、こんな様子だったと思います。

やがて、母牛と子牛の別れの時が来ました。牛の子どもは雄だったので、乳の出ない雄牛と、母牛の二頭の牛を飼う経済力がなかったのか、親たちの事情はわかりませんが、子牛は売られて行くことになっていたのでしょう。その別れの場所で私も、弟の茂雄も大人たちにまじっていました。

やがて牛飼いの男の人が子牛の首を縄で縛って檻の外へ出しました。母牛も子牛も何かを感じたのでしょう。いっせいに悲しげな声で、モーモーと鳴き出しました。外へ連れ出された子牛は、いっそう大声で鳴き出します。母牛もまた、いっそう悲しそうです。母牛の目から大粒の涙が流れ、鼻から鼻水がだらだら流れ、子牛が遠ざかって行くのを悲しんでいるようで、私たち子どもも母牛と共に泣いていました。

牛を飼い始めても、父は、どこかへ働きに出掛けていて留守がちでした。三人の弟がいて、私も、子守など手伝わなければなりません。こうした生活は経済的に苦しかったのか、母も姉も、家業の合間に出面稼ぎに行き、日中は留守になることもしばしばでした。

私は幼児の頃から身体が弱く、しばしば高熱を出すこともあったりして、そのつど母に苦労を掛けていました。虚弱な私を、よく大切に育ててくれました。やがて、母牛とも別れの時が来ました。わが家の生業が、酪農から水稲栽培農業に転じたのです。父の決断です。北海道の農業には馬が必要です。それで、母牛を売ることになったのでしょう。

私たちが学校から帰ると、母牛の姿はありません。代わりに、きれいな栗毛で立派な丈の馬がいます。この馬との出会いは、私が十歳頃のことだったと思います。この馬の世話は、四歳上の兄、松夫の仕事でした。やがて十一歳頃に、私が馬の世話役に代わったように思います。この頃になると私自身、あまり熱を出したり、病気に罹らなくなっていたのでしょう。与えられた仕事をせっせとはたしていました。

山での薪とりと遊び呆け

家の周囲は自然が豊かでしたが、時を追うごとに世の中がどんどん変って行きます。北海道は秋になると一日中火を燃やしています。私の家は敗戦の年の秋までは囲炉裏でした。私たち子どもも四、五年生ぐらいの年齢になると、近所の男の子たちと鋸を持って、囲炉裏にくべる薪《たきぎ》を取りに山に行き、子どもが背負えるだけの木を集めます。それが私たちに課せられた役割でした。歩いて七、八分ぐらいの所に山があり、山に入ると、私たちは、何をおいても遊び場を探します。小さな谷間で、山葡萄の蔓につかまり、谷を渡り、ターザンごっこです。夢中で遊んでいるうちに、夕暮れが迫ってきます。それから慌てて荷づくりをします。けれども手近に、手頃な薪がないときは、持って行った鋸で生木を切ります。

家に着く頃は、薄暗くなっています。背負ってきた荷物は軽いのですが、家では親たちが心配して待っている。母は私を外で待っていました。母の手には細い棒が見えます。私の腕をつかんで、その棒でバンバンとおしりを叩かれます。私は「いたーい、いたーい」と言って泣きじゃくります。近所の家の外からも「わーん、わーん」と泣き声が聞こえます。それでも毎回のように、山に行けば遊び呆けていました。

山葡萄や、山小桑などが熟れる頃は、薪を集めるのを忘れて、葡萄の蔓がからんだ高い木に登り、葡萄採りがはじまります。山の中で遊ぶのはとても楽しくて、子どもたちは、同じことを繰り返しては、やはりぶたれて泣いていました。母も姉も仕事が忙しいので、薪取りは、私たち子どもの仕事なのです。

とにかく自然の中で遊んだという記憶があります。それでお腹がすくと〝ハックリ〟*という土に生える植物で、根がまるくて、ぬらぬらしていて、味はあまりありませんが、根についた土を草の葉などでふき取って食べていました。

＊　エビネの別名。

だいたい自分の採って来た木は何の木、何の木と全部覚えていました。あれは火に強い、燃やしても火持ちがいい、あれは燃やしても水ばかり出て暖かくないとか、そんな暮しの中で、木の種類も覚えました。父や兄は、仕事として〝バット材〟になる木を集荷します。野球の〝バット材〟*です。それを仕事にしていたこともありました。

＊　野球のバットの素材として、日本では、ヤチダモやアオダモといったタモ系の木材がよく使われ、特に良質なバット材として北海道産のアオダモが好まれている。

私の身体は、こうして野や山で友だちと精いっぱい遊ぶようになって、やっと丈夫になってきました。おんぶしてもらって、莜伏市街のお医者さんに行ったのは八歳ぐらいまででした。それまでの私は、やせ細り、骨ばかりの青い顔をした女の子でした。けれども、親の手伝いをしているうちに、逞しくなって、身体も太ってきました。

学校では長期欠席児童です。登校すると明日から夏休みで、またしばらくぶりで登校すると、明日から冬休み。だいたい男の子は中学生くらいの年齢になると奉公に出されます。学校へ行かなくなるのは家族を援けるためです。六年生を無事に卒業するアイヌの子どもは何人もいませんでした。アイヌの子は学校を嫌いになって、勉強する意欲を失ってしまうのです。疎外された上に生活も困窮するから、何ら魅力を感じることができず、登校する意欲を失ってしまうのです。今思えば、子どもが育つような環境ではありませんでした。

父は、ひらがなは読めましたが、漢字は読めなかったようです。また、母は文盲でした。私には男の兄弟が四人いましたが、そのうちの誰一人として読み書きができる兄弟はいません。私自身も学校に魅力は感じていませんでしたが、文字は覚えたかったのです。たとえ学校に行けなくても、文字を勉強できる環境は欲しかったのです。その後、二十歳で新制中学に入学する機会を得ましたが、その際、同級生が皆国語辞典を持っているのを知った時、何か神秘的な感じにとらわれました。

父が農業への転業を決断する

食べ物なども、私が小学校低学年の頃までは、父がまだ元気で働きざかりでしたから、ソウメンなどでも、揖保乃糸を、箱で取り寄せて皆で食べていました。しかし、やがて世の中は太平洋戦争に翻弄され、あらゆる物資が町や村から不足していきます。食糧の配給米の不足に加えて、衣類、糸や針、日常必要な物資が悉く不足して生活は困窮の途をたどります。

この頃我が家でも、食糧難と衣類などの不足に追いつめられ、成長していく子どもたちに着せるための衣類をいかに入手するかの算段は、母の手にかかってきます。食糧の調達についても、徐々に両親の負担は大きくなります。この頃の配給は外米になります。今の日本米と違って、ちょっとひょろ長く、独特の匂いがありました。

父が言いました。

「こんな臭い米を子どもらに食わせたくない。米を作ろう。でなければ、子どもたちに空腹《ひもじい》思いをさせてしまう」と。

そして、農業をしようと決めたのだそうです。私は十歳でした。父が私に言いました。「静江、父ちゃんと農業やるか?」私は即「うん」と返事をしました。農業とはどんなに大変な仕事かということは、知る由もありませんでした。わからぬままに返事をしてしまったのが運の尽きで、大変な農作業に、二十歳までずっと従事することになりました。

父は私より四歳年上の兄松夫にも相談したそうです。「農業をやろうか」と。十四歳の兄は、「オレは農業はやりたくない」ときっぱり断ったということです。父は一ヘクタールの田圃を知人の地主から借り、にわか百姓に仕事を切り替えたのでした。それからの私は、親の言うままに仕事を覚えなければならなくなりました。兄は生活を支えるために、牧場の経営者の所へ、住み込みの奉公人として雇われて行きます。家に戻るには契約が切れるまで待たねばなりませんでした。

農業を始めるには、農機具が揃っていなければなりません。また、北海道の農業は大規模農業が一般的です。田圃や畑を耕すのに、馬力を欠かすこともできません。馬とともに必要なのは、土を掘り起こすための道具です。プラウ*や、馬の装具、その他、さまざまな農具が必要です。わが家は、それを購う貯えなど持ち合わせてはいなかったので、にわか百姓は、これ全て、農業協同組合からの借金により、さまざまな農具を揃えたのです。

＊　種まきや苗の植え付けに備えて最初に土壌を耕起する農具。犂。

明治三十五年生まれの父は、当時四十一歳でした。これまで激しい肉体労働に励んできた父ですが、肉体的には初老を迎えていました。姉や兄の助けのもとで、家族は生きてきましたが、十歳を迎えた私は、まだ成長しきっていません。さらにはまだまだ幼い弟たちが三人もいます。母も若い時から肉体労働に従事して、無理な仕事ばかりしてきたので、丈夫とはいえませんでした。十歳で父と農業を始めると返事はしたけれど、どれだけ役に立てるか、定かではありません。しかも戦時中のことです。

まずは馬を飼わなければ耕作は成り立ちません。そのためには馬小屋が必要です。そこに農機具を収めるスペースもつくらなければなりません。馬や馬具は、農業協同組合からの借金で購入するとしても、種もみ、肥料、消毒薬、とすべて借金で手当てするしかありませんでした。その時の父の奔走は、大変なものであったはずです。姉や兄が奉公に出て、経済的には少しは役に立っていたでしょう。田圃を耕し、いざ苗を植えつけるまでの準備はいかばかりであったか。収穫したら農協にお米で返す、ということで農業を始めたと思いますが、当時の北海道の気候は、決して米作りに適したものではなかったはずです。結果として、凶作というか、実りの薄いお米しか収穫できず、大変苦労していたと思います。

春早《さき》にまずモミ米を早苗にするために、苗床を作らなければなりません。寒い土地なので早く苗床をつくる必要があり、まずは暖かい場所にカヤで囲って苗床をつくり、そこに種モミをまきます。苗床は板で仕切りをつくり、その上に油紙を貼った障子状の枠をつくって仕切りの板塀《べい》にのせます。そういうときに、姉を手伝って障子の紙張りをしました。その油は魚から取る魚油で、主にサメの油を用いて障子紙に引きます。私はとてもその匂いが嫌でした。叱咤されながら、それでも手伝って苗床をつくりました。そんな場所のことを温床というのです。この温床で無事に育った苗を、暖かくなって水がぬるんできた頃を見計らい、田に植えるのです。

苗が良く育つようにするには、土作りも大切です。馬にプラウをセットして土地を耕します。耕された田圃には、まず水を入れますが、これを「水を引く」と言います。田圃は、長四角か、真四角、マス目状に区切られています。その耕された土の上に水を流し入れ、水に浸された土地をさらに耕します。四角いマス状の田圃は平らになっていなければなりません。

苗床にまかれた種が無事に芽を出すと、毎朝ジョウロで水をかけます。苗の育成をうながすこの仕事は、十歳の私でもできます。

苗が十分に育ち、田圃の準備が整うと田植えが始まります。苗の根を地面に付着させ、一株一株ごとに苗に手をそえて植えつけるのです。田植えの時の人手は、同業の農家から手を借りたり、「手間返し」と言って、自分たちの所に手伝いに来てくれた人の所を手伝います。村の五、六人のおばさん方が苗の植手として集まり、一斉に田植えをします。一ヘクタールの田圃でも、田植えは一日では終わりません。苗が着土して田植えが終わると、翌日から、父が朝早くから田圃の一角に水が平均に引かれているか、水まわりを調べに出掛けます。

田圃には畔《あぜ》（田圃の仕切り）があって、畔には草が生えてきます。父はもうその頃、「腰が痛い、痛い」と言いながら畔の草を腰をこごめて刈っていました。私が十四、五歳になった頃でしたか、父の苦痛を見かねて「父ちゃん、畔の草の刈り方を教えて」と言いました。「そうか、そうか」と父は言って、丁寧に刈り方を教えてくれました。畔草といえども、刈り取るには、大変な技術が必要です。ただ草を刈ればいいというのではなくて、ちょっと長四角になっている畔を下から刈り上げて、それで上に持っていき、両側を刈り上げます。鎌の使い方の工夫次第できれいに刈り取れます。その草をまた背負って帰り、馬に食べさせます。そういう作業ができたとき、父が大変喜んで、「静江がやってくれて助かる」と母に言って、母がまた「父ちゃんがこう言っていたよ」と褒めてくれました。その褒められるのがまたうれしくて、手伝うというか。そんなところから、親の農業の手伝いを始めました。

朝五時に起きる、というより、起こされます。すぐストーブの火をたいて、ストーブにごはん鍋をかけてから、私が馬屋に行って馬の世話をする間に、みんなが起きて朝食の仕度をしてくれます。朝の仕事が終わるのは、七時頃、朝食を家族揃って食べます。農家の仕事は、田圃だけではありません。父が田の水まわりを調べに出掛けている間、家の者は、馬の飼い葉を始めます。馬屋に行って、馬の寝藁を取り換え、馬糞を外へ出します。馬糞は一定の所に積み上げます。牧草と稲藁を押し切りできざんで、えん麦と塩を少々混ぜ合わせ、水をたっぷり含ませる、それが馬の飼料になるのです。馬屋の廻りの掃き掃除は毎朝五時頃から始めて、終わるのが七時になります。家族が協力しあっての朝飯前の仕事です。

朝食が終わると、休む間もなく、田や畑の仕事に出ます。田植と同時に畑仕事にとりかかります。畑に植えつけるのは、大根、キャベツ、ジャガイモ、豆類、キュウリ、トマト、スイカ、ウリの類、人参、トウモロコシ。豆作りは母の得意で、さまざまな種類を育てていました。高原豆には、手しばと言って、豆の芽のわきに、長い棒をそえて立てる添え木に、豆の蔓を絡ませて育てます。

父は、ウリなどを育てるのが得意で、夏の盛りにはスイカや、味ウリなど収穫し、トウモロコシ、ジャガイモなど、おいしい食材が出揃います。農作物の成育は早いのですが、それにも増して雑草の繁茂も早いのです。早速田圃や畑の草取りが始まります。雨天の日以外は、毎日田圃や畑の仕事でした。

田圃での春夏秋の仕事

農業を始めると同時に私の家に来た馬は、栗毛で背も高く、立派な体型の牝馬でした。特に目が美しくて、私はいつも彼女に話しかけます。馬の身体に金ブラシをかけてやると、馬はうっとりとした目で立っています。

来る日も来る日もいそがしくて、身体を休められる時は、雨天以外にありません。だから私は雨降りが大好きでした。馬の飼育のあとの少しの時間、自分の時間が持てるからです。

雨の日も、中途半端に雨がやみ、天気がもどる気配がみえると「田圃へ行け」と声がかかります。まだ雨は残っているのですが、小雨になっています。「まだ雨が降っている」と口応《くちごた》えすると、「もうすぐ止む」という声が返ってきます。いやいやながら田圃へ着く頃は、からっと雨は止み、青空さえ出ています。春から夏、夏から秋へ、絶えまなく働いていましたが、八月だけは、お盆休みがとれ、数日は肉体的にあまり無理をしなくても良い日があります。

その頃には、田圃の稲も実り、盛んに繁茂しています。畑の作物も、ジャガイモ、トウモロコシ、ウリなども食べ頃でおいしく実っています。夜になると、盆おどりが村の小さな神社の前の広場で始まります。祭太鼓の音が、ドンガラガッカ、ドンガラガッカと鳴り響く。常日頃、これと言って楽しい行事もない村里に響く、リズムも音も楽しい太鼓の音は、私の心をウキウキさせてくれました。

戦時下の学校と生活困窮

昆布採りに行っている頃は、学校に行けましたが、戦争が激しくなって、十歳を過ぎてくる頃には、生活も困窮してきます。そんな頃に農業を始めたので、なおさら生活が大変です。そのうちに三人も弟ができます。父も働きすぎて、時々倒れることもありました。その補佐を十何歳かの子どもがしなければなりません。こうして学校に行く機会を逃すのです。学校に行く時も、弟が二人ついてきます。子守しながらの教室で、「ねえねえ、ションベン」とか、「ねえねえ、うんこ」とか言われるのです。私が十歳前後のことです。戦争というのは、ものすごく悲惨なことをやってくれるものだと思います。

着る物も洋服の生地も売ってないし、針も糸も売ってません。何もかもがなくなりました。ほんとうにひどいものです。戦争によって生活がさらに貧しくなっていくのは、小学校の後半ぐらいからです。戦争が終わった次の年、十三歳の時には、一日米二升のために田圃の出面《でづら》に出ました。お金なら二百円になります。このように生活を補佐していましたが、辛いと思わなかったから、そうする事が当たり前だったのでしょう。

学校の場所は、大川から近い平地でした。適当な敷地があって、そんな所に建っていました。その前に森ではなく、植木がありました。学校の運動会なんかは、大川の中洲のような所が整地されたグランドでしたから、面積は広く感じました。生徒数は、アイヌの子は全校で数えても十数人でした。和人を含めても一学年の生徒数は三十人前後。全校の生徒数でも、二百人もいなかったと思います。ある時、悪ガキが担任の女の先生の教壇の机の中にヘビを入れていて、驚いた先生が泣きながら職員室へ行ったら、即教頭先生が教室に来て、犯人の男子生徒を教室から引っ張り出して、ぶんなぐっていました。私をよくいじめた男子生徒でした。

漢字は自己流で勉強したので、覚えた漢字は当て字ばかりです。和人の子でも学校に行けない子や、勉強のできない子がいました。娘時代になった時のことです。和人の娘から、私にラブレターを書いてくれと頼まれました。代筆してあげると、お礼にとお米をくれました。そのラブレターが縁で彼女は好きな男性と結婚しました。他人のラブレターの代筆はできても、自分では恋愛ができませんでした。

因みに、うちの茂雄（弟・次男）も治造（弟・三男）も、字が書けず、読めませんが、茂雄は、〝姉の花〟というしこ名で北海道青年相撲大会では優勝しましたから、彼と町を歩けば人気者で、「〝姉の花〟さんでないかい」と、弟に親方たちが声をかけます。

でも自分の名前すら書けない。治造もそう。富夫（弟・四男）だけは少し読み書きができました。マンガばっかり読んでいました。兄弟たちは、各種免許を取ったり、ブルドーザーの資格を取ったり、チェーンソーの資格を取ったり、資格を持って働いていました。兄に「オートバイの資格を取ったの」と訊くと、「俺が試験場に行って黙って座っていたら免許をくれた」って、うちの兄弟も面白いんです。

兄　浦川松夫（22-23歳頃）

祭りの日には香具師《やし》がヘビの油を売りにやってきます。彼らが村の青年をいじめると、兄の松夫はあんな術をどこで覚えたのか、香具師たちをバーン、バーンと、もう何メートルもすっとばして、やっつけるのです。すると、青年たちがうちの父の所へ知らせに来ます。面白い痛快な話をよく聞いていたものです。

浦川家三兄弟のそろい踏み（昭和30（1955）年頃）
（後列左から7人目が茂雄（次男）、後列右から7人目が治造（三男）、左から5人目が富夫（四男））

たまたま茂雄の家で泊まった、翌朝の朝食の時のことです。弟のうちの出入口から男たちが三、四人ドカドカと入ってきて、台所の椅子に腰かけ、茶を飲んでいます。何事かと思うと、彼らは皆馬主で、馬の種付けに行って来たというのです。牝馬の繁殖期が来ると、種馬に会わせに、早朝から出掛けて行って種付けをするのだそうです。彼らはその帰り道で立ち寄り、ひとしきり弟と談義して帰っていきましたが、町であんなことを言ったら大変です。

ツッピアーニ（交換）という習慣

生活のなかに〝ツッピアーニ〟という言葉があります。たとえばうちは畑を作って、豆や穀物を作っている。〝ニコルマメ〟（木を必要とする豆）や〝コウゲンマメ〟を作るのが母の得意でした。それらを持って海辺の猟師の知人の所に持って行きます。そうすると背負いきれないほど魚をもらって帰ってきます。それを〝ツッピアーニ〟と言います。〝交換〟という意味です。

彼ら猟師が作れない穀物などをもらったので、浜で獲れたものと交換してくれるのです。そういう習慣もあって、交換してくれる海辺の人もやさしくて、「持ってけ、持ってけ、いいよ、いいよ」というふうにすごく気さくに応対してくれます。その相手は皆アイヌです。海辺の人は和人も皆やさしい。

私が二〇年前、ひと夏北海道に行っていたことがありました。たまたま海辺の道を通ったら、サケをいっぱい積んだリヤカーに出会いました。リヤカーを引いていた母と娘と思われる二人連れに、すれ違いざまに、「わあすてき」って言ったら、「一本持っていけ」って、和人のおばさんがサケをくれるんです。それで恐縮しながら頂いたのです。翌日、石けんを持って、お礼に行きました。

4 アイヌの食文化――記憶から

アイヌの食文化

海辺の暮しでは、近海でとれる新鮮な魚を豊富に食べることができました。生食では、刺身、イカ素麺、小型のサメ。サメは皮をむいて、薄く輪切りにして、酢と味噌と少々砂糖を混ぜ合わせ、分葱《わけぎ》をまぶして食べます。サメの軟骨が、こりこりして美味しい。冬が近くなると、母はよく、魚の漬物を作っていました。食卓には、この魚の入ったおみおつけと、ごはん、漬物が並びます。イカ素麺はしょっちゅう食べていました。四季を通して食卓には魚食が絶えることはありませんでした。

曇り日が続いて昆布採集ができない時は、母と姉は村里の姉茶に戻って野菜づくりをします。姉茶村には、一・五ヘクタールほどの土地があり、そこへトウモロコシ、人参、ジャガイモ、南瓜《かぼちゃ》、大根、キュウリ、茄子《なす》、キャベツなどを植えていました。これらの畑の手入れに戻るのです。ジャガイモ、大根、人参、南瓜などは越年《おつねん》用に必需な、保存食なのです。

畑の中の土に直径一・二メートル巾ほどの穴を掘り、その穴に根菜類を入れます。上から土を盛ります。出し入れできるように、穴の横に稲藁を詰めておきます。毎日、この穴から根菜を取り出して、煮炊きの具にするのです。鉄鍋で具沢山の煮炊きをします。おみおつけは昆布で出汁《だし》をとり、魚のぶつ切りや、大根、人参、干物、菜など入った汁物を食べて暮していました。

秋が深くなると、夜が長く感じられます。父が留守の夜など、近くに住んでいるお兄ちゃんやお姉ちゃんが遊びに来ることがあります。こんな夜は、昔話や日頃のでき事など、楽しく会話します。ときには、日本語の流行歌などを唄ったりもします。私が七、八歳の頃のことです。

畑で採れる野菜だけでなく、古来保存食の確保はアイヌ民族の伝統でした。母は、その伝統にのっとって、保存食づくりも欠かしませんでした。春早く、地上に芽を出す植物は、蕗の薹《とう》、ギョウジャネギ、キンカソウ、二輪草、蓬《よもぎ》。

キンカソウは、谷地蕗《やちぶき》ともいい、水がきれいに流れる川の縁に繁茂します。春になると、黄

ギョウジャニンニク（プクサ）

エゾノリュウキンカ
（キンカソウ・谷地蕗）

色い花を咲かせます。キンカソウは湿地帯に生える植物で、私の家からほど近い山に向って五分も走れば、採ってこられる所にありました。母が私に、「谷蕗とってこい」と言いつけると、私は即座に走って行って、その日の食卓に間に合うだけ採って来ます。おみおつけに入れたり、おひたしにしたりで、新鮮な野菜が食べられます。

アイヌではプクサと言いますが、和人はギョウジャニンニクという、すごく成分の強い野草で、雪解けとともに生えてくる元気な野草があります。これを病人が食べると回復が早く、みんな元気になるので、その草をおひたしにしたり、おみおつけの具にしたりして食べていた。それを採取するのはお母さんとか子どもたちです。

最も大切な保存食や副食として採集する植物は、ウバユリ（写真は四三頁）です。アイヌ語ではウンバイロと言います。この植物からは質の良い澱粉が採取できます。身体の調子の悪いときなど、澱粉がきして食べると良い、貴重な食品です。この植物は、たいがい山裾か、日当りの良い山の頂などに沢山繁茂しています。また、シラマイという台地にもウンバイロがたくさん繁茂しています。山に植物を採集に出掛ける時は、子どもを連れた近所の家族と一緒です。なぜなら、山には熊がいて危険だからです。大勢でワイワイと騒ぎながら行きます。熊もひとけを察知してよけてくれるのです。

そのときに、わっと行って全部掘り起こそうとすると「よく育った大きいのからとりなさい。全部とるとウンバイロが逃げちゃうからね」って言われる。何で逃げるのだろうと、子どもの頃思いましたが、それはとり尽すと種が絶えてしまうという、親たちの危惧なのでしょう。ウンバイロの採取をするのは、さまざまな種類のセミが合唱している季節でした。

採取したウバユリは背負って戻ります。子どもたちも荷を背負えるような年になると背負わされる、家の近くの小川で一枚ずつユリ根を剝がして洗って、臼でつきます。でんぷんを取るためです。でんぷんは一番粉、二番粉に分けられます。一番粉は子どもたちが熱を出し、病気に罹ったときなどに食べさせます。二番粉は団子をつくるとき、他の粉と混ぜ合わせたものを、お団子にします。粉を採取した後の茎は、また臼でよくついて、醗酵させたものを、大きなドーナツ状の形にする。それを何個も何個も作って、わら縄で軒下につるして干します。

冬は食べ物が不足しがちです。子どものおやつに、このドーナツ状に干されたものを水で戻してからよく練って、ナンのような感じの団子にするのです。それを、薪が燃えている囲炉裏の灰の下に、大きなホオの葉や大きな柏の葉に包んで入れます。焼けてくると、ふっくらといい匂いがするので、それを一枚ずつ子どもたちのおやつにするのです。私たちはおやつによく食べました。おいしかった思い出です。

干し魚のおやつなど

魚のカレイのことはシャマンベと言います。長万部《おしゃまんべ》って地名がありますが、あそこはたぶんカレイの形をしている地形に由来する地名なんでしょう。テノヒラカレイの腸を取り除き、カレイの身を洗って、冬の寒いときに軒下に縄でつるして干します。すると、もう何十分もしないうちにひんなりと凍ります。子どもたちにも小刀が与えられ、この凍ったカレイを手のひらにのせ、それで削いで、塩をつけて食べます。その凍ったカレイを、ポン（小さい）シャマンべと言い、それが冬のおやつの一部でした。毎日ではなく、時々です。シャマンベ、小さいからポンシャマンベと言います。

干し魚。スケソウダラ、カンカイ、イカのスルメ。田舎のことですから、家の外で輪切りにした樹木の俎板に干し魚を載せ、玄翁《げんのう》でカンカンに乾いた身を叩きほぐしておやつにします。イカのスルメなども、火で焙ってからも棒で叩いて身をほぐして、おやつにします。これはアイヌも和人も食べ方は同じです。

最もよく食べたのはスケソウダラです。スケソウの漁は、タラコを取るために、発情期に行われます。タラコを取った後のスケソウは、ざっぱ魚になり下がります。

スケソウダラ（スケトウダラ）

昆布やワカメをよく食べました。お米の粉団子をつくっておきます。昆布を囲炉裏で焙ると、動物の皮のようになりパリっとします。それをすり鉢で粉にして、お砂糖を入れて油と少しの水でちょっと炒ると練り状になるので、それを粉団子に塗って食べるのです。

魚をきれいに食べる父

私も成長してから魚を調理させられました。カジカという魚の胃袋を、ほどくと中がヌラヌラしている、そのヌラヌラをきれいに取り除き、よく洗っておみおつけの具にします。カジカの肝臓はピンク色をしていて、これがとてもおいしい。自分で調理しているから、それを自分のお皿に入れて食べます。私はズルをしていました。

ウツセミカジカ（カジカ、ゴリ、ドンコ）

魚の捌き方や調理法は、十歳ぐらいになると教えてもらえました。魚の調理の際、取り除いた尾っぽや腸や骨は、外で飼っている犬に食べさせました。カラスが取りに来るから、食べ物を粗末にして、捨てるようなことはありませんでした。

時々海辺から、親しくしている、大好きな刺青をしたおばあさんが泊まりに来ていました。そんな時は、おばあさんとごはんを一緒に食べるのですが、おいしいサンペイ汁をお皿に入れて食べると、食べた後にお皿を持って、箸を置いて、手でお皿をなぞってきれいになめてしまいます。私は汚いと思っていました。けれども、アイヌは、食べ物は全部きれいに食べてしまいます。食べ物を粗末にしないという習慣なのかな、って後で思いました。もともとアイヌは手で食べていたのかと思うような節があります。フチと呼ばれるようなばばたちは、とても丁寧に食べます。

私の子どもの頃は、海辺を歩くと、波打ち際の砂の上に魚が捨ててあり、その魚が臭います。

それほどたくさん魚があっても、煮炊きした魚はきれいに食べます。特に父は、魚をきれいに食べてしまい、本当に父が食べた魚の骨は、犬も食わないわ、と言って、少ししか残っていません。グルメの父でしたが、食べ物はとても大事にしていました。子どもたちが、魚を身のついたまま残しても怒られなかったけれども、父はそうやって食べていました。母は刺身とか生ものが好きではなく、私は刺身だとか生身のものが好きなので、よく父と一緒に食べました。

キノコおよびレバー

私は、畑や田圃の仕事が忙しくて、キノコ狩りに出かけたことはありません。キノコをとるのは父と兄の役割でした。マイタケは、大きな株のまま採取して来ます。今は栽培したのを売っていますが、父が背負ってくるマイタケはとても大きかったのです。それを焼いたり煮たりして、醤油で味付けして食べました。キノコはまた、保存食用に軒に干したものです。この干したキノコは欠かすことなく年中食卓にのぼりました。

私の家から一時間ぐらい歩いて山を越えた先に屠場があり、牛のお肉や肝臓を買ってきて、肝臓はレバー刺しにしていました。昆布を焼いて、砕いて入れて、青ナンバンを細かく刻んで入れて、塩味で食べる。お肉は、たくさん買ってきたときは茹でて、串刺しにしていました。

当時は家の屋根が草でしたから、屋根裏に挿しておくと、自然に燻製になるのです。肉の燻製は、食物が不足した時に、保存食として調理して食べていました。燻製がうちの家の屋根の内側にたくさん挿してあったのを記憶しています。このように囲炉裏を活用して燻製にした肉は腐りません。生活の知恵です。

戦時中の食の困難

戦争中、油も品切れとなり、ランプに使う石油もなくなってからは、家の中の明かりに、お皿にサメの油を入れ、綿を縄状に編んで皿の中の油に浸し、火を灯していました。戦争が終わるのは、私が十二歳の時ですが、その時まで、石油も手に入らない、食べ物も極度に不足する状態が続きました。

食卓は次第に寂しい状態になって行ったのですが、そんなひもじい時期に世話になったのが海藻のワカメです。同じワカメでも、浦河のワカメには芯があります。その芯に滋養があり、茹でて食べていました。とても歯触りがよくておいしいのです。酢味噌にしておかずにします。ワカメや昆布がおみおつけの具になり、大根や人参、南瓜といった野菜も入れて食べていました。

母が豆を作っていたことは前記しましたが、その豆は、海辺で住んでいる人たちとの、魚や海藻のワカメとの交換にも使う他、家でも随分食べていました。一番物のない時、食料不足の時は、豆だけ食べていました。豆はたくさん収穫できていましたから。

トウモロコシもよく食べていました。ラタシケプ（後出）にもトウモロコシを入れるし、よく乾いたトウモロコシを粉にして練り状にして食べていました。

一番嫌だったのは、朝起きてから籾をつかされることでした。精米になるまで臼でつかされるのです。なかなか白米にならないので、子どもだから飽きてしまう。「何で毎朝つくの」と母に聞くと、「米とか、穀物が古くならないように食べるためだよ」って。「アイヌは新しいものを新鮮なうちに食べるんだよ」と言われました。その私がつかされたお米は、ごはんじゃなくて、おかゆにしていました。おかゆに干し野菜をきざんだものを入れ、塩味で食べました。そのおかゆは、結構おいしかったと記憶しています。

戦争中、私が食べたくなくって困ったのは、大豆です。私は大豆が大嫌いで、あの臭いが厭なのです。だから、お米と一緒に大豆を入れて炊いたごはんは、大豆をよけて食べるので、ごはんがちょこっとしか残りません。トマトも、大豆も嫌いでした。

アイヌの食事の調味料は塩です。味噌とか醤油は使っていました。よく食べるおみおつけは味噌汁でした。三平汁というのは昆布を焼いて、出汁《だし》をとる時は塩味にします。生の昆布を洗って、出汁をとるときは味噌汁です。だいたい三平汁がアイヌの基本のスープです。醤油とかみそは後から和人とともに入ってきた調味料です。テノヒラカレイの凍ったのを食べるのだって、味付けは塩でした。塩味は、生ものには合っていると思います。でも刺身は醤油で食べていました。

父は日本茶を飲んでいました。薬草茶は飲みませんでした。一般的にはアイヌは野草茶を飲んでいたんでしょうけど、父は日本茶を好んでいました。町にお使いに出たついでに「お茶買って来い」と言われたので、大きな袋のお茶を、褒められると思って買っていましたが、番茶というお茶でした。父はおいしい煎茶が欲しかったのです。

囲炉裏の火は暖かい。だから酔っ払いが来て何日も泊まり込み、呑み疲れて眠る時は、みんなに当てがう布団が足りないから、一晩中足を焚火に向けて、何か着て寝ます。部屋中温かかったのです。大きな木をくべているから、火が途絶えることはありません。

夏でも火種は絶やさなかったと思いますが、うんと暑い時は、昼下がりには火を消すこともありました。必要に応じて、自然に即した生活をしていました。

米の収穫時期は米で魚代を払います。魚を売る人を〝イサバヤ〟と言うのですが、「イサバヤ」さんが魚を何貫目もドンと川につけて行きます。「ツネさんの所に置いておけば、お代の取りはぐれがないから」というのです。食事に魚を欠かせない父が、いつも食べ物のことを気にしていました。でも、戦争で食材が買えなくなり、日々の食べ物にも事欠くようになります。

食べ物が不足してくると、母は、牧場主の親方の奥さんの所に行って、馬に食わせるえん麦を一俵借りて来て、それを精米所に持って行きます。えん麦は、麦そのものが硬い。それを精米所でつぶしてもらい、つぶした麦に根野菜などをトッピングしたごはんです。いろんな工夫をして食べさせてくれました。

ラダシケップ（混ぜもの）

結局、アイヌ料理というとラダシケップに行き着くでしょうか。夏に採れる南瓜をおいしく食べるための料理です。私は「このペウレカボチャ！」と言って叱られる事がしばしばありました。「ペウレ」というのは、秋になっても満足な実にならなくて、味の薄いことを意味しており、でき損ないの南瓜を「ペウレカボチャ」と言います。また、私は「ショッタモノ」とも言われます。何か足りないものをもって生きているということです。あらゆる悪口を言われながら育ちました。

「ペウレ」の南瓜は、母がリンゴの皮のように剝いて、干瓢《かんぴょう》のように陰干しをします。干すとしなっとします。それをきざんで、南瓜やイモを茹でてつぶして、トウモロコシの煮たのを

ラダシケップ（東京・新大久保のハルコロで）

入れたり、お米の粉を入れて練り物にします。またシケレベという苦い木の実を入れたり、煮た「ペウレカボチャ」をまぜて、「チポロ」というシャケの卵（イクラ）を入れたりします。そうしてでき上がるのが「ラダシケップ」です。

「ラダシケップ」というのは「まぜもの」のことです。ラダシケップの中に「シケレベ」（キハダの実）が入っていて、「にがい！」と言うと怒られて、「身体の薬になるから食え」と言われて「あい」と言って食べるのです。口から出したら怒られるから、のみ込んでしまいます。

上京後、朝鮮のパーティにお呼ばれされ、アイヌの食べた練り物と同じようなものを出して頂き、ああ、懐かしいなと思ったことがあります。ラダシケップはしょっちゅう作ってくれました。おみおつけをつければ、主食にもなります。

「チポロ（イクラ）」入りのサラダは、ジャガイモを茹で、冷ましてからつぶします。そのジャガイモに刻んだキュウリとイクラを入れて混ぜます。毎回チポロ入りなので、飽きてしまいます。チポロ入りのサラダは母の得意料理でよく作ってくれたので、「まただ」と文句を言うと怒られていました。

わが家ではおみおつけがおかずで、具のたくさん入ったおみおつけでないと父が怒ります。「和人《シャモ》のおつけみたいなものをつくるな」と言って。それには魚の輪切りにしたのをぼとぼとと入れるので、とってもこくがあります。

先にも触れましたが、時々屠殺《とさつ》場に牛のレバーを買いに行きます。その時、牛の足の骨も買ってくることがあります。その骨を何日も鉄の鍋で茹でます。それを鉈で割ると、髄が出てきます。その髄を「身体にいいから」と言ってよく食べさせられました。

鮭、タカノハ、蛸

鮭はすごい。私と四歳ちがう兄が年ごろの十五、六歳になっていた頃、その兄が、夜になると毎晩どこかに行ってしまい、いなくなります。父が母に言っていました。「年ごろだから女の所へ行っているかな」と。けれども、それは違っていて、実は鮭の密漁をしていたのです。親たちも知らなかったようです。兄が突然塩鮭を何十本もドンと持って来たのです。そこに居た者は皆びっくりです。鮭は頭から尾鰭まで捨てるところがなく、頭の鼻に当たる部分が軟骨になっていて、それを生のまま酢味噌や酢醤油で食べるとコリコリしてとてもおいしいのです。

背骨に血合いという血の塊みたいなのが筋になってついていますが、遠洋漁業の漁師はそれを集めて船の中で塩辛にします。それは腐らないようにつけるからすごくしょっぱい。

父が好きでしたから、生魚はよく食べていました。タカノハというカレイは今では高価な魚ですが、当時はまだそれほどではありません。蛸は水蛸で、とても太い。私たちが近所の子どもらと遊んでいると、母が、でかい足を一本ずつくれます。それを食べながら遊んでいました。「蟹が茹ったから来い」と言われると、今なら七千円も八千円もするようなのを一杯ずつもらいます。それも乱暴な食べ方をして、今思えばもったいないような食生活をしていました。

敗戦の年のことです。春から夏にかけて寒冷な気候が続き、米も凶作で、秋になっても稲の実りが悪く、稲穂がまっすぐ立っているような状態でした。ある秋の朝、藁草履をはいていた私は、父に「田圃の稲刈りに行こう」と言われて、父に付いて行きました。稲穂がまっすぐに立ったまま、実が入っていない。それでも父は子どもらに粒の小さい米でも食わせようと思ったからでしょう。この朝は特に寒かったので、私が「足がしゃっこい」と言って父の後ろで泣いていたら、「わーっ」と言って、雷が落ちたような声で父が怒鳴ったのです。父の大声はこの時初めて聞いたので、あまりにびっくりして、泣かずに実の薄い稲を刈りました。

父には、この後もう一度雷を落とされています。そのもう一回は、足で稲を脱穀する機械があり、それを移動させるのに、「静江、そっちを持て」と言われて持ったらとても重くて持てません。「持てないよ」と言ったら、また「ガーッ」と二回目の父の雷が落ちました。すると、びっくりした拍子に持ち上げられたのです。

父は、母には私をほめるらしい。「静江はあのことをよくやれた」と。母が父の言ったことを家に立ち寄った人にも言っています。そんなふうにほめられた、というのは皆又聞きで、直にほめられたことはありません。

だから面白い。子どもの時に、父に見放されたら、ダメ人間になると思ったのか。見放されたくないから、言われた事をしっかり果たします。母が「女の子にあんなことをやらせる」と言っていましたが、男の子でも危険な仕事を仕込まれました。初めに、父はとても丁寧に仕事を教えてくれます。丁寧に教えてくれるから覚えられます。すると、その仕事が成功します。そんなことの繰り返しでした。

蓆《むしろ》を二枚、バッと敷いたと思ったら、その上にリンゴ箱にいっぱいのニシンを広げて、「これを身欠きニシンにしなさい」と言うのです。びっくりです。それでも、丁寧におろし方を教えてくれるのです。包丁をここから入れて、こうやって、それでこうして、縄にかけておけばいいからな、と言って、一箱分つくらされました。父は一回しか教えてくれません。私も一回しか聞きません。そんなことを繰り返しながら成長しました。

5　アイヌ差別の実体験を通して

アイヌ差別の原体験

私は、ある時、突然、アイヌと言われました。アイヌという聞き慣れない言葉を、即座に理解することはできませんでした。それは学校内か下校の途中であったか忘れましたが、国民学校の二年生の頃、ショックだったことだけは覚えています。「アイヌ」という言葉が刺さったのです。何で刺さったのか、自分でも憶えていません。しかし、私をアイヌと言った人の音声は、何か底意地の悪い響きに聞こえたのです。お互い子ども同士です。アイヌ、この三文字に強い響きを感じたのです。アイヌと言われた私は、あまりにもとっさに言われたので、答えようもなかったのです。ただ罵倒されたと思ったのでしょう。

子どもながら違和感を持って家に帰り、奥の部屋で、布団の綿入れをして忙しそうな母に、背負っていたカバンを降ろすなり、「母ちゃん、アイヌって何?」と聞きました。母は手を休めず、ちょっと怒った声で、「まだ、あの者たちは、そう言っているのか」と言っていました。その時母は上手に教えてくれなかったので、私はそのまま友だちと遊びに行きました。もしその時、何故アイヌと言われたか、しかも馬鹿にした口調で言われたのか、その意味を理解していたとしたら、その後の私は、どう変ったのでしょう。

こうしたことがあってから、私たちは、同じ教室で勉強している相手からのいじめを意識するようになりました。それは国民学校の低学年頃のことです。同級生であっても、まるで違った人たちと同室している違和感を持ちました。いじめは私だけに向けられていたものではありません。たとえば学校の登下校時、一人のアイヌの子どもを、二、三人でいじめ、クラスでも成長が早くて大がらな男子生徒が、同級生をいじめて泣かすのです。いじめた当人が不利な状態になると、「アイヌ、アイヌのくせに」云々と罵倒します。たとえば、親の特徴、奥目であったり、また民族の特徴である多毛であるなどが、差別の対象になります。

私自身も睫毛が濃く、鬱蒼と生えていました。睫毛にマッチの軸が乗っかるほど濃く、眉も一本まゆげ。それで目の回りがけっこうきついんです。家族からも「静江の目は〝ジキラップタンネ（睫毛が多い）〟だ」と言われていました。家族から言われるのは嫌なものです。〝シキラップタンネ〟と「まつげの毛が多いから、アイヌそのままの顔だ」と言われるわけです。それでああ、そうか、と思ったのです。でも、小さいヒゲを剃るための鏡で自分の顔を見たら、目も二つ、鼻も一つで、どこも他の子と変った所はありません。これが〝シキラップタンネ〟と言われるから、「ああ、睫毛が濃いのか、そうか、これを切ったらふつうだ、いじめられない」と思い、そのはずみで睫毛を切りました。

母は視力が弱いので、最初は気づかなかったようなのですが、姉は目がいいから、「母ちゃん、静江がまつ毛を切った」と言いました。母が怒ったかどうか覚えていませんが、姉が私のことを告げ口していたのを見て、それで切ってはいけないんだ、とわかりました。実際には切ったわけですが、やはりその後も「アイヌ」と言われたから、睫毛は関係ないのだと思いました。

母の義理の弟で、和人の子ですが、川に捨てられそうになっているところを私の祖父（母の父）に助けられたことがあったそうです。捨て子で、骨と皮だけになってしまった子どもだったのに、祖父に育てられたそのおじさんは、大きくなって家庭を持っていました。母は、実家のお墓参りに出掛けると、その義弟の家に立ち寄り、そこに泊めてもらったりしていました。私と同年のその義弟の娘が、私の耳のうぶ毛が真っ白に生えていたのを指摘して「耳に毛が生えている」と言われました。子ども時代の厭な思い出です。

このことから、毛深いことがアイヌの差別の第一番の対象だということがわかりました。あのアイヌはきっと本物だとか、いや和人との混ざり者だとか、混血児といった言葉を使うのです。口に戸は立てられない、どこに本物のアイヌがいるか、みんな悪口を、言いたい放題です。

毛深いことがずっとコンプレックスとして残っていきます。気になったら結婚もできないし、恋愛もできないでしょう。けれども、娘盛りになると、和人の男性と、周囲のアイヌの女性が交際していました。

ともかく、いじめてくるのは、平均的に目鼻立ちの違いがあり、うす毛で、鼻も低めであり、目もアイヌに比べあまりくっきりしていない者たちでした。目先のことで意地悪されました。学校も、授業時間の他は良い雰囲気ではなく、自分の心も、同胞の友たちの心も同じ痛みの中にいるのだと感じました。

うす毛の人たちは、毛深い私たちアイヌを、即ち「人間」を、アを抜いてイヌを強調して、獣《けだもの》のように馬鹿にします。確かに、多毛ではありますが、獣ではありません。異人種の持つ特徴を、差別の対象にしているのです。アイヌとしての自覚、分別を弁《わきま》えている者は、別にそれが差別とは思わないのかもしれませんが、それを放置すれば、子どもたちや、若者にとって、自分では解決のできないことが、コンプレックスになってしまいます。私自身も解せない、心の悩みになっていました。

和人の大人である親たちが持っている蔑視こそが、子どもたちに伝わり、いじめ問題が起こるのだろうと思います。このことは、ずっと後々知るに至りました。その蔑視もまた、もっと大きな背後からの受け売りがもたらしているのでしょう。

知識欲旺盛な幼少期に先を閉ざされるのは悲しいことです。このようないじめは、子どもたちの行く手を塞ぐ行為だと思います。

政府のお墨付を頂いての移住民たち

住む場所を求めて、はるか彼方から開墾を目指して勇んでやってきた者たち、耕す土地の目の先にいる先住民アイヌ。彼らはその日の糧が足りていて、急がずゆったりと暮しています。見た目にも、自分たちと似つかぬ人相、生活習慣も違い、言葉も通じません。林野を鍬一丁で切り拓いていくのは大変な困難であったでしょう。たくさんの苛立ちを抱え込んでいたのではないでしょうか。

しかし彼ら開拓民は、日本政府の指令というお墨付を頂いての移住でした。それなりの優越感を盾にしながらも、先住民たるアイヌの存在が疎ましいものに感じられたのでしょう。やがて、普通では考えられない行動を、アイヌに対して企てていきます。アイヌにしてみれば、神《カムイ》が認めてくれて、安心して暮している大地に、どこからともなく異人種が押し寄せて来たことになるわけです。辺りかまわず、ワッサ、ワッサと樹木を切り倒し、土地を削り取るのです。神代の時代から連綿と続いてきた自然そのものが、音をたてて崩れていくのです。生活の営みの中で、食べることには事欠かなかったアイヌもまた、彼らの苛立ちぶりに、戸惑ったことでしょう。自分たちが、その苛立ちの対象になっていたのですから。

それだけでも驚きであったろうアイヌの状況は、今の私たちには想像もできません。生活秩序を乱され、翻弄され、混乱のなか、その状況を受け入れながらも、自分たちアイヌのあるべき生活を営んでいたのではないでしょうか?

先住民アイヌの居場所無き歴史

ここで少しアイヌの歴史について語ってみたいのですが、歴史を語ろうとすると、どこから手をつければ良いのかわからないようなところがあります。特にアイヌの歴史は、何ごとも是正されないまま、略奪や侵略が「開拓」の美名のもとに正当化され、今日に至っているのではないでしょうか。

アイヌモシリが、いつ「日本領」になり、アイヌ民族が、いつ「日本人」になったのでしょうか。アイヌモシリ〜北海道、樺太、千島に居住していたアイヌ民族、ギリヤーク[*]民族の歴史は無視され続け、日本とロシアは、それらの先住民に対して、何の了承も得ずに、あたかも、そこには誰も住んでいなかったかのような態度をとり、侵略的な行動をし続けているのではないでしょうか。

＊ **ギリヤーク**　ニヴフ／ニブフ（Nivkh、ロシア語での複数形はニヴヒ（Nivkhi））のこと。樺太北部及び対岸のアムール川下流域に住む少数民族。古くはギリヤーク（Gilyak）（ロシア語での複数形はギリヤーキ（Gilyaki））と呼ばれた。古アジア諸語に分類される固有の言語ニヴフ語を持つ。アイヌやウィルタと隣り合って居住していたが、ツングース・満州系諸族やモンゴル系民族などと全く別系統の民族とされている。

一八五五年、両国は日露和親条約を締結し、択捉島と得撫《うるっぷ》島の間に国境線を引きました。それらの大地は、江戸時代に伊能忠敬[*1]、間宮林蔵[*2]、松浦武四郎らによって調査され、測量されていきました。

＊1 **伊能忠敬**（一七四五―一八一八）江戸時代の商人・天文学者。通称は三郎右衛門、勘解由（かげゆ）。字は子斉、号は東河。日本全国を測量して『大日本沿海輿地全図』を完成させ、国土の正確な姿を明らかにした。
＊2 **間宮林蔵**（一七八〇―一八四四）江戸時代後期の徳川将軍家御庭番。探検家。生年は一七七五年という説もある。樺太（サハリン）が島である事を確認し、間宮海峡を発見した事で知られる。

一八六八年、江戸幕府が倒れ、明治維新となり、新政府は、松浦武四郎の意見書の提案を採用し、アイヌモシリを「北海道」と命名します。そして、北海道開拓使[*1]を設置し、北方警備と開拓を目的として、屯田兵[*2]を次々と送り込みました。

*1 **北海道開拓使** 当初の正式名称は「開拓使」。北方開拓のために明治二（一八六九）年から明治十五（一八八二）年まで置かれた官庁である。「樺太開拓使」が置かれた明治三（一八七〇）年から明治四（一八七一）年までは「北海道開拓使」と称した。開拓使設置前の北海道行政は箱館府（箱館県）が行なっていた。開拓使の廃止後は札幌県・函館県・根室県が設立された。

*2 **屯田兵** 明治時代に北海道の警備と開拓にあたった兵士とその部隊。明治七（一八七四）年に制度が設けられ、翌年から実施、明治三十七（一九〇四）年に廃止された。屯田ははじめ札幌近くの石狩地方に展開し、しだいに内陸や道東部などに範囲を広げた。

一八七五年、樺太・千島交換条約で、千島列島が日本領、樺太がロシア領とされます。その後、日露戦争の結果、一九〇五年のポーツマス条約で南樺太が日本領となります。しかし、一九四五年、第二次世界大戦の敗戦にともない、南樺太はおろか、千島列島の択捉島、国後島、色丹島、歯舞諸島までソヴィエトに占領され、それを現在のロシアが受け継ぎ、今日に至っています。これが、日本側からみた北方史の概略です。

この間、アイヌ民族やギリヤーク民族といった、これらの土地の先住民が歴史的な主体として、立ち現れたことはありません。先に立てた設問、「アイヌモシリが、いつ『日本領』になり、アイヌ民族が、いつ『日本人』になったのか」それに答えられる人はいったいどこにいるので

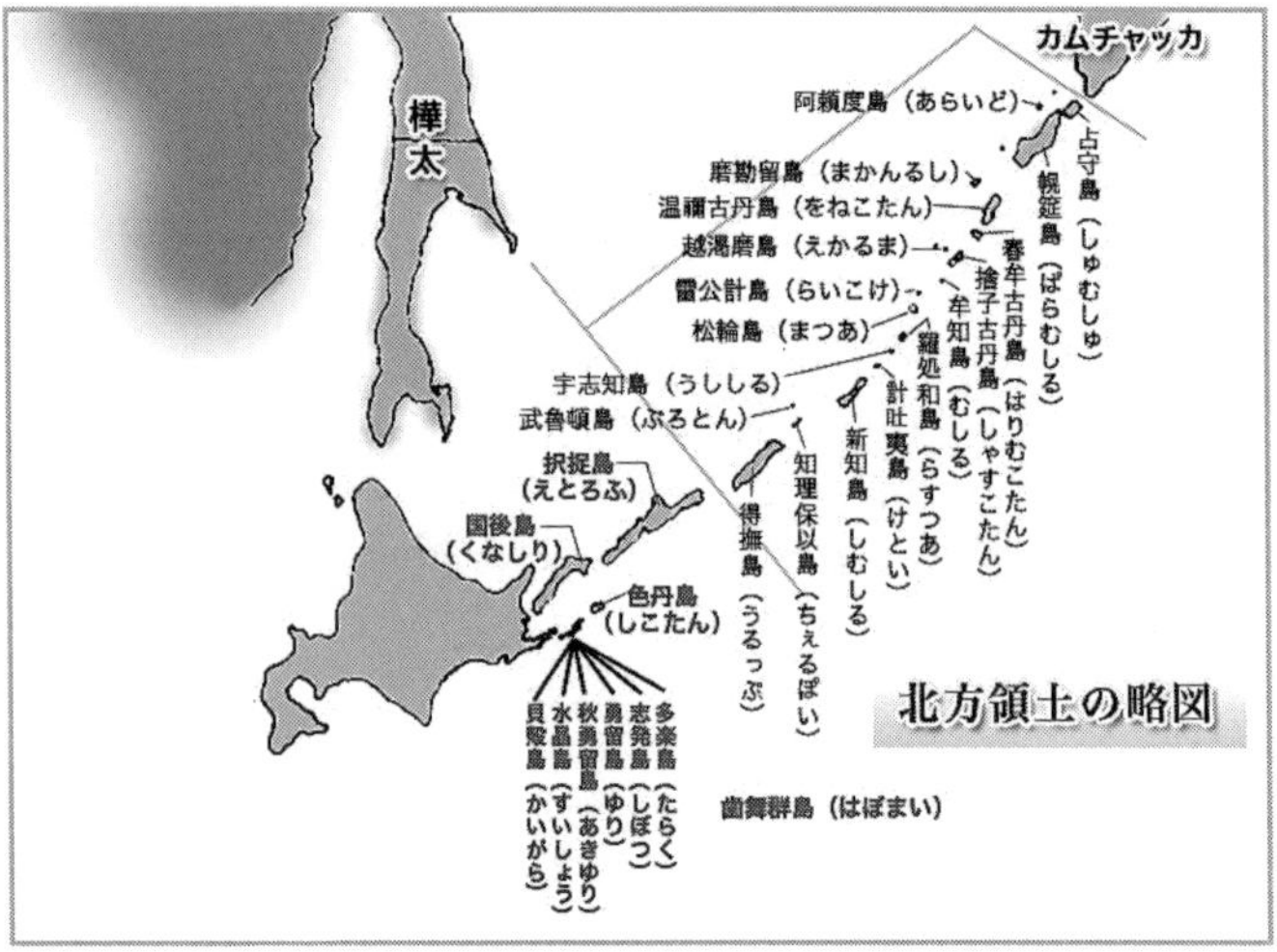

日本が主張している北方領土（出所：独立行政法人北方領土問題対策協会 https://www.hoppou.go.jp/gakushu/outline/islands/island1/）

しょう。ここに示した歴史過程は、いったいいかなる正統性に基づいているのでしょう。

アイヌが「アイヌモシリ」と呼ぶ大地（北海道、樺太、千島）に居住してきたアイヌやギリヤークの民の歴史を無視して、日本とロシアが糾《あざな》ってきた歴史に、それらの先住民の居場所はありません。彼らはともに侵略者であり、アイヌモシリは勝手に「北海道」と命名され、アイヌ民族は勝手に日本人とされたのです。

その「北海道」には、アイヌ民族が古くから居住し、独自の文化を持って暮していました。それに対して、日本政府は根こそぎの侵略と略奪を図り、アイヌ民族の生活も、文化も、誇りも、奪えるものすべてを奪ってきました。

「北海道旧土人保護法」によるアイヌの同化政策

一八九九（明治三十二）年、日本政府はアイヌ民族を「旧土人」と表現した「北海道旧土人保護法」*を制定します。この法律は、保護とは名ばかりのもので、北海道の先住民であるアイヌ民族を侵略し、植民地化することを目的として法制化されたものとしかいいようがありません。

明治維新後、日本政府は、表面上はアイヌ保護政策をとり、農業による授産と教化を進めますが、アイヌが農業に馴染めなかったこともあり、充分な成果は上げられません。それに、アイヌはもともと狩猟や漁労、あるいは交易を生業とし、独自の文化を持っていた民族なのですから、当然と言えば当然のことです。

＊ **北海道旧土人保護法**（明治三十二年三月二日法律第二十七号）は、表向きは北海道アイヌを保護するという目的で制定された日本の法律。明治維新後に政府はアイヌ保護政策をとり、授産と教化を進めてきたが、アイヌが貨幣経済に馴染めなかったこともあり、充分な成果は上げられなかった。加藤正之助によって第五回帝国議会へ北海道土人保護法案が提出、アイヌ自身も代表を送り法案成立を目指して国会に陳情し、制定された。終戦後もこの法律が存続したが、土地の貸与は昭和十年以降実施されておらず、条文の中には既に死文化した条文も多く、また旧土人とい

う名称へ抵抗を感じる人も居り、一九七〇年頃には旭川市が中心になって廃止運動も行われたが、北海道ウタリ協会の総会では「(アイヌを保護する法に)代わるべき法が無いのに、今すぐ廃止してしまえと言うのは無定見」と満場一致で廃止運動へ反対する決議が採択され、見解の相違が存在した。アイヌ民族からはじめての国会議員である萱野茂によって国会で廃止提案されることになった。

その結果、一八九二年に道庁が授産指導を廃止すると、耕地を捨てて放浪する者が現れ、日本政府がアイヌに与えた定住型の生活基盤の多くが失われていきます。表面上こうしたアイヌの窮状を救う目的として、「北海道旧土人保護法」は成立します。しかし、それは、結果として、和人の移住者に大量の土地を配分した後、残り物の土地をアイヌに付与するという措置をとらせ、それらの土地も多くは、開墾できずに没収されたり、戦後の農地改革では他人に貸していた土地が強制買収されたりしました。

結局、「北海道旧土人保護法」は、アイヌの「強制同化政策」をおしすすめ、アイヌ社会に決定的な打撃を与えることになります。

この法律は、アイヌ民族から出た、はじめての国会議員である萱野茂氏によって、国会で廃止提案がなされる一九九七年まで、現行法として存続したのです。この年、「アイヌ文化の振興並びにアイヌの伝統等に関する知識の普及及び啓発に関する法律(アイヌ文化振興法)」が国会で可決されると、その施行に伴い廃止されますが、その間およそ百年の間、アイヌ民族を苦しめ、拘束してきたのです。

私が子どもの頃から語り継がれてきたのは、アイヌの暮しに関する愚痴とも嘆きともとれる悲しい呟きです。


俺たち、文字が読めないために、和人の資質もわからないまま、土地や財産も取られ、泣き寝入りしてきた。


こういう発言は、ことあるごとにアイヌの口をついて聞かされてきました。アイヌの労務者、肉体労働者たち、仕事に疲れ、疲労を癒すために一杯の酒を飲む人々。和人が経営する商店に行き、その労役で得た僅かな給金で、その酒代の借金を返済しようとするのですが、その行為は彼らをさらなる窮状に陥れることになります。

彼らは焼酎を飲みたくて、店主と交渉します。「焼酎一本貸にしてくれませんか」と。店主は応えます。「おお、いいよ。だったら印鑑を持って来い。そしたら焼酎を貸してやろう」。アイヌは印鑑を持って行き、借用書に印鑑を押して、一本の焼酎を借りて帰ります。

給料が出て、焼酎代を支払いに行くと、こう言われるのだそうです。「いや銭はいらない。借用書にはお前の土地を譲渡すると書いてあり、それに印鑑を押したのだから、その土地は既に俺の名義になっている。これはお上に訴えても通用しないぞ」と。大方のアイヌは、このような卑劣極まりない罠にはめられ、土地を失っていきます。

ここで和人の人類学者、国際日本文化研究センター名誉教授・尾本恵市先生の御承諾を得て、先生の講演された文章から次の記事を抜粋させて頂きます。

アイヌ民族と日本国との関係の歴史を見てみましょう（次頁の年表）。便宜上、寛文九年（一六六九）の「シャクシャインの戦い」から書いてあります。和人との交易で、あまりの不正に腹をたてた日高アイヌの酋長シャクシャインが立ち上がって松前藩と戦いました。それまでアイヌの人たちは地域ごとにバラバラで、戦争用の武器もないため反抗してもすぐに鎮圧されていました。しかし、シャクシャインは北海道全域のアイヌのグループを糾合して松前藩の本拠（現在の函館）に迫ったのです。

しかし、歴史上、そのようなとき必ず先住民の側に不幸が訪れます。和人が和睦を申し入れ、信じたシャクシャインを酒の席で毒殺してしまいました。スペイン人の征服者（コンキスタドーレ）ピサロが南米のインカ帝国を滅ぼしたのも同じ手口で、植民者の常套手段です。和睦という嘘をなぜ信じてしまうのか。先住民とくに狩猟採集民の人たちは疑う

アイヌ民族と日本国との関係史

寛文9(1669)	シャクシャインの戦い
明治10(1877)	北海道地券発行条例
明治32(1899)	北海道旧土人保護法
昭和5(1930)	北海道ウタリ（アイヌ）協会
平成5(1993)	先住民族の権利に関する国連宣言（案）*
平成7(1995-)	世界の先住民族国際 10 年
平成9(1997)	アイヌ新法（アイヌ文化振興法） 二風谷ダム判決（札幌地裁）
平成19(2007)	北海道大学アイヌ・先住民研究センター
平成20(2008)	「アイヌ民族を先住民」（国会で決議）
平成21(2009)	アイヌ政策のあり方　有識者懇談会（内閣）報告
令和2(2020)4	白老町に「国立アイヌ民族博物館」開館予定

＊平成 19（2007）　国連総会決議として採択

ことを知りません。いったん口に出したことは言霊（ことだま）として残ると信じているからです。松前藩の人が言うことも、言霊だから嘘ではないと思ったのでしょう。

明治三二（一八九九）年制定の「北海道旧土人保護法」は同化政策です。同化（アッシミレーション）とは、支配される先住民族の文化を否定して植民者の文化を強制することでした。アイヌ民族に対して、「鮭も鹿も獲ってはならない、米を作れ」、と。土地も取り上げて国のものにする。重要なのは言語です。学校でアイヌ語を教えず、日本語だけにする。このような文化否定がどれだけアイヌの人たちの心を傷つけたか。*

＊　尾本恵市「人類学の新たな総合化をめざして——DNAから人権まで」『総合人間学13

――『科学技術時代に総合知を考える：文系学問不要論に抗して』ハーベスト社、二〇一九年。

このように、日本及び日本人への「同化」を目的として、私たち、アイヌ民族の手や足を動かぬものとした悪「法」が、アイヌの承諾もなしに施行されたのです。アイヌの文化の否定です。人間が生きるための言語の否定は、アイヌの魂の否定でもあります。和人には、文字で記された古文書がありますが、アイヌは口伝です。口づてに伝わった言葉で、歴史や教訓を語り伝えていくのです。

子どもたちへの教育は、虫や狸や、狐、犬や猫などを主人公にして、何々して良かった、何々したから悪かった、などと反省をうながしながら、さまざまなことがらを伝え、受け継いでいくのです。ところが、このような私たちの文化の在り方そのもの、その基盤が丸ごと拒否されてきたのです。それにより、アイヌ民族が置かれたさまざまな困難の中で、「それは何故なのか、どうして私たちの文化はこのように否定されなければならないのか」と私はただただ疑問を持ち続けてきたのです。

大きな罠を仕掛けられたアイヌ民族

昔のアイヌお婆さんは、手首からひじの辺りまで、また口のまわりにも刺青が施されていました。小さい頃から見慣れていたせいか、不思議とも思わず暮していました。街などでは、アイヌのお婆さんたちは、口を隠して歩いています。和人から、もの珍しく見られるのを避けるようにしているのです。学校だけでなく、お使いの途中などで、犬をけしかけられたり、石を投げつけられたり、しかし、虐められる根拠が解りません。

アイヌに関する書物に記述されているアイヌは、何か大きな問題のもとに罠を仕掛けられたように見受けられます。私たちの住む大地は、和人には、黄金で光り輝いているように見えたのでしょう。欲しい物がきらめいていたのです。そのようなことが記された書物に出会い、やっとアイヌ民族が置かれた立場が理解できた、と感じました。

ある時、この大地に、海の彼方から、船団を組んだ人々が、わさわさと押し寄せ、上陸し、広い土地を競って我が物と決めた。勝手に制度や施策をつくり、先住民にもの申すことを禁じたのです。

では、なぜ私たちの親たちは、その状態を、子孫に丁寧に教えなかったのかと思いました。

親たちにしても「あれよ、これよ」と言う間に翻弄され、和語に対応できず、理不尽な行動を受け止めなければならない訳があったのだ、と知るに至りました。彼らはあまりにも悪辣なことをしでかす集団で、アイヌはこの人々を和人と呼ぶようになりました。和人はアイヌを脅迫し、武力をもって、やりたい放題です。

かつての為政者たちには、アイヌを存在しなかった者として、一掃しようと目論む者が多かったようです。しかし、わずかではありますが「それでは世界に通用しない、世界に顔向けできない」と反対してくれた人の助けによってアイヌは生き延びました。日本政府は、アイヌに対して、アイヌの伝統的な生活習慣の全てを禁止しました。挙句の果てにはアイヌ語の使用まで禁止しようとしました。アイヌがアイヌとして居られないよう、生きられないようなひどい政策をとったのです。

こんな時代を生きざるを得なかった民族の屈辱は、はかり知れません。同じ言葉を使いながら、差をなじられ、軽蔑され、格差をつけられるのです。これが私たちの身にふりかかった災いであり、意味も解せずに来てしまった歴史です。

かつての語り部であったアイヌの指導者たちは、何をどのように語り続けてきたのでしょう。ユーカラという叙事詩に語りつがれた教訓は、人《アイヌ》は人らしく生きよ、ということでした。この世に生きる者すべてに役割があり、虫やけだもの、鳥たち、魚類は、秩序に沿って生きているのだということです。しかし改めて、人の歴史がそうなってしまった深い訳を知らなければ、差別が存在する現実を解きほぐすことはできないでしょう。

国民学校での差別

国民学校の学童だった時期はずっと戦争です。たまに学校に行くと、紙も鉛筆も不足していたのに、どうして学校にあんなに紙があったのか。「鬼畜米英」と書き、赤ら顔の鬼を描いた大きな絵が廊下に貼られています。校長先生も朝礼でアイヌの悪口を言っていて、「アメリカのアイヌは」という言い方をします。「アイヌは差別してもいい」と公言するような学校でした。

当然、アイヌの子は学校へ行くよろこびがありません。後年、私も子どもを育てて感じたことですが、子どもたちがかぜをひき、「今日は熱があるから休まない？」と言うと、子どもたちは「嫌だ、学校が楽しいから行く」と言うのです。私の子どもの頃と比べると、その違いがすごいと思いました。私たちが学童だった頃は、学校がすごく嫌な雰囲気でした。

アイヌの子は、村や家ではいじめられていません。したがって、警戒心がうすく、いじめられやすかったのだと思います。私は同級生の中で一番いじめられました。いじめられ慣れていたらしくて、同級生の男の子たちが、私の頭にくっついたら取れにくいアザミのぼんぼりを、ボンボン頭にぶつけます。私はぶつけられても黙っています。今考えてみると、その時、私は全然ちがうところに魂が行っていたのだと思います。だから、いじめられても、あきらめて、いじめさせていたのかもしれません。

いじめに対して反発したことも一回だけありました。副級長だった女の人がデブちゃんで、強そうに見えました。その彼女が下校時に私をいじめるのです。ある雪の多い日、いつものようにいじめてくる彼女に、私は身体を丸くしてバーンと体当たりしました。すると、彼女がコロコロと、ころがったのです。彼女は泣きました。その後、私は強くなりました。

自分の親たちは、「われわれ人間《アイヌ》は」とか「われわれ同胞《ウタリ》は」とか、自身を語る時には、アイヌ語で考えていたと思います。

アイヌの知人が来ると、母はアイヌ語で会話していました。普段の生活での会話は和語でした。だいたい〝水《ワッカ》〟〝火の《アベフチ》〟〝神《カムイ》〟〝お祈り《カムイノミ》〟といった言葉はわかっていましたが、それらを話し言葉にするということはありませんでした。

差別される日々

姉茶から荻伏の街までは、二里以上、八キロはあります。十一歳にもなると、街へのお使いに行かされます。私は字が読めたということもあって、役場に使いにいくこともありました。普段のお使いは、父が飲むドブロクを醸すための米麹や、お茶の購入といった目的です。

月の内、一度は徒歩で行きます。街までの道のりを、村の路を通り、大川の橋を渡り、民家が路の両側に立ち並ぶ街に出ます。その街角に目指す麹屋さんがあり、背負って行ったお米一升と同量の麹を交換してもらい、来た路を逆に家路へとつきます。

ある時、私はそのお使いで、役場のある街に近い路を麹屋さんに向って歩いていました。すると、街の方から、私と年齢も変らない、姉妹と思われる二人が歩いてきます。彼女たちは、すれ違いざまに、「アッ、〝犬〟が来た!」と言いました。私は咄嗟に振り向いて足もとを見ました。けれども、そこに犬はいません。二人は、ニタッ、と厭な笑いを浮かべ、素知らぬ顔で歩き去って行きました。

その瞬間、私は立ち止まり、足を前に進めることができなくなりました。犬といえば、この街に来るまでの途中、農家の脇を通る時、猛烈に吠えて近寄って来る犬がいました。農家の大人たちは笑って犬をけしかけてきます。そんなことがあった直後なので、瞬間的に振りむいたのです。

歩き去って行った和人の子どもたちは、こんなふうにアイヌをバカにして喜んでいるのです。その笑いは、今でも心の中で「気持ち悪いな、あの人たち」と思うくらい、ゾッとするものでした。なんていうのか、あれが人間なのかと……。小学校の四年生か五年生ぐらいでしょう。衝撃でした。

アイヌということで、周りのアイヌの子も差別されます。だから自分だけではない。アイヌが有利になると和人は〝アイヌ〟という言葉を持ち出します。それでアイヌが負けてしまうのです。論争してアイヌが勝ちそうになると、「アイヌのくせに」と言われます。それでアイヌは応戦できなくなってしまいます。

ごく最近のことですが、あるアイヌの青年が牧場で雇われて働いていました。ある時、その牧場主とアイヌの青年との間に意見の対立が起こり、口論になったそうです。その言い争いで、彼の方が優勢になると、その牧場主は「アイヌのくせに！」と言い放ったそうです。その後、青年はその職場を去ったということです。こんなふうに、アイヌの居場所は徐々に狭められているような気がします。

差別の理不尽さ、根深さ

私は、「アイヌ」と言われるまで、自分は何だかわからない状態にありました。私自身にアイヌという自覚はなく、自分が誰で、どんな出自なのかを意識しないで暮していました。

字は読めていました。少なくとも、ひらがな、カタカナは読めていました。そして数学になるとパッと手を挙げます。そういう時に手を挙げるのは、だいたいが、級長や副級長になるような勉強ができる人です。ところが、私はそんなことは考えもせず、パッと手を挙げてしまうのです。そうやって、手を挙げた帰りにいじめられるのです。「俺より先に手を挙げて」と。そういうことがいじめの対象でした。川に落とされそうになったり、めちゃくちゃでした。素直なためにいじめられたのかも知れません。

なんでこんなわけのわからない差別をされているのか、なんでわけのわからないことを教えてくれないのか、そういうことが子どもの時から疑問でした。

それは、私らに本当のことを教えて、和人に応戦したら殺されるのを知っていたからではなかったかと思います。アイヌが殺人を犯しても、味方になる和人は、警察や役所にもどこにもいません。だからアイヌはそういうことを考えて、子どもらに本当のことを教えなかったんじゃないかと思います。それが怖いです。

だから叙事詩も見失われたままです。和人の学者の方が改めて掘り起こして書いている叙事詩がいっぱい残っていますが、アイヌの人々の間にそれが流布しているとは言い難い現状です。旭川の博物館に、私が言ったり書いたりしたことをアイヌ語に翻訳してくれるアイヌの女の人がやっと一人います。親兄弟に反対されたけれども、自分でアイヌのことを勉強してきた人です。五十代で、精神的にナイーブで、いつ壊れるか、と思うような人です。だから話をしても壊れないかな、とこっちがいつも心配するような人なので、どうなるかわかりません。

当時の学校の先生のことなどは、今でも言いたくもないほど気持ち悪い、と感じています。言葉ではどう表現したら良いかわからないのです。

父は明治三十五（一九〇二）年生まれの人だから、アイヌがどのように虐げられてきたかを、よく知っています。私たちの家の周りは、馬屋があるぐらいだから、とても広いのですが、ある時その庭に何人か集まって、子どもも楽しそうに過ごしていました。そこに、おまわりさんが通りかかりました。おまわりさんも楽しいことなら、知りたいと思ってでしょう。でも来た途端にうちの父は、どなりつけていました。あんな怒った父は見たことがありません。

それは、アイヌのすきを見て、アイヌを犯罪者にする人が多かったからだと思います。その背景には明治九（一八七六）年の秩禄処分で、秩禄給与が全廃され、自ら生活の術を見出さなければならなった士族（かつての武士たち）が、おまわりさんや托鉢僧のような仕事に就いている事実があったのだと思います。

早死にするアイヌたちは多かった

だんだん戦況が悪くなり、アイヌの部落からもアイヌの青年が出征して行く光景が増えていきます。悲惨です。それでなくても父親か母親のどっちかの親がいない家庭が多く、生きている人たちの中から、働き盛りの人が連れて行かれるのだから、次第にひどくなります。それが戦死したりして、帰ってこないのです。

送り出すときは、歓呼の声です。子どもたちは半紙に茶碗を伏せて丸い線を引き、その内側を赤く塗って、自分たちで日の丸を作り、見送りに行きます。

戦地から、亡くなって帰ってきた兵士の家の子ども四人が、うちに来ていたことがあります。その兵士は無論他人です。ちょうど同じぐらいの年の子どもたちでした。引き取る以外にないでしょう。子どもたちだけで寒い冬を越え、生きて行くことはできません。

うちには年中誰かがいました。年のいった盲目のお婆さんや、身体の弱ったおばさんといった、厄介をかけるような人がです。私の家で母が面倒を見ていた四人の子どもたちは、もともと姉茶に住んでいましたが、親が亡くなってから別々の所で暮すしかありませんでした。やがて、母親がどこかから現れて、子どもたちを連れて出て行ったのはいいのですが、満足に育ったんだか育たなかったのか、一切わかりません。

そういった人々には早死にした者が多かったろうと思います。これは悲しいことです。そういう死に方をしたアイヌは大勢いるのです。行った先で朽ちてしまうというか……。アイヌの平均寿命を測ったことはありませんが、相当短いような気がします。

長生きするお爺さんやお婆さんはいましたが、あの人たちの薪はどうしたかとか、あとで考えました。寒いときに薪がなければ暮せないのに、誰かが面倒をみたのかな、とかいろいろ思うのです。私自身、差別を脱ぎ捨てるつもりで、田舎を飛び出してきました。思えば脱ぎ捨てたはずの鎧を今でも纏い続けているような気がします。それはなぜなのか。

後年、私はアイヌ問題で呼びかけますが、それは過去への思いがあるからです。今のアイヌのことだけなら絶対に呼びかけなかったでしょうが、かつての自分は、村の老人や病人たちに南瓜も芋も運んであげていたのに、自分はそこから逃げ出してしまったから、何もお世話をしてあげられなかった自分を後悔するのです。あのおじいさん、お婆さんはどうしたのか、と思うのです。

Ⅱ　学びへの目覚め

6　敗戦直後の時代

母の激しい一言

アメリカ対日本の戦争は、日本の敗北に終りました。一九四五年八月十五日のことです。この日、私と母は家の裏手にある畑の仕事をしていました。家の後ろには灌漑用水路が流れていて、そこから手前が家でした。畑に沿って、村道が通っています。道の下手の方から、知り合いのおばさんが泣きながら私たちの働いている畑の近くに来たとき、私の母はそのおばさんに、「どうしましたか?」と声をかけました。その人は泣きじゃくりながら、「戦争は日本が負けたって、くやしいじゃないか?」と言いながら去って行きました。午後過ぎのことです。

その人を見送ってから、母は吐き捨てるような口調で、こう言いました。「なに泣くことあるのさ！　戦争に負けて戦争が終ったらこんないいことないさ」と。私はハッとして母を見ました。私の母は荒々しい言葉遣いをしない人です。すぐに母はもとの穏やかな顔にもどっていました。私が十二歳の時です。だからアイヌにもいろいろあるのです。戦争に敗けて泣く人もいれば、よろこんだ人もいるのです。

学歴のない悲哀

この敗戦を機に世の中はさまざまに動き始めます。学校制度も変り、それまでの国民学校では一年生から六年生まで卒業すると、義務教育は終了ということで、それぞれ身の処し方は自由で、上級の高等科へ進むなどいろいろでしたが、敗戦後は、学業も小学校から中等学校までが義務教育となる六・三制に変り、進学したい者は高校へ進みます。教育内容もずいぶんと変化していきました。

戦後、社会に出て仕事に就く際に必要なのは、最低でも中学校を卒業したという学歴になります。それまでは、仕事の内容によっては、学歴は関係なく採用されていましたが、戦後はそれが許されないことになっていきます。

時代の流れによって、産業の動力化が進展していきますが、私の身近なところでも動力を使用した仕事が増えて行きます。たとえば、杣人の世界でも、チェーンソーという動力鋸が使用されるようになります。チェーンソーを使用するためには免許証がいるのですが、その免許を取得する試験を受けるためには新制中学を卒業している必要があるのです。

敗戦の年、私は十二歳でした。三月生まれの私の国民学校卒業年次は、その前年の昭和十九年度だったはずです。しかし、私はその大切な卒業証書を持っていません。その頃は、一家総出で生活苦を乗り越えるのに必死で、ほとんど登校していませんでした。だから卒業式にも出ていません。この卒業資格の欠如は、後で私を後悔させることになるのですが、その時はとにかく生きるのに必死で、多感な時代を迎えながらも、敗戦後の食糧難や物資不足、社会全般の厳しい不況下を一家の賄い手の一人として過ごしたのです。

毎日毎日同じ作業に明け暮れても、生活は一向に良くなる気配を見せません。世の中は貧しいのですが、それでも村の家々のラジオから流行歌が流れるようになり、村祭りも行われ、女性の間ではパーマネントヘアも流行します。人々の様子も少しずつ変化していきます。

私自身も徐々に成長していきます。農業に従事していることに変りはありませんが、どうしても現金が必要な時には、一日の作業が二百円になる出面取りをします。

私は手に職をつけたいと思っていたので、農閑期には和裁教室に通って勉強していましたが、和裁だけでは生活の糧にはなりません。生活をエンジョイできる仕事をと思っても、田舎では良い仕事にはありつけません。

　街に出れば、何かあるかもと思い、思い当たったのが美容師という仕事です。十七歳頃のことです。ある日、浦河の町に用足しに出されたのですが、その足で美容院を訪ね、「ごめんください」と挨拶し、店内に入って行きました。その時、この美容院の店主であろう方が、私の話を聞いてくれました。私は「美容師になりたいので、どうか、弟子にしてくれませんか」と頼んだのです。そこで「中学校を卒業していますか？」と訊かれました。私は「いいえ卒業していません」と事実を答えましたが、こう言われました。「そうですか、美容師になるためには、中学校を卒業していないと、国家試験を受けられないので、中学を卒業してから、また来てください」と。

　美容院を後にした長い帰り道、野路を歩き、山を越え、わが家に帰り着くと、母が畑仕事をしていました。私は母の前に行って、浦河のパーマ屋さんで、かくかくしかじかだったと告げました。私も母も、あとはただ沈黙するのみでした。

時代を深くは意識せず

戦争が終わったら、すぐ笠置シズ子さんの歌が流行りました。あの頃から、社会が変っていきました。美空ひばりさんも出てきます。「銀座のカンカン娘」だとか、あんなのが出てくると、やはりアイヌも和人化というか、アメリカナイズされてきて、それでみんながハイヒールを履いたり、バッグを下げたりするようになり、それに私なども憧れてしまいました。

私は当時、時代を深く意識してはいませんでした。素直に、そういう新生活に憧れていただけです。長谷川一夫さんの映画を見ると、すごくきれいないい男だな、と思うし、山田五十鈴さんなんかもすてきだな、と思うのです。映画を観られるようになったのだから、びっくりしました。十四、五の時か、娘時代になると和人の友だちもいっぱいできます。

和人からの差別とか、もうかまっちゃいられない、という感じになっていました。とは言え、生活は常に逼迫しており、そんな意識を超えるために、私は自分の肉体を使って働いていました。じっとしていられないという、肉体を使ってエキサイトしていく、というのが自分の青春だったと思います。グズグズしている暇があったら働いて親孝行したい、と思っていました。

戦争が終わったのは、親がよろこんでいたから、良かったと思うだけです。生活の中で、戦争に苦しめられたのは、兵隊に行って家族が泣いているとか、親たちが生活していけないといったことに対してです。私らは子どもだから食べさせてもらって、怒られて、元気でがんばっていれば、その日を暮していけたように思います。

戦争そのものに対して、嘆いて、戦争はいけませんと言った覚えはないから、今になってみれば天真爛漫に生きることができていたのでしょう。とにかく、母が怒っていたのをよく覚えています。「戦争がなかったらこんな思いをさせなくてもすむのに、子どもらにこんな思いをさせて」と言って。父も戦争のために米を作らなければならないということで、あんなに苦労をしたのです。親たちが子どもを育てるために苦労していたのはよく覚えています。だけど自分がその戦争のために物がなくて苦しく、物が欲しかったのだろうけれど、その事で苦しんだ記憶はあまり残っていません。私の中では、親を助けたいという気持ちの方が強かったようです。だから、自分の中で、戦争が悲惨な記憶として残っていることはあまりないのです。

物のない戦後の生活

戦時中、アイヌの人たちが、兵隊として沖縄に行っていました。私も十年以上前には、沖縄に行くことがあって、碑の所に行き、同じ村の浦川という同じ姓のタマジお兄ちゃんの名前を見て、泣いてしまったことがあります。タマジお兄ちゃんのことは、なんとなく知っていたくらいでしたが、浦河から遥か遠いこの地で、戦争で亡くなったのかと思うと胸を打たれたのです。浦河タマジというひとは、私の同級生の、母違いの子でした。

また、ロシアに連れて行かれて、帰って来られず、ロシアの土になった人もいます。友だちのお兄さんもその一人です。うちの姉とも歳が近く、冬の寒い時、親が仕事に行って留守がちで、きょうだいだけでうちの囲炉裏端に来て、時間があると昔話をしたり、なぞなぞをしたりした思い出があります。そういうお兄ちゃんたちも戦争に行って帰ってきません。

よくもあんな戦争を通り越せたと思います。田圃をやるようになってから、アイヌのお爺さんやお婆さんは来なくなりました。自分の家だけではどうしようもないぐらい大変でした。農協の借金はあるし、米、味噌、醤油と、全部農協から取り寄せなければやっていけませんでした。農家をやるようになってからは、家計に全然ゆとりがなかったと思います。

戦争が終わっても、戦後は物がありません。海辺の人たちの話では、海で家族心中したりする一家があったとも聞きました。でもそれはアイヌではなくて和人の家族です。和人のどうしようもない家族は、アイヌの別棟に住み、物置みたいな所を改良して住まわせたりします。アイヌは、そんなふうにして、食べていけない和人たちを助けていました。でもその和人はちょっと生活がよくなると、町に出て行って、たまに出会っても目も合わせなくなります。こういった不人情の恐ろしさにはびっくりします。

話は変りますが、うちの親の時代も、娘たちは貞操帯というのを巻いていました。で、男の人はすぐ腰に触るんだそうです。だから貞操帯がないと、こっちのものだと思うらしい。貞操帯をしていると、手が出せません。そういった習わしはよく聞いていました。だから、貞操帯をしていないと、だらしない女だって思われていました。

姉茶の村の人口は、当時、和人の方が多かったのではないでしょうか。アイヌの部落と言っても、アイヌの家が一五〇メートルとか何百メートルとかの間隔で、ポンポンと点在している村です。三〇軒ぐらいはあったでしょうか。戦後も、和人は国に奨励されて、牧場を経営したりすると、国のお金が出ていたそうです。蓄えのある家もあり、並の農家の家もありますが、彼らの土地は全部アイヌから取り上げた土地を与えられるから、和人は暮していけるのです。一方、アイヌは土地を取られているから、田圃も畑もできません。したがって、貧乏人になるというわけです。

結婚をしたいという気持ちは湧かず

私と遊んでいた友だちは、皆アイヌです。和人とは接触がないというか、離れていましたから。娘時代に私より三歳上のアイヌの娘で愛嬌がよく、可愛い顔立ちをしていたからか、すごくモテる女の子がいました。彼女は、私の同級生で、和人の友だちのお兄さんと付き合っていました。それでその友だちに「あんたのお兄さんとあの人は付き合っている」と言ったら、ものすごく血相を変えて、「なんでアイヌなんかとうちのお兄ちゃんが付き合うのか」と私もアイヌなのに、ひどいことを言います。そんなことで和人の本性が見えてしまいます。ともかく、男というのはスケベだから、和人の男も、可愛い女がいると寄って来ます。女の子も嫌ではないから付き合いますが、結婚までには至りません。そんなのをたくさん見ているから、私はだめ女になってしまいました。世の中を見過ぎてきたような気がします。

戦争が終わった時、私は十二歳でしたが、その時点で私より三、四歳上の女の子がみんな色気づいてきます。それで二十歳ぐらいになると、みんな嫁さんに行ってしまいます。だからそれぐらいの年頃の人たちが、色気もない私に一所懸命嘆いては訴えるのです。「今日は自分の付き合った人の結婚式だ」と。私はその辛さはわからないから、「うん、うん」と聞いてあげるだけです。そんなことが随分あったから、結婚という思いは私の中では湧いてこなかったのです。

アイヌの子は私たちと同じに、学力もないし、生活力もありません。みんな出面《でづら》という一日だけの仕事とか、〝雇い〟という一カ月いくらかの安い奉公に行くとか、そんなのでは夢もへチマも持てません。それで結婚なんて観念は、私の中から消えていきました。だから夢ばかり見ていました。あれをやりたい、こうやりたい、ああやりたい、と。そうは言っても、現実には田圃の草取りしかないから、それをやっていくのです。

飢えた子どもたちを我が家へ迎える

戦争が終わってから、我が家でも戦争で貧しくなった家の子どもを引き取っていました。でも、彼らを迎え入れた私たちも共に飢えた状態にありました。結局、戦争が終わってしばらくして彼らの母親が迎えに来るまでは一緒に暮しました。

また、朝鮮の家族も来ました。お母さんのいない家族が、小学生の子どもを何人も連れてきて、十何歳かのお兄さんがいて、弟と同じぐらいの年ごろの子もいました。

アイヌもいじめられますが、朝鮮人もいじめられます。そうするとうちの弟たちは強いから、朝鮮人をいじめる和人に反撃します。うちでは朝鮮人をずいぶん助けていました。同じ人間で同じ顔をしているのです。なにが違うというのでしょうか。私はそこのところがわかりません。人種とはいったい何なのでしょう。人として生まれ、独自の文化を持って生きているというだけで、〝ニンジン〟や〝ナンバン〟などと、和人はひどい言葉を使って彼らを嘲るのです。

朝鮮人の親がいる家では、親たちは、共産党のところにいっていたようです。けれども、親や兄がいない子どもたちも少なくありません。だから小学校に行っている何人かの男の子たちは、野放しの状態でした。昼に食うものもないから、うちでジャガイモを茹でると、みんな集まって来ます。母がおいしい漬物を作っておいてくれるから、それと芋を煮たものをみんなで食べていました。

「芋の弁当」という歌があるけれど。朝鮮の子どもたちだけでなくて、樺太から引き揚げて来た、恰好のいい青春盛りのお兄ちゃんたちも、腹が減ると家の近くの畑でこっちを見て立っていました。そして「母ちゃん、あそこのお兄ちゃん、立ってるわ」、と言うと、母は「呼んでこい」と言います。それでいっしょに食べさせていました。後で会ってお礼を言われたこともありません。恥ずかしかったのかな、そういう時代でした。

また、私は、樺太からの引揚者の所へ、叺《かます》に芋を入れたり、南瓜を入れたりして、玄関にそっと置いてきたりしていました。何キロもあれば背負っていけないけれど、うちは馬車で移動することができたから、道すがら置いて歩きました。みんな引き揚げてきて、食うものがない時があったでしょう。そういう時、置いて歩いていました。

冬の間に和裁・洋裁を習得する

農業の繁忙期は、田圃や畑から抜け出すことはできませんが、秋深く十一月になれば秋仕舞もすっかり終り、冬ごもりになります。しかし秋から冬、春までの北海道は寒く、暖をとるためには、一日中屋内を暖める薪が必要です。冬仕度の重要なポイントの一つです。農業を営むようになってからは、薪の仕度は男たちの仕事です。一冬燃やす薪は買い取って外に積んで置きます。十一月から冬期まで、馬の飼い葉が私の主な仕事です。

私は十三歳から冬の間、野深小学校で開講している裁縫教室に通うことにしました。小学校の校長先生の奥さんが和裁の先生でした。裁縫教室に通うのが五、六年続きました。最初は一枚の浴衣用の反物を持って、裁縫道具の針や絎け台、物差し、アイロンなどを用意して授業を受けます。この間、昼間家の中にいると、馬屋に行って縄を綯《な》うなど、春夏秋と外での仕事を、せいいっぱい働いてきた私のやるべき義務と心得ているので、冬は裁縫を身につけたいと思ったのでしょう。

戦争が終わって、村の娘さん方も洋裁を習う人が増えてはいました。私も洋服は欲しいと思いましても、ミシンを買えるわけでもないので、あえて和裁を勉強することに決めたのです。

一枚の反物を仕立てるのですが、最初は、先生の裁ちから始まります。十一月から三月末まで、教室は開放されているのですが、期間の四カ月末で、やっと一枚の浴衣を仕上げました。

翌年十四歳の冬には、村の公民館に洋服の原型を教える先生が来られました。「一流の腕をお持ちだ」と言われた女の洋裁の先生が、洋服を仕立てるための型紙の取り方を教えてくださる、とのことで、私は洋服の原型を四カ月くらい教室に通い勉強しました。

この原型教室で教わった、洋服の型取りによって、私は自分の洋服のほとんどを、返し針を持って仕立てることができるようになりました。なんとか手に入れた生地を、自分でデザインし、仕立てて着ていたのです。そして村のお姉さん方にほめられました。

翌年の冬、畳一畳ほどのうすい毛布二枚を母が手に入れました。それで、さっそく私と姉のオーバーコートを仕立てました。布は白地でしたが、縫い糸は黒しかありませんでしたので、私と姉は黒い木綿糸を使い、返し針でオーバーコートをつくったのです。この時私は十四歳で、二十一歳の姉が、「静江にはかなわない」と、ほめてくれました。

その頃村には鮭の稚魚を育てる孵化場があり、要らない卵を除去する仕事、冬の間の手伝いがあって、その除去した卵はもらって帰れるので、それを食べる足しにしていました。娘時代は家にばかりいるのが嫌で、外で何かあれば出かけていました。

7　女優への憧れと行商体験

盆踊り、秋祭り、正月の楽しみ

私の青春は、あたふたと明け暮れます。家から三百メートル離れた辺りに、三歳年上でとても仲良しの女友だちがいました。楽しいことといえば、八月はお盆の月で、お墓参りなど、休日が三日ぐらいあります。その間、村の神社の前の広場では、夜になると盆踊りが催されます。八月十三日は午前中から太鼓の音がなり響き、村中がパッと明るくなった感じです。

このお祭りに、母は「静江は赤が似合うから着せたい」と、赤い格子模様のワンピースと赤い鼻緒の下駄を揃えていてくれました。その下駄を履いて、友だちと一緒にお祭りに行きました。夜は盆踊りが始まり、とても賑やかです。私は盆踊りが好きで、踊りの輪の中に入り踊り続けます。

　そして、九月には秋祭りがあります。神社の広場には土俵があり、相撲大会が催されます。父が若かった頃は花相撲で、大関を取りました。沢山の賞品を取り、相撲見物に来た人々に賞品を分け与えて、家には持ち帰らなかったということは、誰とはなしに聞かされていました。

　弟の茂雄もとても強くて、秋祭りの頃は村から村をまわり、相撲大会で優勝していました。ともあれ、私は自分の村だけじゃなくて隣の村にも行き、踊り疲れて深夜に帰ってきたりしていました。その翌日、馬に食べさせるえん麦の刈りとりを母とするのですが、昨晩の踊り疲れと、寝不足で、刈り取ったえん麦を束ねながら、私は立ったまま眠っているらしくて、母が笑っています。そのことで怒られた覚えはありません。娘時代の楽しい一時の思い出です。

　後はお正月です。この時、兄がまだ仕事先からもどっていません。私と母で、一俵の餅を、朝早くから夕方までかかって搗いたのです。私が餅を搗き母が合どりをして、この時ばかりは父も感心してくれました。

　なお、春祭りの時期は農業の仕度が忙しくて、はなやかな行事は行われませんでした。夏のお盆と秋の祭り、お正月の三が日、この間だけは楽しく遊びました。大人たちも、そんな日々をゆっくり過ごせました。

山椒の実を摘む山中で、シマフクロウに出逢う

私が十六、七歳の頃の思い出ですが、夏が過ぎ、初秋を迎える頃、山も秋仕度をはじめ、木の実に色が付きます。村で山椒の実を買い取る所があるという噂を聞きつけました。八月半ばから九月にかけて、農業も少しは手数がはぶけて閑をとることがあります。そのわずかな暇をみつけて、近くの山の中に分け入り、山椒の実を採りに出掛けます。日照りが続き、良い天気に恵まれた日などにです。

シマフクロウ

私が懸命に実を摘み取っていた、その時です。背後に何か気配を感じたので、後ろを振りむいてみると、そこには、シマフクロウ*がいました。その鳥はまだ姿形が少女のような年頃に見えました。あどけなく、じいっ、としていますので、私はそっと手を伸ばしました。すると、鳥はさっと近くの木の枝に移りました。これがシマフクロウとの初めての対面でした。

宇梶静江『シマフクロウとサケ』
（福音館書店、2006年）

　実は、山椒の実を摘みに行くのは、家族には内緒にしていたことです。「山に山椒の実を採りに行きます」と、その事を家族に告げたりしたら、反対されるに決まっています。なぜなら、山には羆が住んでいるからです。無鉄砲な私は羆がこわくなかったのです。そうして摘み取った山椒の実を売って、秋祭り用の洋服や下駄を買うためのお金を稼いでいました。

　秋祭りの時季が過ぎると、弟の茂雄は家計を助けるための奉公に出されます。彼より三歳下の弟なども畑仕事の手伝いと、一家総出で働いても暮しは一向に良くなりませんでした。お米の収穫は年に一度、そのために早春から秋の収穫、とり入れ後の始末まで、その手間を一家が支え合い、働き、働く、働きあった青春でした。

＊　フクロウ目フクロウ科シマフクロウ属（ワシミミズク属に含める説もあり）に分類される鳥類。全長六六～六九センチメートル、翼開長一八〇センチメートルに達する日本最大のフクロウ。現在、北海道全域で百数十羽の存在が確認されている。

村の青年団での演劇活動

敗戦後、アイヌの生活も急激に変っていきます。村に電気がつき、ラジオが入ります。父は外でラジオを聞きながら薪を切っていました。浪花節とか歌謡曲、ニュースなどを聞くのです。私も、浪花節が大好きで、よく聞いていました。

生活文化全般がアメリカナイズされるとともに、アイヌの暮しも急激に和人化していきます。戦後、アイヌの大人たちも結束して、アイヌが暮しやすい世の中にしていこうという動きが芽生えてきました。生活の改善を試みていたのです。この頃、冠婚葬祭はアイヌの人々みんなで執り行っていました。しかし、生活苦は変りません。

他方で、私は十三歳ぐらいの時、村に来た村芝居の一座の公演にすごく感動しました。舞台の上で俳優さんたちが演芸をやる。それが一所懸命に訴えてくるのです。それを観て、腹いっぱい自分を表現するというのが舞台の役者さんだな、と思いました。また、浪花節語りにも感動して、もう大人になったら役者になりたいとか、浪花節語りになりたいとか、そんなことに憧れていました。

いつごろか、冬だったが、村に何か有名な劇団が来ました。娘たちがみんな大騒ぎになり、私も行きたくて仕方がなかったのですが、父は行かせてくれませんでした。お金があったら黙って行くのですが、そのお金がなく、いつも水を飲んでいる川の所に行って突っ立っていました。その川は、浅くて自殺もできないような所です。雪がばたばた降る中にずっと立っていたら、母が来て「家に入ろう」と声をかけてくれました。自分の好きな演劇を観に行けなくて悲しかったことを覚えています。

敗戦の後、昭和二十二年頃だったでしょうか、村で青年団が組織され、演劇活動が始まります。村のお兄さん、お姉さんが集まって、劇をやるのです。そして、秋祭りに演芸会を催すことになります。和人もアイヌも区別なく参加する共同の祭典でした。八月のお盆が終わると、青年たちは神社の脇にあった公民館に集まり、出し物の相談や役付け、その他諸々の仕度にかかります。やがて演目も決まり、芝居の稽古に入ります。

そのような青年たちの動きを知った私は、その仲間に入りたくて、いても立ってもいられなくなります。私は、一日の仕事を終え、夕食を済ませると、奥の部屋の窓からそっと抜け出して、五百メートル先の公民館に向います。夕暮れの早い秋の夜、街灯もない真っ暗なでこぼこの田舎道を歩いて行きます。けれども、私は中に入ることはできません。まだ十三歳の子どもですから、青年団の一員ではなく、仕方なく公民館の高窓から、背伸びをして中の様子を覗いていました。

母と著者（14歳頃）

そんなことを夜毎続けていると、ある夜、小用を足しに外に出てきたお兄さんの一人が、私を見て、「あそこの子が毎晩見に来ているよ」と仲間の青年たちに告げてくれました。すると、誰かが、「きっと芝居が好きなんだろう、入れてやろうよ」と中に誘ってくれたのです。そうして、私は青年団の演芸員の一人として加えて頂きました。するといきなりですが、科白のある役をもらい、演じさせてもらうことになりました。私は役をはずされないように、懸命に演じました。そうして参加していた演劇の方では評判が良く、終わったあと「お宅の娘の静江ちゃんは」って、みんな親に告げに来るのです。時が経つにつれ、だんだんと、主役をやったりするようになります。

ある時、舞台と舞台のあいだに穴が空いてしまったことがあって、合間に何かやれ、というので、「そうだ」と思って、借金取りが来るから棺桶の中に隠れて死んだふりをする、という芝居を、にわかにみんなで作りました。それで「静江ちゃん、そこでお祈りしろ」と言うから、私は「(節をつけて)なんまんだ、なんまんだ」、「ニンジン、ゴンボウ、大嫌い。コンニャク、トウフ、大好きだ、なんまんだ、なんまんだ」って言ったら客席がドッと沸いたのです。村のお兄ちゃんが仏さんを拝むとき、そうやって拝んだ、と聞いていたから、真似をして、それで穴を埋めたのです。そういう悪知恵は、なんだかすーっと出てきました。

この演劇活動は五年ぐらい続けていましたが、その後、青年団も解散になってしまいました。演劇活動は一七、八……位まででしょうか。解散になった時は寂しかったけれど、この演芸会ではアイヌも和人もいっしょでした。良い意味で民主主義的でした。

その頃、歌の上手なお姉さんがいて、その人はけっこうな役者で、彼女が青年団の演劇を仕切っていました。和人の青年たちが彼女を立てて、いい芝居に取り組んでいました。『父帰る』だとか、私は理由もわからないまま与えられた役を一生懸命やっているだけでしたが、芸の筋道をしっかりわきまえていたら、今ごろ私も役者になっていたかもしれません。とにかく当時は、与えられた役の科白を覚え、やれと言われたことを必死に演じていただけです。

女優への憧れと宇野重吉先生

青年団では、演劇を通してアイヌと和人は仲よく交流していました。そのうち、アイヌが独自にアイヌの自覚を促すためだとして、「アイヌ会館」を建てますが、それはすぐに壊されてしまいます。

当時、「民主主義」の名のもとに、アイヌの女子と和人の男子の間での恋愛が流行しました。しかし、結婚まで至るカップルは現れません。やがて、村の青年たちとアイヌの女子との交流も途切れてしまうことになります。

その当時、私には試してみたいことがいろいろありましたが、一番なりたかったのは、やはり舞台女優です。でも、勇気がありませんでした。これは後年東京に出てからのことですが、憧れの宇野重吉先生[*]にやっと会えたのに、それ以上踏み込めなかったということがありました。

＊ **宇野重吉**（一九一四―八八） 俳優、演出家、映画監督。本名は寺尾信夫。宇野は第二次世界大戦前から戦後にかけて長く演劇界をリードしてきた名優。

当時、先生の家は目黒区柿の木坂という所にありました。私は、どうやってその場所を知ったのか、先生との出会いを求めて、何度か先生のお宅を訪ねてみたのです。最初は家を眺めるだけで満足して帰っていましたが、幾度目かの時、先生の家の庭を一人の少年が横切って行くのが見えたのです。小学校四・五年生くらいの年頃でしょうか。今思えば、あれは息子さんの聰《あきら》さんだったのでしょう。

そんなことがあって、やがて宇野先生の奥様とお会いすることができました。その時奥様から、劇団民藝の事務所の場所を教えて頂き、ようやく先生にお会いすることができました。しかし、やっと先生と会うことができたのというのに、私は、緊張のあまり全身がカチカチに固まってしまい、何とご挨拶したのかも覚えていません。やがて、先生は私に「何をしたいのか」とお尋ねになったのだと思います。本当は女優になりたかったのに、私は咄嗟に「演出をやりたい」と答えていました。この時の言葉で、私は身動きできない羽目に陥ります。咄嗟のこととはいえ、自分の気持ちを偽った返事をしてしまったのですから、二度と先生をお訪ねする勇気は持てませんでした。

宇野重吉（写真は 1955 年撮影のもの）

貧しくても支えあって生きてきた

演劇活動が途切れてしまった後、二十歳までの時間で、私自身にできたことは、早朝から夕刻の馬の飼い葉、農作業での仕事、その間に裁縫教室に通った冬場の和裁の勉強などです。友だちといえば同胞《ウタリ》の男子四、五人、女二人ほどで、どの友だちも大変忙しくしていて、村祭りか、正月のかるたの集いで顔を合わせるくらいのものでした。

生きる、生きている、家族があって、支えあっていたからこそ、親愛の絆で結ばれていました。食糧危機にみまわれ、にわかに農家を営みはじめた一家の戦中戦後でしたが、私は思うのです。私には父がいて母がいて、姉がいて兄がいて、三人の弟がいて、支え合っていけたのだ、と。農業を家業にしていても、それだけでは生活がなりたたず、家族が手分けしても、なかなかに追いつかない生活でも、なんとか暮していました。

しかし、子どももなく、老人となってしまった同胞たちの暮し、あるいは、片親でその親が年中家を空けて働きに行かなければならず、残された子どもたちの暮し。片親でも親が元気に働いていれば暮しも成り立つでしょうが、病弱になり、育ち盛りになるまえの八歳、九歳の子が、他の家の子守に出され、小学校も行けない、という暮しが周囲にありました。よしんば学校へ行ってもアイヌの子は、いじめられ、いやな思いをさせられます。家の手伝いのために卒業まで学校に通える同胞はとても少ないのです。そういうアイヌの苦しみを見ながら、私は成長してきたのです。

私自身は家と畑しか知らない世間知らずです。家族に支えられての成長でした。働きながらも、理想を追い求め、常に、いつの日か試したいことを考えていました。そして、世間に通じる勉強をしたいとも考えていて、頭の中は退屈知らずでした。若さは、夢みることや希望を許してくれます。あれもこれもと、夢ばかり見ていました。

和人の妊婦に新しい服をあげる

また、私が山奥に植林（若木の苗を植える仕事）に行っていたときのことです。幼い子どもを二人連れた和人の女の人が、山で働いている旦那さんをたずねて来ました。生活費をもらいに来たらしいのですが、その女の人は妊娠していて、大きなお腹が半分ほど衣服からはみだしていて、おへそがまる見えでした。その様子を見て、私は何とも言えない気持ちになりました。

当時は品物不足で、生地屋さんでもあまり良い生地のない時代でした。母が私のためにと、お米を半俵売ってサージという藍染めの立派な生地を買って、仕立屋さんに縫わせてくれた標準服を持っていたのです。静江のためにと作ってくれた、私によく似合う服でした。私はうれしくて持ち歩き、大切にしまっていました。

私は、その女の人のお腹のおへそが、見ていられません。そして、母が作ってくれた服をその人に「着なさい」と言ってあげてしまったのです。

農業も多忙になるので、まもなく山を下りましたが、私はその女の人に「いもや、かぼちゃをもらいに私の家に来たらいいわ」と言いました。あるとき、私が外出先から家に戻って来たら、兄のお嫁さんの妙子姉さんに「静江ちゃん、あの服、あの和人の女にあげたの」って言われてはっとしました。「えっ、あの服着て来たの? 母ちゃん、何か言っていた?」と即座に聞きました。母は何も言いませんでした。「あの人たち、夫婦でリヤカーで来たものだから、母ちゃんは人参、ジャガイモ、大根、南瓜と沢山リヤカーに入れて帰したよ」と言われました。その後、母は一言もあの服どうしたのか、とも聞きませんでした。

私は相変らず破れた衣服に布切れを当て、つぎはぎをした衣服を着て働いていました。田圃の稲が実る頃、父も、母も、こう言っていました。「稲が豊作だったら、静江にいい着物を買ってやるよ」って。母は母で「静江が十七歳のお祝いに桃割れを結って記念写真をとってあげよう」と。そんな言葉を真に受けながら働いていましたが、秋近く大型の台風にみまわれ、米の収穫も悪く、両親は落胆していました。

先行きの希望もなく、同じ生活のくり返しは、若い私に何をもたらしたのでしょう。身体の弱い姉が入退院をくり返し苦しんでいたこと、姉茶という村の中で、物心ついた時から思い出すことの数々。それでも私の頭の中は、想像することがいつもいっぱいで、その想像の中で遊んでいたのだと思います。

他方、私は幼い頃から絵を描きたくてしょうがない、という思いを抱えていました。泥の上に描いたり、砂の上に描いたり、雪の上に描いたりしていたものです。描くものがないから、何かの機会を見つけると、何かしら描いていました。

また、母が町に豆などを背負っていって、帰りは古新聞を背負ってきます。その古新聞をトイレにポンと置くから、板二枚のトイレに座って読む。それだって長く読んでいたら怒られるので、長居はできません。大人たちがくつろいでいる時など、日当たりのいい馬屋の陰に行って、西日の当たる場所に隠れて、古新聞を読んだりするのです。

繕い物もよくしていました。糸もないから、古い生地や切れ端の繊維を引っ張って、僅かな糸を取り、繕うのです。そんなふうに、私は常に何かしていたいという性格です。ボーっとしていることも多いのですが、時々、何を目指しているのか、遊んでいるのか、わからないようになってしまうこともあります。

前述のように、私は冬のあいだ親に黙って裁縫教室に通いました。今では一緒に暮している娘に「お母さん、黙って何かをやることないでしょう」ってよく言われます。「それはそうだけれど、言ったらあなたたちは絶対に反対する、と私は思っているから、何でも黙ってやってしまうのよ」と答えています。

行商体験——蒲鉾、タラコ、キンメダイを売る

私の家で耕していた田圃は一ヘクタール、約三千坪ほどですが、稲の早苗を植えてから、刈り取るまでの手間をはぶくことはできません。それでも稲穂が出て稲穂に花がつき、稲粒の形ができた頃、少しの期間、手間を省くことができます。私は、家計を助けるために、何かできないかと、常に模索していました。わが家の田や畑の仕事の他に、出面《でづら》で一日働いて現金で二百円、お米なら一升もらえますが、それだけでは暮しは成り立ちません。

そんな時、私も魚を売ってみようと思ったのですが、徒歩で生魚を背負うのは無理です。そこで、蒲鉾とタラコ（スケソウダラの子）なら、背中で背負うことができるのではないか、と思いました。蒲鉾を仕入れるのには浦河の町の蒲鉾を製造している店まで歩いて行きます。タラコは別な浜で仕入れます。私の村里から浦河の町までの道のりは、近道を通っても一〇キロ以上はあります。若さでしょうか、思い立ったら、すぐに実行に移していました。

きっかけはお金がないからです。売れたら金になります。だから、何でもやらなければだめだ、と思って働いたのです。自分の頭で考えて始めたことです。反対されても、そこで佇んでいる訳にはいきません。勇気を出して始めてみれば、けっこうな仕事になりました。出面で普通に働けば一日二百円しか貰えません。しかも仕事がある時だけのことです。

私は、早朝三時に起き、背負い袋《リュック》を背負い、仕入れに出掛けます。商品を仕入れる代金は親からは貰えません。物売りすると言えば反対されるだけです。「娘が商いして物を売って歩くなど、どこでも見たことがない。第一、嫁入り前の娘がそんな恥ずかしい行動をすれば、嫁のもらい手がつかない」と、お金が入るのにそう言われるだけです。

自分でしでかしたこと、誰にも助けてもらえないことをするのだから、辛くても、じっと我慢するだけです。仕入れのお金も自分で工面するしかありません。何をどうして工面したのかは今では思い出せません。仕入れた品物を背負い、一軒一軒まわって売りに行くのですが、一軒一軒が離れている農家の家を目ざしての行程です。買ってくださる家ばかりではありません。それでも夕方までには、なんとか売り捌くことができました。

ある時、兄が荷台の大きな新しい自転車を買い求めてきましたが、それを用いて何か仕事をするでもなく、楽しんでいました。しばらくすると、自転車に乗らないし、自転車もないので、

「兄《あん》ちゃん自転車どうしたの」って聞いたら、

「いや故障したから自転車屋にあずけてある」と言っていました。

それにしてもいつまでたっても自転車は戻ってこないので、たぶん修理代が払えないでいるのだろうと思いました。私が蒲鉾を売って歩いていたのはそんな時でした。

それで、町の自転車屋に行き、

「うちの兄が、自転車が壊れて修理したはずだから、もらいに来た」と言ったら

「おまえの所の兄ちゃんは新しい自転車を買ったけど、銭こ払わないから取り上げた」と言います。

「幾ら払えばいいんですか」と言ったら、

「米一俵持ってこい」と言います。

うちには馬車もあったから、籾米を積んで、町の精米所で精米一俵にして持って行き、新しい自転車を取り戻してきました。

それからは、天候に恵まれ、海の波も凪いで漁師が沖に出る頃合いを見計らって、私は朝三時に起き、船が上がってくる頃海辺に行きます。船は沖から五時頃に戻ってくるので、魚を買って、村に売りに出掛けます。農閑期の一日の出面が二百円の時に、五、六百円のお金になりました。荷台の大きい自転車は、出面何日分かの働きになったのです。

その後、早春の二月末から三月にかけて水揚げのあるキンメダイは、一時間ぐらい離れた静

内に列車で持って行って売れば、一〇貫目一〇五〇円で仕入れたのが、三千円になるという話を聞きました。当時の北海道には「ガンガン部隊」と言って、食糧を一〇貫目詰め込んだブリキの缶を背負って売り歩く行商人たちがいたのです。今度は、そのブリキ缶を買って、また三時起きして海辺に行きました。キンメダイを一〇貫目一〇五〇円で買い求め、海辺から駅まで四キロほど歩いて、汽車に乗って静内町に行くのです。

「ごめんください、キンメダイ売りに来ました」と言って民家を一軒ずつまわり、一〇貫目は夕方までにさばいてしまいます。私が仕入れをしていた漁船主は、一貫目（約四キロ）ぐらいあるキンメダイを一本おまけしてくれましたから、売り上げは三千円以上になりました。仕入れの代金と往復の汽車賃などが必要経費となりますから、利益はだいたい二千円くらいです。

そうしていると、朝三時から家を出て、家に帰り着くのは夜八時頃になります。父も母もストーブの前で、何かお地蔵さんみたいな格好で座って待っていました。うちは土間ですから、ガラッ、と戸を開けて、私が入ったら緊張して物も言えない顔をしていました。足を拭いて、それで二千円を黙って渡しました。父がそれを黙って受け取りました。何も言いません。私も何とも言いません。キンメダイの漁の時期は、三月末までですが、その後は、取り締まりがうるさくなって、そのような商売はできなくなってしまいました。

そんな時でした。兄が、俺の自転車とばかりに、私が魚売りに使っていた自転車を奪い取って、魚売りを自分の商売にしたのです。すると、すごく人づき合いのいい、愛嬌のいい兄でしたから、おばさん方に好かれるのです。冗談を言いながら売り、魚を調理します。農家の大きい俎板を借りて、うろこを落として、ちゃんとさばいて、食べられるようにしておばさん方に渡すから、すごく人気があって売れました。兄がその自転車で、もうちょっとしたサラリーマン以上の働きをする。そんなこんなをやっているうちに、私も年頃になってきました。

そのように、兄が私の自転車を取り上げてくれたおかげで、私は学校に入れたのです。兄が私の商売を取ったおかげで、「俺が金を出すから学校へ行け」って。「荻伏で学校へ行ったら、また忙しくなったら家で使われるから、札幌へ行け」ということになったのです。こうして、自分で発案した魚売りが、めぐり巡って私を助けてくれたのです。

『ゲーテ詩集』とそろばん

ある時、山の中で私の働いている場所のすぐ横を羆《ひぐま》が通ったそうですが、私は気づきませんでした。仲間は十二、三人です。仕事の指示をする男の人は、張場さんと呼ばれる若い人で、ゲーテの詩集を持っていました。文字は、ひらがなしか読めない私でしたが、どうしてもその詩集が読みたくて、貸してくださいと言いました。すると、張場さんは私を見てばかにしたような顔をして、こう言ったのです。「お前なんかこの本の意味は解るわけがない」と言って貸してくれません。それでも、何度もたのんで、結局は貸してもらいました。

ひらがなしか読めない私でしたが、詩の意味はなんとなくわかりました。その詩の内容は、ゲーテが懇意にしていた女性に裏切られたという内容でした。私はその詩を読みながら、「こういう文章が、名作といえるのだろうか。この詩に書かれている内容に似たようないざこざは、私の村でもよく耳にすることだなあ」と思ったのです。この『ゲーテ詩集』を読んだことで、私は、詩を恐れなくなりました。

その宿舎で、やはり張場さんが五つ玉のソロバンを持っていました。私の家にはソロバンはなかったので、私は、ソロバンをはじけませんでした。そこで働いている仲間の人に頼んで、ソロバンを教わりました。一銭なり二銭なり三、四、五銭の時は四コの玉の上にしきりがあってそこには一コ玉があります。五銭の時はその一コが五銭の価値になるのだと教わりました。ソロバンを教わったことは、うれしい思い出の一つです。

8 姉の死

父の家族思いと私

私は身体の弱い子どもでした。子どものいない知人夫婦が、彼らの母親を伴って父の所に来て、私を養女にくれと言ったそうです。赤ん坊と言っても、私の下にもう弟がいる頃のことで、ちょうど両親ともに重い病気を患っていた時でした。

おぶいひもを持って、私を背負っていくばかりにして、みんなでもらいに来ましたが、そのとき父は、床から起き上がることができないほど弱っていたそうです。姉と兄を枕元に呼び、「戸板を並べて物乞いしても、きょうだい四人はバラバラになるな」と言い、父が大粒の涙を流して泣くものだから、みんなは諦めて帰って行った、というエピソードを聞かされました。

そこまで追い詰められた時でも、私を放さないでいてくれたのだ、と感謝にたえません。弟の治造も、Sさんの育てのお母さんの妹の家で養子にもらいたくて、頼まれましたが、父は絶対に子どもを手放さない、という気持ちでいてくれたのです。親の恩に触れてみて、そういう親の子に生まれた幸せを感じています。

父にも五人ぐらいきょうだいがいましたが、気が付けば父だけが残っていたという状態だったそうですから、父は家族をものすごく守ろうとしたのではないかと思います。「きょうだいバラバラになるな」と言ったのは、父の中に身内を失った悲しみがしっかりあったからでしょう。他人の手に子どもたちを委ねたらどんな思いをするか、ということを知っていたのだと思います。とは言え、年端も行かない当時の姉や兄が、もし親が死んだら、私たちをどうやって育てられたかはわかりません。

夏休みには、学校の校庭で映画を上映することがありました。ある時、父は私をおんぶして、映画を見に行ってくれました。どんな内容の映画だったかは、記憶にありません。

家には本はありませんでしたが、ある時父が本を開いていました。その時、私は、編笠を被って三味線を持った女の人が写っていたのを、ちらっと見たのです。目がそこに釘付けになった事を覚えています。すると、父がパッと本を閉じ、どこかに隠してしまいました。どこへ隠し

ハクサンシャクナゲ

たか全然わかりません。それがずっと思い出になっています。

成長するにつれて、私は花を摘まなくなりました。子どもの時は、花を摘んでは、父の焼酎の空ビンに挿しておいたのですが、野の花はすぐしおれてしまいます。すると、姉が告げ口をするように「母ちゃん、静江がまた汚い花を飾って」と言って、私の花をゴミ捨て場に持って行って捨てていました。

私が花や美しいものに捉われるのを、父が見て知っていたからでしょうか。ある日田圃から帰って来た時のことです。父が「静江、川さ行ってみれ」って言うので、行ってみました。そこには、シャクナゲの木の枝いっぱいに花がウワーッと咲いていていました。村には、そんなきれいな花の咲く木はありません。今考えてみたら、三里（一二キロ）ぐらい山奥に行った先でなければ、そんな美しい花は見られません。三メートル以上はありました。びっしり花がついているシャクナゲの木の枝を川につけておいてくれたのです。父は、その木を、何里も離れた山奥から担いできてくれたのか、と思うと今もって感謝に堪えません。

美しいものに魅せられて

今でもそうですが、私は美しいもの、きれいなものが好きで、幼い頃は、そんな美しいもの、きれいなものを見ると、瞬時に逆上して、「キャー」って叫んでいました。そうすると、学校であれば先生にお尻をバンバン叩かれていましたし、家でも母に叱られたりしていました。幼い私には、そんな反応を止めることはできませんでした。

春――北海道の春は遅く、春と言っても、まだ雪が野や山裾に残っています。

そんな時、囲炉裏で燃やす薪を採りに山に行くことがあります。雪と地面との間から黄色い花をつけた福寿草が、きりっと咲いています。道端の残雪をかぶるように、これも元気な蕗の薹《とう》が顔を出しています。蕗の薹はアイヌ語で「マカヨ」と言います。雪が解け、地面には新鮮な草木が芽吹き、鮮やかに煌めいています。

そんな季節、登校時に山に目を移すと、「あっ」と声が出ることがあります。昨日までの山は静かに沈んでいたのですが、僅か一日で、美しい花々が咲いた森に彩られて、山は見違えるほど色づいているのです。そこはもう春の花園になっているのです。私はもう居ても立ってもいられません。下校時、近所の友だちとともにそそくさと山に向かうのです。

福寿草

やがて、桜咲く時がやってきます。北海道の山桜は、葉桜と言われ、濃いピンクの花に緑の葉が彩を添え、一層美しいのです。桜の開花と同時期、地面には夥しい種類の草花が一斉に咲き乱れます。幼い私は、もう夢中です。そんな草花を摘んでは、胸いっぱいに抱えて家に持ち帰るのですが、わが家には花瓶というものがありません。私は、父が飲み干した焼酎の空ビンに水を入れ、摘んできた花々を挿します。しかし、野に咲く花々は直ぐに萎れてしまいます。私はずーっと花の中に居たい子どもでした。

秋――実りの季節です。

この季節は美しさへの官能というより、実りの豊饒を楽しんでいました。山ではさまざまな樹々に実がなります。私は近所の子どもたちとともに、山葡萄、ズミ（バラ科リンゴ属の一種、リンゴに近縁な野生種）、サルナシ（マタタビ科マタタビ属の雌雄異株または雌雄雑居性のつる植物）などの実を採って遊んだものです。高い木にぶら下がったり、這い上ったりして実を採り、その実を食べて遊ぶのです。そんな遊びを際限なく楽しんだものでした。

冬――何よりも冬に魅せられるのは雪です。

冬の朝、登校して教室に入ると、窓の向こうに校庭が見えます。校庭には何本かの樹木が植えられています。昨晩降った雪が、それらの樹々の枝に降り積もっているのです。

一時間目の授業が終わり、次第に日も高くなる二時間目、ふと窓越しに校庭の木を見ます。すると、樹々の枝に積もった雪に朝日が当たり、キラキラと無数の光の煌めきが目に飛び込んでくるのです。無数のダイヤモンドを、そこら中にひっくり返したような輝きが校庭の樹々から放たれ、私の眼はその光に釘付けとなってしまうのです。

先生は、そんな私を見ては、その度に注意してくるのですが、その声は、あまりの美しさに魅せられて恍惚としている私の耳には届きません。私は微動だにせず、窓の外の神々しい光景に見惚れているのです。そうすると先生は怒って私を教室の後方の壁際に立たせます。冬の晴れた日の朝、このようなことは幾度もあり、その度に繰り返し先生を困らせたものです。

そんなふうに、幼い私は、きれいなもの、美しいものを見たらもう駄目でした。私の意識は瞬時にその美しいものへと飛んでしまうのです。逆に、当時の私からすれば、あんなきれいなもの、美しいものを見て感動しないのはおかしい、と思うのですが。そういうものに反応してしまうのは、姉茶という里村で育った私の宿命なのかもしれませんが、同時に私にとって生きる糧であり、生きることの醍醐味なのだとも思います。

父が娘に語る「一度も実現しない約束」

父は晩酌時、刺身を食べながら語ります。母はさっさと寝てしまいます。父は私を相手に、楽しそうに晩酌中、いろんな話をしてくれます。私はそんな父の話をよく聞いていました。

たとえば、父は北海道でも道東の方を旅行することがありました。道東の畑では除虫菊という蚊取り線香を作る黄色い花が一面に咲いています。「今度、そこへ静江を連れて行ってあげる」と言われるから、私は「うん」と言って答えます。しかし、そこに連れて行かれたためしがないのです。

また、「秋になってお米がたくさん収穫できたら、静江、今年は米のできがよさそうだから、晴着を買ってあげるからな」と父は言います。私はそれにも「うん」と答えるのですが、秋には台風が来るなどで、晴着は買えません。父の話を「うん」「うん」と聞いて、応えていたから、おいしい晩酌だったのではないかと思います。何につけ前向きな話題でした。除虫菊の話は、心の中ではそこへ行きたいと思っていましたが、私から「連れて行って」とは言えませんでした。生活が苦しいのを知っていましたから。

また、こういう印象深いこともありました。私たち兄姉妹弟を育ててきた父は、青年になっていた私たちに告げました。「お前たちは、これからどこで、どのように暮すかわからない。アイヌのカムイが粗末にならないようにと思う。それで、私はアイヌのカムイを天にお返した」と。兄も私も、弟たちも、父がそう思うのであれば、それはそれで良い、と受け取りました。

それなのに父は私が遠くへ旅立つ時、近所のおじさん方を迎えて、共に、私の旅立ちを神に祈ってくれたのは、どういうことなのだろうと思います。しかし私自身はカムイがなくてはいられない、心の弱い者なのです。それまで育ててくれた父母のことは、今では私の心の中の神様です。森羅万象に感謝。宇宙に、地球に、と感謝はかぎりないものです。

二歳上の兄嫁妙子さん

十四歳の春、四歳年上の兄が十八歳の時、二歳年下のお嫁さんをもらうことになり、新しい女の姉妹ができました。母が三石郡の幌村の親戚の所に行った折、この兄の嫁にしたい娘さんと会ったのだそうです。十四歳の私は結婚には関心がなく、誰かが結婚すると言っても、それだけのことでした。この兄嫁となった妙子姉さんとは二歳しか違いません。

私が母にひどく叱られると、妙子姉さんはかばってくれました。母の方が理不尽だと言ってくれたりしました。よく田圃の草取りや、畑でも一緒に働きました。この妙子姉さんが妊娠して、翌昭和二十三年十月に男の児を産みます。私は十五歳で、おばちゃんになりました。生まれた男の児の名前も私がつけました。正年です。この児に着せたいと、私は返し針で洋服を仕立てても、甥の成長が早くて、すぐ着られなくなってしまい、その都度がっかりしたものです。その後、若くして結婚した兄は、外で遊ぶようになり、家を留守にしがちになります。それで、妙子姉さんは辛い思いをしていました。

姉の流転と悲劇

家の助けのために、冬場に姉のせんが、様似町の会社の賄い女として雇われ、年季奉公に出されました。年季が終る頃、この町に住む人が、私の両親の元へ、他人《ひと》を通して「お宅のおせんさんをお嫁に欲しいので、ぜひご承諾を」と言われ、両親も承諾したので、急遽、姉はお嫁に行くことになりました。私はまだ十一歳で、それがとても悲しかったのを覚えています。

姉は何かと私たち下の者の面倒をみてくれていました。長女の姉と二女の私で、姉妹は二人だけ、あとは兄と三人の弟たちです。その姉は、わずか二十六歳にして亡くなりました。十八歳でお嫁に行った姉、亡くなるまでの八年間で、姉がたどらざるをえなかった数々の苦しみと嘆きを、ここに書き綴ることは、とても辛いことです。これまでは、触れることなくそっと私の心の中にしまい込んでいました。

姉は顔かたちがよく、肌もきれいで、桃のように可愛い上に愛嬌も良くて、誰からも好かれ、「おせんちゃん、おせんちゃん」と呼ばれていました。大人からも、子どもたちからも慕われた娘でした。そんな姉に比べて、妹の私はいつも苦虫を嚙んでいるように、下ばかり見て愛嬌もなく、まゆげも一本まゆげ、どうみても可愛いと思われていませんでした。よく「見《み》たくなし、ぶす」と言われて育ちました。

母と姉（1952年頃）

姉はなぜ不幸せな娘時代を送ってしまったのでしょうか。私は、心が偏屈で、いつもどこか、かまえていて、イエス・ノーがはっきりしていたようです。それに対して姉はとても素直で、他人《ひと》さまへの受け答えも良く、したがって、少々いやなことも、我慢してしまうような娘だった、と思います。

嫁入り後どれくらいたった頃でしたか、定かには覚えていないのですが、姉の仲人になった人が、幾度も私の家にやって来ては、「婚家で、嫁いびりされておせんちゃんが辛抱して泣き暮していて、見ていられない。ここは親が娘の難儀を助けるべきだ」と日を追って姉の難儀を吹聴していきます。それで両親は、姉の真意も確かめず、仲人に連れ戻すように託したのだと思います。

やがて、姉は連れ戻されて、帰って来ました。仲人の告げ口を信じた両親は、姉を連れ戻すことを承諾したのです。両親もまた、姉に対して、婚家でどのような仕打ちを受けたのか、聞き糺すべきではなかったか、と今にして私は思います。

姉は、ある時私を家の裏に呼び寄せ、「姉ちゃんは、これから婚家へ戻るから、あの山道に差し掛かった頃、お前は家の中に入っておくれ。私がどこに行ったか聞かれても、知らないと言ってくれ」と私に言いました。私はそんな姉に同情していたので、姉が山道に差し掛かった頃、家に入りました。夕暮れも深く、外もうす暗くなっていました。両親に姉のことを聞かれ、姉に言われた通りのことを言いました。父も母も「この娘たちは親の心配を無にして、親の心を裏切った」とひどく私を叱りました。

その後、姉からその日のことを聞くことができました。暗闇の中、山道を通り、幾つもの村や町、山、浜辺の道を夜通し歩き続け、婚家に着いたのは、朝になってからだそうです。

そして、その後も、そのようなことが幾度か起こり、姉は婚家から連れ戻されては、しばらく家の仕事の手伝いをしていましたが、やがてまた、嫁ぎ先に戻って行くのです。その都度、姉の心中は不安定な状態にあったようですが、やがてその嫁ぎ先の相手とは離縁しました。

そして、ある夏のことです。隣近所の家から、姉が呼ばれて行き、そこで、どこから流れて来たのか、人品いやしからずといった男の人を紹介されます。間もなく姉は、その気になって、その男性と夫婦になりました。しかし、幾日もたたないうちに、その流れ者と言われた男性は姉を連れて村からいなくなってしまいます。私はといえば、その頃は、ほとんど学校へは行かずに家の手伝いをしていました。畑や田圃での農作業です。

姉が村からいなくなってしばらくしてのことです。姉から、「はるか遠い十勝にいます。困っているので、迎えに来てください」との知らせが入り、急遽母が迎えに行き、姉を連れて戻って来ました。この時、姉のお腹には赤ちゃんが宿っていました。夫となった人は、姉を置き去りにして、どこかへ行ってしまったとのことです。姉がどんなに心細く悲しかったか、まだ子どもの私には姉の悲しみは測り難いものでした。冬を越えて春、五月頃、姉は可愛い女の児を産みました。姉に言われました。「この児の名前を、静江、名づけてくれないか」と。私は、赤ちゃんに雪子と名づけました。私にすれば、この世でこんなに可愛いものがあるか、とばかりに可愛かったのです。

ある時、私は母からの用事をたのまれて、井寒台《いかんたい》という浜辺の村に暮す父の従姉妹にあたるおばさんの家に使いに行きました。おばさんには、竹子ちゃんという私と同じ年の娘がいて、私ともとても仲良しでした。だから、一晩ほど泊めてもらい、竹子ちゃんと遊んでから家へ帰ったのです。

家の間近に差し掛かった頃、日も暮れて、あたりはもう暗くなっていました。家のそばまで来ると、何故だか、近所のおばさん方二、三人で、私の家を見ています。私もつられて我が家を見ました。

私の家は茅葺き屋根です。その屋根のてっぺんから細い火がボーッと上がっています。私はそれが何を意味するのかわかりませんでした。家へたどり着いてみると、たったいま雪子ちゃんが亡くなったというのです。その時の悲しみは、生涯忘れることはないでしょう。姉はいとおしい我が子を失ってしまったのです。

姉二十六歳、冬の朝に逝く

その頃は、戦火もいよいよ激しくなり、浦河の町にも米軍機が飛んで来て、焼夷爆弾をばらまいていました。私は十二歳になっていました。その後、姉はしばらくは家の手伝いをしていました。

秋が来て、ある雨上がりの昼下がり、姉にさそわれて、大きな竹籠を背負って二人で山の中へ入り、山葡萄を竹籠いっぱい採り、二人は山を下りて浦河の町に向かいました。町に着いた頃、陽は西に傾き、薄暗くなっていました。山葡萄を背負った私たちが、町の人々にそれを売りに来たことを告げました。籠一杯の山葡萄はたちまち売れてしまいました。売れたお金は姉が持ち帰ったので、いくらで売れたのか、わかりません。その時、私には、何かしら行く先が見えたような気がしました。

その後春になると、日本三つ葉が芽を出します。三つ葉のお浸しは、シャリシャリと歯ごたえがあっておいしいものです。これも摘んで町に持っていけば売れるのですが、春は、農業を営む者にとってとても忙しい季節です。姉と葡萄を売ったことがきっかけで、私の中で何かが動き出していました。野にある植物が食べられて、しかも売れる。しかし女の子が物売りをするなどもってのほか、と思い込んでいる親たちにしてみれば、そのようなことに気持ちを向けることは許されないことでした。

姉とは七歳違いながら、私も少しは娘らしくなっていきました。その後、姉は家からも村からもいなくなりました。両親は変らず姉のことを気にかけてはいましたが、育ち盛りの何人もの子どもをかかえての暮しです。食糧は不足がちで、衣類などもほとんど手に入らない時代です。つくろい着を着ながらの暮しで、農業は多忙で、苦しい日々が続いていました。私が十五、六歳になっていた頃、姉の消息がわかり、三石という町の劇場で、村まわりの劇団員となり芝居をやっている、と聞きました。早速私は姉を訪ねました。

久しぶりに元気な美しい姉に会い、うれしくて涙が出ました。姉はといえば、かつての姉とは少し違って見えました。醒めた感じで私を見つめています。そのうち、「帰りなさい」と言われ、私は少し心寂しい思いを残しながら家へ帰りました。その後、姉は井寒台《いかんたい》の親戚の家に身を寄せていました。

私は十六、七歳になっていました。きょうだいの中で私だけ長期の奉公に出されませんでした。それは、家畜が居たからです。父も母も若い時から重労働をしてきた人たちです。老衰はまぬがれません。

私は、元気いっぱいな娘時代を他愛もなく過ごしていました。それでも姉のことはいつも気になっていました。姉は、親戚の所でお世話になりながら、浜辺での雑用を手伝っているうちに、これもまた本州からの流れ者で、浦河の町で仕事を見つけて働いていた男の人と知り合います。やがて、姉は、その同年の青年と交際するようになり、結婚したのです。

姉は、やっと気の合った伴侶と出会い、幸せそうでした。結婚後、しばらくは幸せに暮していましたが、やがて身体に異変が起きます。肺結核という病魔に見舞われ、喀血したのです。

姉は二十三歳で最愛の伴侶と結ばれたのですが、長期の入退院を繰り返しているうちに、その最愛の夫には、別の親しい女性ができてしまいます。やがて、姉とは離婚し、その女性と結婚してしまいます。姉の結核は、芝居時代に親しかった男性からうつされたものだ、と姉は述懐していました。

姉、おせんちゃんの不幸は、二十六歳で終りました。寒い冬の十二月でした。この時私は静内の知人の家に用足しに行っていて、泊めて頂きました。この朝方、私の顔の両側にマムシがいて、私に食いつきそうになる、という恐ろしい夢を見ました。母も大うつしに現れて、座りこんでいました。その早朝、私は姉危篤の知らせを受けたのです。急いで家に戻りましたが、間に合いませんでした。家にたどり着くと、既に病院から家に移されていた姉の遺体に、私はすがりつきました。姉の身体はまだ温かかく、その夜、私は姉の遺体と一緒に寝ました。時にすねては、姉を困らせたりしましたが、よく面倒をみてくれた優しい姉との別れでした。私がボーッとしているから、姉は、学校へ行く時にいつも髪の毛を梳かしてくれたり、カバンを背負わせてくれ、雨の日は傘を持って学校まで迎えに来てくれました。

亡き父や母、姉や兄、弟たち、兄のお嫁さんであった妙子姉さん、可愛い姪や甥の死はいつも身を削るような思いです。冥福を祈るばかりです。振り返れば、両親と暮せたのは二十歳まででした。時間としては短いかもしれませんが、その間どれだけの大きな愛の中でいられたことか、言葉とか文字では書き表すことのできない思いでいるのです。

要《かなめ》ちゃんとの淡い交流

私は姉とは七歳違いで、四人の男の兄弟の中で、遊び相手といえば男ばかり。近所に住む子どもたちも男の子が多く、仲良しであった女友だちも三歳上で、したがって、野原で鬼ごっこしたり、かくれんぼしたりするのは、もっぱら男友だちで、喧嘩もよくしました。男の子、女の子と意識しなくても、ガキ仲間という感じでずっと育った私は、男子を意識するということはなかったように思います。

それでも、十六歳の時です。荻伏市街の体育館で弁論大会が催されるということで、多くの青年男女が体育館一杯に集まりました。私も知人たちと一緒に来て床にじかに座っていました。前を見ると二歳年上だけど、小学校一年生に同級生として入学した、要ちゃんが座っていました。私はいたずらっぽく、要ちゃんの背中をこつんとどつきました。要ちゃんはこわい顔をして後ろを振り向きます。でも私が笑っているものだから、要ちゃんは怒ったりせず、前へ向き直りました。その時はほんのいたずら心でした。

しかし、それがきっかけで、私と要ちゃんは意識するようになったのだと思います。要ちゃんは和人の子どもですが、アイヌの義母の養子になっていました。意識したとはいえ、その後も、お互い何があるということもなく、時は流れて行きます。私は家の農業が忙しい。一方要ちゃんの両親は、一年のうちほとんどが出稼ぎだから、村にいるのは盆暮れくらいでした。それでも、いつとはなしに、要ちゃんのお母さんと私の母の間で、二人を結婚させようと決めていたようです。

秋祭りの夜、お月様が皓々と輝き、真昼のような明るさの中、たまたま私と要ちゃんは外で一緒に居ました。大きな長木が横になっている、その端と端に私たちは座っていました。お互いに何を話すともなく、かわした言葉は「今度一緒に映画を見に行こう」という約束だけで、別れて家路に着きました。

その後、友だち数人で村の盆踊りに行った帰り道に、たまたま要ちゃんと一緒になりました。しかし、近所の遊び仲間から、私と要ちゃんが話せないように意地悪されました。私も要ちゃんも彼らに逆らうこともなく家に帰りました。

私が盆踊り好きなことを、要ちゃんは知っていたようです。ある時、やはり隣村の盆踊りで仲良しの女の友だちと私と要ちゃんの三人になりました。踊っての帰り道、私は要ちゃんと歩きたいと思っていました。でも、友だちが要ちゃんに寄り添い、私が要ちゃんに近づくのを拒んでいる風で、二人はさっさと私の前を歩いていきます。

私はいやな思いで二人の後ろからついて行きました。その時女の友だちが、要ちゃんに聞いたそうです。「静江ちゃんのどこが好きなの？」って。要ちゃんは「静江ちゃんは頭が良いから好きだ」と答えたそうです。ほとんど言葉を交わしていないにもかかわらず、私たちは思い合っていました。

やがて、私たちは文通するようになります。要ちゃんは、おばさんたちに連れられて出稼ぎに行っていて、その出稼ぎ先から、要ちゃんのヨタヨタ字が届き、私もヨタヨタ字で返事をし、文通していました。

要ちゃんの手紙の中で、私のことを「おまえ」と書いてあって、悪口ではないけれども、要ちゃんにすれば、そういう言葉しか使えなかったのだと思います。私はその「おまえ」でガックリしてしまって、初恋もへったくれもなくなります。そういう些細なことで私は傷つくのです。彼の思いはもっと好意的なものだったと思いますが、その文章は、彼の真意を伝えるにはあまりに拙いものだと感じられ、私は後先なく、がっかりしてしまうのです。

十八歳の頃、要ちゃんが私の家の牧草刈りの手伝いに来ることになり、牧草地で二人だけになったのですが、私は要ちゃんのそばではなく、離れた場所で草刈りをしていました。お互い立ち止まっては、私の方で同じことを、「今度映画に行こうね」って言いました。要ちゃんはうれしそうにうんうんと答えています。昼になり、私の家に食事に帰っても、二人に会話はなく、意識だけしていたのでした。

私はといえば、架空の世界にとらわれて、空想の世界に住む娘でした。身体全体が田圃や畑に縛り付けられているのに、心は空想の世界なのです。美しいものにとらわれては感動し、ただ何かしら、ずっと探していたのかもしれません。

ただ子どもが好きで、二人の甥たちを可愛がっていました。二人とも私によくなついて、おばちゃん、おばちゃんと私を追いかけます。トイレに入っていても、「おばちゃん、まだ」ってトイレの前で待っているほどでした。この甥たちも兄の方は七十歳になり弟も六十七歳になっています。

ともあれ、私たちの親の間では、私が二十歳になったら、要ちゃんの所に嫁に出す予定でした。けれども、その後、私は学校へ行くことになり、札幌の学校に入ってしまいます。

その間、彼はキソちゃんという、容貌が私とよく似た子と結婚します。後で友だちが言うには、「要ちゃんの所にキソちゃんは嫁に行ったけれども、要ちゃんは半年ぐらいキソちゃんに手を出さなかった、あんたのせいだ」と言われました。私は要ちゃんと手をつないで歩いたこともありません。精神的な愛というのはすごいものだと思うけれども、さわったこともないのです。昼ご飯などもうちで食べたのでしょうが、記憶がありません。私の初恋というのはそんなものでした。

六十歳過ぎてから北海道に行った時、要ちゃんの妹さんとの出会いがありました。要ちゃんのお父さんが、要ちゃんのお母さんを亡くした後、アイヌの女性と結婚し、その間に生まれたのが彼女です。札幌でアイヌの生活相談員をやっていました。要ちゃんの母違いの妹だというので、仲よくなったのです。その時、要ちゃんの妻になったキソちゃんが、脳溢血で病院へ入院していて、たまに帰って来ると、焼酎を飲んで、要ちゃんに悪態をついている、という話を妹さんから聞きました。キソちゃんは女の子を四人産んでいました。

つい先日、北海道に行ったときに、要ちゃんの従妹に出会った。彼女も半分アイヌの血が入っていて、アイヌの生活相談員でした。「要ちゃんは元気かな」と訊いたら、「死んじゃったよ」と言うのです。「エェー、じゃあキソちゃんも病気だったから、大変だったろうね」と言ったら、「いや、要ちゃんの方が先に死んだ」って言うのです。私は要ちゃんが生きていると思っていたので、本当に寂しく思いました。

女友だちの悲しみと早世

私が演芸会に行くようになった時、私より三歳上の仲良しの友だちがいました。その頃、村の青年男女で、村祭りに演芸会を催す事になり、アイヌ、和人共同の青年会で演芸会を開催したのです。彼女も演芸会に通ううちに、同じ村の和人の青年を好きになったようです。二人は交際を続けていましたが、やがて彼の方に、和人の女性との縁談があり、結婚が決まったのです。

戦後間もない頃は、他のアイヌのきれいな女の子たちも、和人の青年と付き合っていましたが、相手の男の人は、大概が戦争から帰ってきた人たちでした。それで、和人の男性がいざ結婚となると、相手は和人の女となることが多く、アイヌの女性たちは悲しい思いをしたのです。だから、和人の彼の結婚式の日などは、彼女にとっては別離の日なのです。彼女は、大川の日高山脈が見える橋の所へ私を連れ出して、嘆くのです。私は別れの悲しさはわからないから、うん、うん、と聞いてあげるだけでしたが。でも、その相手も彼女のことが大好きだったようです。

その友だちは、二十五歳で亡くなりました。私はその時学校に行っていましたが、たまたま家に帰った時など、彼女と会っていました。でも、かわいそうな恋愛をした挙句、彼女は違う人の子どもを二人産みますが、間もなくがんで亡くなったのです。

彼女が亡くなった後で、相思相愛だと言っていた彼氏だった人が、町の新しい精米所で働いているのを見かけました。何十メートルか離れていたけれども、その彼が私を見たときに、懐かしそうに寄ってくるのです。私、子どものときから人が寄ってくると、なぜか去る癖があります。彼がうれしそうに近づいて来るのに私が後ずさりしたものだから、彼は困った顔をしていました。そういうことがあったから、彼も彼女のことが好きだったんだなって思いました。

9　二十歳で、中学校へ

学校へ行きたい

十代の私は、勉強さえすれば思ったことができると思っていました。医者になって貧乏人を助けたいとか、学校の先生になってアイヌの子どもたちを、ちゃんと勉強ができるようにしたいとか、そんなことばかり考えていました。それしかありませんでした。怖いもの知らずです。現実という制度の、こんなにも厳しい世の中を知らないで育ったのです。それがある意味ではよかったと思います。

ある時、町役場のゴミ捨て場の所を通ったら、厚い和紙の哲学書のようなものが捨ててありました。それをめくってみたらルビが振ってあるので拾ってきて、いつも身近に置いて読んでいました。中学校に行くまでそれがありました。そうしたらある時のこと、トイレで私の本が破かれてお尻の始末に使われていました。「父ちゃん、私の本をトイレで使ったのは」と訊くと、「松夫!」って兄が怒られていました。

姉が亡くなり、供養祭が終わった時に、家族も親戚も知り合いも囲炉裏の回りに集まりました。その場で、誰かが「静江も来年二十歳になる」と。私は十九歳になっていました。そこで誰かが「静江も来年は二十歳になるから嫁に」と言ったとたんに、私は咄嗟に「嫁には行かない」と言っていました。そして「私は小学校五年生から学校へ行く」と言ったものだから、母はびっくりしていました。

著者(19歳)

アイヌの風習も知っているし、アイヌの子どもたちが、中学校とか高校に、万に一人ぐらいしか行けない時代でした。「みんなの生活の水準はこんなだから、一人だけ中学を出たり、高校へ行ったりすると、生活のバランスが取れない」と母は言います。「女は、結婚して子どもを産み、育てることが幸せなのだ」と言うのです。私は泣きながら言いました。「学校へ行きたい」と。その時に父が、言葉で助けてくれました。「これからは、子どもを立派に育てるためには、教育も必要だろう」と言ってくれたのです。それで、みんなの意見の流れも変って、私の学校行きが許可されたのです。

札幌での充実した北斗中学時代

私は、札幌の北斗学園の中等科に行くことになりました。きっかけは、自分で札幌に公立中学を探しに行ったことです。田舎っぺ大将だから、中学校の職員室にいきなり行って訴えたのです。そこが私立学校だったのは知りませんでした。先生方が六〇人くらいいて、半分はアイヌの入学には反対していましたけれど、半分の先生方が「年齢がいってても志があって入りたいんだから」と賛成してくれて、入れたようです。後で先生が教えてくれました。

勉強は大変でした。小学校もろくに行かなかったので、中学の勉強は、私にとっては結構きついものでした。その上、電気の使用に制限がありました。学生寮の通路の階段に電気があったから、そこで勉強しました。試験のときは、石油を入れてよく山小屋なんかで使うガス灯をうちの馬屋から持って来て、みんなそれで勉強しました。三人部屋だったり、五人部屋だったり、多いときには七人部屋だったりします。部屋は半年ごとにかえられるので、その思い出を今も語る人がいます。「あなたが持ってきたガス灯でみんな勉強したよね」と言って。

また、ある時は、学校への不満みたいな原稿を書いたら、先生から私に弁論大会に出なさいと言われました。原稿を暗記して一四〇〇人位いる生徒の前で弁論大会に出て、二位になりました。私の名前が書かれた万年筆をもらいましたが、すぐに盗まれてしまいました。

中学校では他の生徒さんは七歳下です。でも何か年の差は全然感じませんでした。すごく充実していました。今でも同級生たちから電話が来て、「札幌に来たら泊まりにおいで、泊まり

1952年11月以降の北斗学園校舎正面

著者が入学した1953年から採用のセーラーカラーの制服

「においで」と言われるのですが、北海道に行くとアイヌと会うのが忙しく、同級生の所までなかなか行けません。

私がいた所は、北海道中から金持ちのお嬢さんが集まる学校で、寄宿舎が備わっていました。皆私より年下ですが、上級生になっていて、同じ中学校の同級生もみんな仲が好かったのを覚えています。そこではアイヌへの差別というものを感じるどころか、「浦川さん、浦川さん」って、何か取り合いっこされていました。

けれども、後に東京に来てアイヌが集まったとき、「北斗学園では差別されたことがなくて、すごく楽しかった」と言うと、「うそでしょう、うそでしょう」とすごく怒られます。「差別されていないのはうそだ」って。でも北海道中から集まってきたお嬢さん方は、そんな差別をする暇はない。いいとこのお嬢さんたちだから、アイヌ、アイヌって差別するような家柄の人たちじゃないわけです。

逆に同じ三石から半和人の、混血で和人に近い顔かたちの人が同じ寄宿舎に二人入っていましたが、一人は、私とすごく仲はよかったです。だけど、もう一人は、避けていました。私がアイヌと名乗っているものだから、そんな感じでした。ともかく、あの三年間は私の本当の宝の時代です。いい時代を過ごさせてもらいました。

忘れられない知里真志保先生の御恩

知里真志保先生[*]は、私が子どものときにアイヌ解放問題で村に来ていました。アイヌのユーカラを語る語り部の家、沢田家に先生は来られ、アイヌが集まったのです。その時、私の両親も先生との交流の場に行きました。帰ってきた父と母は囲炉裏の前に座って、何やら先生のことを話していました。

＊ **知里真志保**（一九〇九—六一） アイヌの言語学者、文学博士。専攻はアイヌ語学。姉は、『アイヌ神謡集』の著者・知里幸恵。兄の知里高央も、教師をつとめながらアイヌ語の語彙研究に従事した。

私が札幌に来て中学に入った年に、日本民族学会（第八回日本人類学会日本民族学協会連合大会[*]）が北大でありました。日本中の学者が集まって何日間か大会があったのです。私は「控室のお茶くみの接待に手伝いに来てください」と言われて会場でお手伝いをすることになります。

＊『民族學研究』一七巻三—四号、一九五三年、三四七頁。

知里先生はアイヌの世界では有名だったものですから、絶対先生はおいでになるだろうと思っていました。知里先生はアイヌだから、わかるだろうと思っていた通り、出会うことがで

知里真志保（1909–61年）

きました。

発表を終えて、広い控室に先生が見えると、もうすかさず、何度も、黙ってお茶をいれに行きます。そして、先生をずっと見ていました。先生はあきれて私の顔を笑いもしないで見て、やがて声をかけてくださりました。そして、私の名前を聞いて、「今度、教室に遊びにいらっしゃい」と言ってくださったのです。もう感動して身体中が石みたいになっていました。

そういうことがあって、先生の教室に私一人で行ったこともありますが、固くなってしまって何も言えません。ただ聞かれると返事するだけでした。

その後、もう一回友だちと一緒に行ったことがあります。彼女は私より年下だけど優秀な人で、英語の話をしたら、ちょっと先生の気に食わない表現をしたらしくて、先生は烈火のごとく彼女を怒鳴りました。私はびっくりして「すごく怖いんだ」と思ったことを覚えています。

知里先生と会ったのは、その教室に行った二回で、三回目は私の母が倒れて、学費を滞納してしまった時です。それで家に帰らなければならないけれど、帰りたくないと悩んで、すごく悲しい顔をしてバスに乗っていたようです。そうしたら、知里先生の奥さんが私の顔を見かけて、「浦川さん、心配そうな顔をしていたけれど、何かあったんじゃないの」と先生に言ってくれたそうです。そのおかげで、知里先生から私の学校に電話があり、北二十五条にあった、先生の自宅においで、というのでそこまで歩いて行きました。「何があったのか」と聞かれて、「授業料を三カ月滞納して、学校をやめさせられると思って悩んでいたんです」と言ったら、先生が三カ月分の学費を出してくれたのです。そのおかげで退学しなくてすみました。母も入院していた所から少しお金を送れるようになって、やっと中学三年を卒業することができました。

そして知里先生は「東京の学会に行くから、その時に会おう」とはがきで言ってくれました。ところが、一回か二回、そういう通信をしているうちに、先生は、五十何歳かで急に亡くなってしまわれました。先生への恩返しをしようと思いつつもできないうちに。

中学の図書館では、そんなにたくさんではありませんが、読書もしました。ゴーリキーの小説とか、そんなのを。何かうさんくさいな、と思うような本を選んで読むと、それが名作だというので、私はこんなのが何で名作なんだ、と思いました。それ以前にゲーテの詩集を読んだときにも感じたことですが、村ではこんなことは普通にある、酒食らって喧嘩が始まる、何が名作なんだろう、と。

他にも、樋口一葉の『たけくらべ』や『十三夜』は、みんなに名作と言われています。どれにも村であったようなことが書かれていますが、それが名作だというわけです。だから何か有名な詩人の詩を読んだって、友だちが失恋していつも私に嘆いていたことを思い出します。アイヌのお姉ちゃんが嘆いていたじゃない、みんな女が集まると失恋した話をして泣いていたじゃない、って。何で、そんなのが名作だと言われているのだろう、と思いました。

ところで、私は札幌の中学に入る際に、村のアイヌの人たちから、ひどい悪口を言われていました。和人の牧場主の社長さんたちは「ツネさんの二番目の娘さんは」とほめてくれたのですが。ともかく、ハチの巣をつつくようでした。親たちは私のことで悪口を言われました。「あれは二十歳にもなって勉強しに行くと。札幌にパンパンになりに行くんだべ」とか。また「そんな年頃になってから学校に行って、普通の結婚はできないべ」「後妻にしか行けないべ」とか。なんでそんなことを思いつくのか、私にはわかりません。

私に関係のないことで悪口を言われます。私は親を捨てたわけじゃありません。親のことを一日も忘れたことがないくらい、いまだに思っています。

III

詩作、そして古布絵の世界へ

10　アイヌモシリを離れて東京へ

一九五六年三月、東京へ

私は、三年間で札幌の中学校を卒業させてもらいました。その間もいろいろ母が倒れたり、父が入院したりして困ったけれども、何とかかんとか抜け出して東京まで来ました。知里真志保先生からの学費滞納分の援助や、母から若干の工面を得て首がつながり、無事中学三年を三月十日に卒業しました。二十三歳でした。

父はその頃、浦河の日赤病院に入院していたのですが、そこへ行って、「札幌ではアイヌを使ってくれる人がいないから、東京に行って勉強したい」と言いました。

父も根負けしたのでしょう、承諾してくれました。十日に卒業して、十五日にはみんな集まって、無事に東京で暮せるように、ってお祈りをしてくれました。父がそのとき、どこかから借りてきたのだと思いますが、二万円を出してくれました。当時の二万円といったら、私らの生活からすれば大金でした。それを持たされて東京に来たのが、昭和三十一年の三月十七日でした。今年で六十三年が経ちます。

喫茶店勤めから結婚へ

東京で最初に住んだのは、杉並区の高円寺で、友だちが借りていた三畳一間の新しい部屋でした。そこに半分家賃を出して転がり込んでいました。だけど、そこに彼女の彼氏が来るようになり、すぐにそこには居られなくなってしまいます。

すると、私が勤めていた喫茶店のママさんが、新宿区の早稲田の人で、「自分の家が神田川のそばに建ててあるから、そこに住みなさい」と言ってくれて、そこに住むようになります。グランド坂下という所で、都電が通っていて、その先に道があって、さらに神田川があって、その小屋にママさんと暮して、そこから店に通っていました。その年のうちに、高円寺から早稲田に来たわけです。

東京に来て、最初にやった仕事が喫茶店勤めです。それしかありませんでした。それもズック靴に粗末な洋服を着ていたから、下から上まで見て断られて、やっと使ってくれる所で働いていた、という感じでした。

高円寺で喫茶店を探しに行ったら、タンゴの喫茶がありました。そこで働くと、すぐにドアガールをやらされました。もうそこに立っているだけでがたがた震えます。もう恥ずかしいというか、ドアの外で立っているのです。そうしたら、どんどん人が入って来ます。付け文をもらったこともありました。お客さんにお話ししないものだから、愛想が悪いと言って、すぐに首になってしまいます。けれども、そのタンゴの喫茶店で、早稲田に住んでいたママさんと知り合い、引き抜かれることになります。

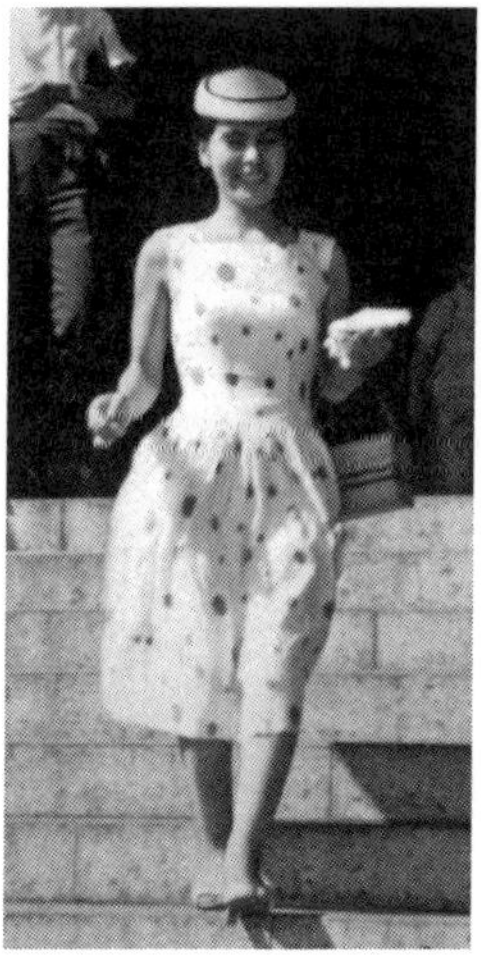

著者（25歳）

私の結婚だって、いいかげんなもので、かわいそうなものです。何故かというと、田舎にいた時、姉には仲人さんがいたように、結婚といえば、人を立ててもらいに来るというのが一般的でした。結婚というのはそういうものだ、という想いが心の中にあったから、正式に仲人を立て「嫁さんになりなさい」という言葉をかけられないと結婚するものじゃない、という気持ちが自分の中にあったのです。だから私は「結婚してください」という男性当人の言葉に二回惑わされて、二回失敗しています。

その結果、人を立てて「結婚してください」と言われたから結婚しただけの話で、それ以前に好意を持って付き合っていた人とは結婚できませんでした。逃がした魚は大きいと言いますが、私はどれだけ大きい魚を逃がしたのかわかりません。もったいないと思います。要ちゃんではないけれど、手を合わせたこともないけれど、ずっと思っていた人がいます。だけど、その人とは会うこともできません。彼は私にふられたと思って、早稲田村を去って行ったと聞きました。

今では名前すら覚えていません。いいとこの坊ちゃんだったから、そんな坊ちゃんと私がそういう関係になるとは、思っていませんでした。バラの花をもってきてくれたり、箱に入ったチョコレートをもってきてくれたりしても、私への恋心から持ってきてくれているとは気づきもしませんでした。だから、その人が、私が婚約したと聞いて、気も狂わんばかりになって、早稲田村を去って行った、と聞いた時は驚きました。今でも「あの人だったら、絶対に不幸にならなかったのに」と思うのですが、そのすばらしい人を逃がしてしまったのです。彼は東大生でしたが、苗字もわからないから、本当は捜したかったけれど、捜せなかったのです。

しかしその時は、彼の友人で日大で画家を目指していた人から、すごく罵られました。私が、恋愛関係にあって、彼を騙したりして罵られるならいいけれど、手を繋いだこともないのです。チョコレートをもらったり、バラの花をもらったりしたけれど、それが恋愛なのだとは、思ってもいませんでした。恋の感情はなかったし、そういうものもよく解っていなかったというか、そんなことばかりでした。私にはそういう話がいっぱいあります。

私は、大きな魂に守られているということが随分あったと思います。たとえば、北海道の刺繡教室に行くのも、カムイのはからいだと思っています。そういう大きなことで守られていることがたくさんあると思うのです。たとえば、北九州の八幡でお父さんが事業をやっていて、早稲田の何学部かを卒業した人がいました。お兄さんも早稲田を出たけれども、大きい会社に就職してしまい、それで自分が跡を取らなければならないという青年でした。その青年に、大隈重信の像の下でプロポーズされたことがあります。私としてはやっと東京まで出て来たところでしたから、これから、さらに九州に行くとなると、田舎をもっと捨てるような気がしたので、そのプロポーズは断りました。

本当にバカもいい所で、それを絵に描いたような私ですが、そして、実は大好きな人だったのに、結婚を受け入れる返事はできませんでした。それで何カ月か、一年ぐらいたった頃でしたか、彼の友だちが私の勤めている所を訪ねてきて、その彼から「元気でいるか見てこい」と言われたというのです。それを聞いた途端、私はへたりこんで泣いていました。それほど大事な人だったのに、結婚を承諾できなかったのは、今考えてみると、彼の実家がある八幡製鉄の所が、当時の川崎のように空気が汚れていて、そこに身体の弱い私が行くのをカムイが防いでくれたのだ、と思います。都合のいい考えかもしれませんが、大きなことですごく守られている、と私は感じています。

東京での読書生活

早稲田にあった「らむーる」という大きな喫茶店で働いていた時、学生たちが輪になって映画論だの社会論だの文学論だのを論じていました。お茶くみに行くと、何とかかんとかと議論しています。それを耳に入れて、私は古本屋に行き、その時話題になっていた本を買いました。ある時、彼らの話の中にバルザックという名前が出てきて、その本を探しました。そして『谷間の百合』という本を見つけます。「うちの姉ちゃんは谷間の百合のように美しい人だったけど、悲しかったよな」と思ってその本を購入して読んでみると、やっぱり悲しいことが書いてありました。

そういう名作と言われるものはみんな買ってきて、分厚い本など、読んでも、読んでも、わからないことが沢山書いてありました。

　また、何で外国の女性はこんなに饒舌なのだろうと思ったこともありました。その一方、日本の女性は何で言いたいことを表現できなくて、頑なに格好ばかりつけているのだろうとも思いました。やっぱりそういうことには興味がありました。また、日本の女性詩は、女性が悲しみに遭ったことを書いているので、どれを読んでもみんな悲しくなります。そんなのが私の中に文学として蓄積されていったものです。

　夏目漱石が『草枕』で「知に働けば角が立つ、情に棹させば流される」と書いていますが、冒頭のその言葉だけで漱石の本を全部買ってしまったこともあります。それから『にんじん』という小説。にんじんという少年は顔にあばたがいっぱいあって、父親に疎まれて寮に入れられます。その『にんじん』の作者ジュール・ルナール*の全集は全部買って読みました。

著者（26歳）

　＊ **ジュール・ルナール**（Jules Renard、一八六四—一九一〇）、フランスの小説家、詩人、劇作家。

　その頃はそんなことばかりやっていました。興味あるものにはもう釘付けになっていました。ドストエフスキーの『罪と罰』や、トルストイの長編小説

『戦争と平和』なんかは貪るように読みました。半分わかったり、わからなかったりしていたのだと思います。全部認識できたわけではありませんが、そういうふうにして本を読んでいました。

11　詩的表現への目覚め

『詩人会議』でのデビュー

その後、私は二十七歳で結婚し、やがて二人の子どもを授かります。

結婚生活については、特に書きたいと思うようなことはありませんが、息子の剛士《たかし》が生まれた頃から、私の家は、次々と上京してくるウタリ（同胞）たちのたまり場となっていきました。私は、子育てに忙しい日々を送りながらも、困っているウタリたちを放っておけず、住まいを探したり、仕事を探したりする、彼ら彼女らを手伝ったりして、それなりに忙しい日々を過ごしていました。

そして、結婚して五、六年経った頃、住んでいた公団住宅で知り合った奥さんが、たまたま詩を書いていました。その方が「あなたも書いてみたら？」と詩を書くことを勧めてくれ、それをきっかけとして、私は浦川恵麻というペンネームで詩を書き始めたのです。

その方から、壺井栄[*1]さんの旦那さんである壺井繁治[*2]さんらが参加されていた集まりに呼んで頂き、そこから『詩人会議[*3]』という同人誌に作品を発表させて頂くことになりました。最初に掲載されたのはこんな作品です。

＊1　**壺井栄**（一八九九―一九六七）　小説家・詩人。戦後反戦文学の名作として後に映画化された『二十四の瞳』の作者として知られる。

＊2　**壺井繁治**（一八九七―一九七五）　詩人、日本共産党員。戦後は新日本文学会の創立に参加し、発起人となる。しかし、戦後登場した武井昭夫や吉本隆明たち若手からは、戦時中の行動との差のために批判の対象にされた。その後、グループ「詩人会議」を結成し、民主主義文学の詩の分野を確立させていった。

＊3　**詩人会議**　一九六二年に発足した「詩の創造と普及を軸にすえた民主的な詩運動」を標榜する詩人集団。日本共産党系。月刊詩誌『詩人会議』を刊行するほか、全国各地に四十以上の詩人会議グループを擁し、それぞれのグループ誌を展開、朗読会その他のイベントを行なっている。毎年、すぐれた詩集（もしくは評論集）に与えられる壺井繁治賞及び公募による新人賞（詩、評論部門）を設営している。

わたしたちを知らない人たちが……

おどけることの、すきだった、わたし、
なにわぶしの、好きだったわたし、
さんぱくがんになり、ぼーっと、していることのわたしだった、わたしでも、
生きることの、その日を、考えるようになった。その日の出来事を、きこうとする。
あの、さんぱくがんのわたしが、なぜ、なぜ、
考えることを好むようになったのか。
子供たちを、そだてることを、もっと考える。
今日の日を、そして、明日のことも、
子供の母となり、人の子の親と、
なってみれば、おどけながらも、やっぱり、
なにわ、ぶしを、きくより、今日の日の
出来事に、耳を、かたむける、
そして、夕食のことも、また、考える、

わたしたちの話しあった、こともない、私たちの生活の、
知らない人たちが、なぜ、わたしたちの生活を、
きめるのだろうと、わたしが、さんぱくがんで、
いようが、
それでも、ただ、だまってきめさせて、
しまうわたしたちなのだろうかと考える、
わたしになってしまう。

おどけることを、わすれた、わたしは、
真顔のわたしになって、つかみどころのない
やるせなさを、主人に、ぶつける、
なんとか、しなくちゃ、なんとか、してよ、
なぜ、だまっているのって。
おどけを、わすれた、わたしに、主人は
いたわるように、いう。
なんとか、しようねって、わたしは、いう。

わたし、生まれてはじめて、3・20の、とーいつ行動に
参加したのよ、あのとき、みたわ、たくさんのわたしを、あんなに、たくさんの、
わたしが、
いるのに、なぜ、いままで、わたしたちの生活を、
わたしたちの生活を、知らないかれら、まかせに、
していたのだろう、わたしは、子供が産めたのだ、そして、そだてている、
自分の力で、子供を産んだ、わたしが、自分の、生活を、
目玉を大きく、みひらいて、きょろきょろ、
しようが、わたしたちをしらないかれらは、
わたしたちの生活を変えている、いったい、
これは、どういうことなのだろうと、
なにわ、ぶしの、すきだったわたしは、もう、
遠い過去のわたしのように、
おどけることも、忘れて、あくせく、した、
わたしになっている。
自分たちの生活は、やっぱり、自分たちで考えて、

やっていけないものだろうか。
ゆうべの食卓に、主人の好きな、やさいと、
子供のすきなバナナを、
買物かごには、やさいが、いっぱいと、
子供のクレヨンと、ノート、主人の好きな
ウィスキー。たまには、角びんも、買いたいのに、わたしたちを知らない人たちが
わたしたちの、
ゆうべのコンダテまで、つくってしまう、
なぜだろう、わたしが、ひとり、目をむいて
にらみつけても、あの人たちは、勝手に、
私たちの生活を、きめてしまい、
自分で、きめ、られないなんて、そんな
ばかな、たくさんのわたしと、
しっかりと、手をくんで、生活を、まもるんだわって、いったら、主人が、いった、
そういう、ことだ、そうしなくちゃー
だけど、ママ、おどける、ことも、わすれるなよって。

『詩人会議』（一九六六年六月一日）掲載

当時、壺井繁治さんは、「彗星のように現れた詩人」と言ってほめてくれましたが、私自身は、アイヌのことを書けず、内心忸怩たる思いがなかったわけではありません。当時の壺井さんのこの詩への批評は、新日本出版社が出していた『文化評論』という雑誌に掲載されています。

わたしたちの詩の運動をすすめる過程で、全国的に一つでも多くの「詩人会議グループ」をつくることは、組織の面で重要な仕事であった。東京は日本の総人口の一割も占めている大都会だが、わたしたち詩人会議の組織はその総人口に比例せず、まだまだ微々たる組織にすぎない。普通の人口と文学的組織の人口とは、そう簡単に、数学的に比例するものでないかもしれぬが、それにしても比例的にあまりの開きのあることを、わたしたちは運動の弱さとして認めないわけにはゆかない。けれどもそういう弱さのなかから、今度の総会直前に、ある大きな団地に居住する主婦を中心とした「多摩詩人会議」が生れ、活発に活動をはじめたということは、わたしたちの詩の大衆化運動がようやく地面に足をつけた一例としてここに書きしるしておかねばならぬ。わたしたちの組織づくりのなかでのグ

壺井繁治と壺井栄

ループの結成は、詩の大衆化という運動方針に沿って生れることから、たんに自然発生的なサークルとしての段階に止まらず、もっと目的意識的なものにまですすんでゆく要素が内包されている。それはそのグループの創造面にも具体的にあらわれ、今まで全然詩を書いたことのないひとが、そのグループに参加したことで詩を書きはじめるということが現実に起っている。

「詩人会議」六月号は今度「詩人会議グループ詩集」を特集したが、そのなかに収録された浦川恵麻の「わたしたちを知らない人たちが……」という詩は、彼女が「多摩詩人会議」に参加したことをきっかけとしてはじめてつくった作品である。これについて詳しく触れる紙数がないので簡単にのべることにするが、要するに今まで自分を取り巻く現実についてあまり深く考えたことのなかった作者が、物を考えるようになったことがこの詩を書く動機となったことをわたしたちに知らせている。彼女は必ずしもいわゆる学問的な詩人になろうとしてこの一篇を書いたのでなく、考えることと詩を書くこととが重なって、いわば書かずにはいられず詩を書いたのである。
これは非常に大切なことで、わたしたちの詩運動の大衆化のために抜きにすることのできぬ問題を、創造の側面から実践したわけだ。こういう書き手が全国から続々と登場することで、わたしたちの詩運動はしだいに肥ってゆくであろう。こういう書き手の作品は、詩を自分の狭い趣味や感情や思考のなかに閉じこめがちの既成の詩人の眼から見れば、素朴だとか、幼稚だとかいって簡単に片づけられるかもしれぬが、そこには今までの詩の性格を根本的に変えてゆく芽生が潜んでいる。それをたんに芽生えだけにとどめず、枝葉としてひろげ、強大な幹にまで生長させてゆくのが、わたしたちの運動の重要な仕事の一つである。

壺井繁治「詩人会議総会の感想」(『文化評論』一九六六年七月号、一二九―一三〇頁)

壺井さんの評価は、「詩人会議」を通した詩的運動に引き寄せたものでしたが、私が「書かずにはいられず詩を書いた」という表現は当たっています。でも、この詩では、私が本当に書きたかった「アイヌ」の問題は伏せられたままです。壺井さんにもそこまでは読み解いて頂けませんでした。この頃は私自身、私の内部で渦を巻きながらも、失われた「アイヌ」をどう表現すれば良いのかわかりませんでした。今読み返してみれば、この詩にも、当時のそんな私の煩悶が透けて見えるように思えます。

浦川恵麻として詩を書く

それまでの私からしてみれば、詩を書き、同人誌に発表するという行為は、一つの解放ではあったのかも知れません。私は、それからしばらくの間、『詩人会議』という発表の場を得て、幾つかの詩を書きました。若き日の拙い詩ですが、そこには、私自身が抱え込んでいた懊悩が過不足なく表れているようにも思えるのです。

誰もおいかけはしないのに

なにからにげたのだ誰も追いかけて
こないのに
もうずいぶんまえのことを

にげたと思っているのねあのひとから
なにもいわなかったし
たのまれなかったのにあのひとの
かこを知っただけでもうおそれて
あのじごく火とあのひとの身体とを
いっしょに考えたのだろうきっと
それでどうして思いだすんだえいまごろ
あのひとが健康で幸せに暮らして
いてもあのときあのひとの
肉身をやきつくしたじごく火が
いまあの人をじわっじわっと
苦しめていようとおまえには
かんけいないはずなのにのがれたと
おもいたがるのに

こしやくなおもいだすなんて

あのひとの過去が年に一度やってきて
思い出させるからあのじごくを
だがきいただけのじごくじゃないか
のがれたと思ってるくせに
おまえの未来にあの日が来ると
思っているのかばかな
誰もおいかけないのににげたがり
来もしないのに来ると思ったり
じりつじりつとてりつける日の下に
苦しそうにないているあぶらぜみの
声のせいだろうきっと
今は平和なのにおどおどして……

『詩人会議』(一九六六年十二月一日)掲載

私の身のまわりの誰でもないもの

あとで思ったのだけれど
あの人って情なしだってうらんだ事が
あのひとにとって無理もなかった事だと
第三者になって見つめられるんだけれど
あの時はおいつめられたせつない気持が
先になって　うらんだり泣いたり
苦しんだり　したのだけれど――
それであの人の母親を鬼ババのように
思ったりしたものだったが――
もしきけい児でも生れたらだの
家名にきずがつくだので、どうしても
赤ん坊は　産むなって反対され　それでも
そんな不安は誰に　言われるまでもなく
自分が一番　知っていながら
意地というのかたいないにやどった子供に対する　母性愛が　わいてか
どうしても産むんだって

かばったのだけれど――
とうとう形にならず消えて行ってしまった
私を母親にもさせてくれない
おまけに十年もベッドに横たわったまんま
けっきょくは　意識だけが自分の身のまわりのようににぶい回転はするものの
日一日とへっていく赤血球を見送りながら
それが　私でもない　私の身の廻りの誰でもないものが
つくったものが　私の身体にくいこんで
そのために　いのちを
みじかくしてゆくのを……

〝おまえだろう　私をこうしてしまったのは！〟と
どなれる対象がいないだけに　なおさらむなしく
こんな星の下に生まれついたのだって　あきらめたり
それにしても　私が苦しんでいるなんて
知らないやつが　私の身体に　くいこんで

血にかぶりつくものを　つくって　それが
十年も二十年も　さらに　それを持って
じいっと目をすえている
私はただ　むなしい　だの
どなる対象が遠すぎるのだのといいながら
夫にもさられ　子供も持たないまんま
土の下にかたずけられるんだって
誰かが目をそらせたって
それで　にげられるものではないって
私の目にも冷たく光るのだ

『詩人会議』（一九六七年七月一日）掲載

灯籠の火のかずを数える少女

浦川恵魔

えんえんと灯籠は川いっぱいに流れる
結子はその灯籠のかずを数える

いち　にい　さん　と
また最初からかぞえなおす
いち　にい　さん
あきずに結子はなんかいも
何十回も　もっともっと数える
川いっぱいに流れる灯籠
さきに行っている灯籠の
火の重なりがぼうぼうともえる
空には星がみえるし月も通りすぎるのに
灯を送る人々のむこうは
くらやみだと結子は思う。

結子は彼女の前を流れる灯籠だけを
いち　にい　さんと数える
後からあとから静かに送られ
川いっぱいに流れる灯籠

彼女はこの灯の数だけ無数の
民姉ちゃんが死んだのだと思っている
二十数万も結子に姉がいたはずがないのに

結子にも姉が一人いたけれど
ずうっとまえのきょうと同じ日に
同じ時焼ころされた二十数万の
死人のうちの一人なのだ
あのあつい日の朝
えんさきで　ねむっていた
赤児が結子の姉　民ねえちゃん
無心にねむる赤児を
火のたつまきが彼女を　にわさきへ
たたきつけ　再び目を覚す事なく
赤児の民ねえちゃんは
じくじくにこげてしまったのだ

結子のお母ちゃんは
そんな死に方をした　いとし児を
語るにものどがつまって声に
ならないながらも
後から生まれてきた結子にも
おしえようと彼女がわかるように
ひとことひとこと
かみしめるように姉の死と
多くの人の死の真実をきかす

流れいく灯籠が民ねえちゃんだと
思っている結子
姉が死んだのは
空から火の玉がふってきて
それがこわれてそれで姉がやけこげて
死んだのだと思っている

結子の頭上の空へ何がきて
どんな手が姉や多くの人々を
焼きさったかは知らないのだが
結子は空がきらいだ
いち　にい　さん　と
川巾いっぱいに無数に流れる
灯籠の数を数える結子

『詩人会議』（一九七〇年五月一日）掲載

読んでもらえばわかって頂けるのではないかと思いますが、これらの詩作品の背後には、広島で原爆の被害をこうむった〝ヒバクシャ〟のモチーフがあります。

あるアパートに暮らしたときのことですが、隣室に広島で被爆された女性が居たのです。私は、その方の悲劇的な体験と、彼女が負わされているものに、吸い寄せられるように引きつけられていきました。そして、その哀しく、運命的な生の在り方に、私自身が見失い、追い求めていた「アイヌ」としての生と重なる部分を見出し、当時の私の想いを重ね合わせていったのだと思います。

これらの詩を書いていた頃、私は広島で暮らしたこともあります。三十五、六歳（一九六八、九年）頃のことです。すでに広島は復興しており、被爆直後のような廃墟が広がっていたわけではありませんが、それでも街のそこかしこに惨禍の影は拭いようもなく残っていました。

これらの詩は、そんな若き日の詩的彷徨の記録です。けれども、私自身は〝ヒバクシャ〟ではありませんし、ここに表現されているのは、どこか倒錯した、装われた自我であることも否めません。最後に掲げた「灯籠の火のかずを数える少女」のペンネームを浦川恵魔と変えたのも、そんな当時の心境を表しているのだと思います。

もはや、私の内なる「アイヌ」は臨界状態に達していたのでしょう。こうした詩を書く行為が、やがて、アイヌの同胞に呼びかける、という次の行動につながっていったのだと思います。また、ちょうどこの頃、三十五歳の頃だったと思いますが、私は無理な仕事をして身体をいため、三千人に一人と言われる難病（居眠り病）[*]に罹ってしまいます。それでも常に仕事を持ち、自立して生きていきたいという思いを抱えていました。

＊ **居眠り病**　ナルコレプシー（narcolepsy）。日中において場所や状況を選ばず起こる強い眠気の発作を主な症状とする睡眠障害。自発的に覚醒を維持する能力、およびレム睡眠を調節する機能の両者が阻害される。有病率は米国では四千人に一人ほど。現在確定診断を受けた患者数は日本国内においておよそ二千人前後（二〇〇九年十二月現在）。治療法は対症療法のみ。

12　アイヌとしての叫び

一九七二年、東京で『朝日新聞』「生活欄」に投稿——アイヌ同胞への呼びかけ

私が一九七二年二月八日に、『朝日新聞』のページを借り、「ウタリたちよ、手をつなごう」と、呼びかけてから四十八年が経ちました。清水の舞台から飛び降りるつもりで、という言葉がありますが、その時の私の気持ちは、もう、何にもたとえようもない苦しみの末のことでした。自分の存在を否定され、ましてや多くの同胞も同じに扱われ、もはや我慢の限界だったのかも知れません。

昭和四十七（一九七二）年二月八日『朝日新聞』家庭欄「ひととき」に掲載

『ウタリたちよ、手をつなごう』

私達は、現在東京に住む北海道出身のアイヌ系の者ですが、たぶん多くの私達のようなアイヌ系の方々が、この東京に散在していらっしゃるのではないかと思います。私達種族は、父母のもと、北海道の大自然のなかにありましたが、他面実にさまざまな差別のもとに苦しんでまいりました。いまだに就職や結婚問題などで、数えればきりがありません。

差別は、私達アイヌ系に限られるものではないでしょう。形こそ違いますが、身の回りをとりまいている実に多くの差別があります。しかしもう一度、アイヌが種族の違い、つまりアイヌだからということで独特の差別をされたのは何であったかを見つめられるのなら、その差別されたことによる苦しみの真の原因をとらえられるのではないか、それには同胞との親ぼくを深めあい、共に語りあえるならば、と望みを託して筆をとりました。

私達にとって許しがたい長い間の差別に対して、多くの先輩同胞が何度か立向いました。戦後、民主社会に移ってからもこの問題と取組まれましたが、力の輪が大きくならないまま、深くもんもんとくすぶっていました。それが今ここにきて再度の立上りをみせ、現在北海道で実を結びつつあります。それはウタリ協会であります。これは北海道だけのものではないと思い、ここに私たちは東京ウタリ会をもちたいと願い、呼びかけます。そして、他でもさまざまな差別に関心をもたれ、それに取組んでおられる多くの方々と共に考えてゆけるなら、何か糸口をつかめ、ひもといてゆけるのではないかと考えております。そうした輪により私達同胞の真の解放ができるならば、こんな大きな喜びはないと存じます。ウタリの皆さん、私達はあなたとの「語りあい」を望みます。どうぞご連絡下さい。

連絡先　東京都国立市富士見台団地一ノ二六ノ二〇八

宇梶静江
浦川美登子

同じ頃、次のような詩も書いています。

灯を求めて

ほとばしる血潮の中にあなたがいる
かぎりない追求のさきにあなたがいて
目覚めるあとさきにあなたはたち
語りかけるところにあなたがいて
踏み迷う私があるときあなたがいて
もつれた糸をとくようにさらさらととく
私の命にもひとしいあなたは
衆生にもみちをとくあなたであったりもする
暗やみのなかにみもだえたかつての私に
あまりにもまずしい私のこころに
まずしければまずしかしと
ものをおもえものをかんがえよと
まさぐる私の手をたずさえて

みちをときみちびくあなた
みちびかれてゆく私のあしもとに
草もはえ木もはえていて
命をうみだす大地の上に私をたたせて
道をつくれ切り開いて進めと
大道への路しるべをのこして
あなたはまた誰かしかのかたをたたきに
いそぎあしでさっていく
あなたのゆくてに手をのべて
こい慕う心をおさえにおさえて
どこまでも追いながら路を切り開きながら
大道へと続く路しるべをたどって
いくさきにいくさきざきに
あなたがいるを信じながら
いま私は大地にたつ。

『詩人会議』(一九七二年七月一日)掲載

家庭

アイヌの自覚求めて

呼びかける主婦二人

別項「ひとこと」で呼びかけているアイヌ系の主婦二人、宇梶静江さん(38)と、沼川美登子さん(36)を訪ねた。一時は「血」を忘れようと"脱アイヌ"を目ざしたが、逃げていては真の解放はできないと考えたという。ウタリとは「同胞」の意味だそうである。

宇梶さんは、北海道内でも一番アイヌ系人口が多いといわれる日高地方の静内郡静内町で、アイヌ系の両親の間に生まれた。「コタンにはまだ、トルストイみたいなおじいさんや、いれずみをしたおばあさんがいる時でした。小学生の私は、同級生のシャモ（和人）に、授業中先生の質問に手を上げたという理由だけでいじめられました」。最初は家へ泣いて帰り母親に訴えたが、母は怒るより悲しい顔をするので、子ども心にも自分たちの境遇に気づいたという。

孫を見られぬ祖母

北海道庁の話では、アイヌ系は生活保護の受給率が高い。生活が苦しいことを物語っている。しかし、狩猟民であったアイヌ人を抑圧し、劣悪な条件で農耕に従事させた過去の歴史の結果だと、アイヌ系の人々は反論する。札幌に本部のあるウタリ協会（野村義一会長、会員三千七百人）の話では、義務教育の就学状況も悪く、高校進学率も大きく落ちこんでいるという。当然、就職の際にもはねかえってくる。一部地域では、アイヌ系の人々を「アッイヌがきた」とベツ視した。貧しさと差別と偏見。ここから脱出するために、和

するアイヌ系女性が多い。「脱アイヌ」とも「逆アイヌ」ともいわれている。

宇梶さんも、その一人だ。二十三歳まで北海道にいたが、居たたまれず上京、結婚した。サラリーマンの夫はアイヌ出身に対して全く偏見がなかった。夫の家族も「ピリカ・メノコ」といって喜んだ。「当時は血を薄めることで解放される」と宇梶さんは思い込んでいたという。また、アイヌ系の父親をもち、日高地方のアイヌ系の男性と最近結婚した沼川さんは、こう語

差別・偏見から逃げないで

とき、孫の顔をみたいとその人の母親が学校へ出かけましたが、校庭にいた同級はアイヌであることが周囲にわかってしまうのを恐れて隠れ、子どもたちもどこにいるのかわからなかったと、そのおばあさんは泣きくずれていました」

いま宇梶さんは郊外の団地で、会社員の夫と二人の小学生の子どもたちにかこまれ、静かに暮している。自分たちがアイヌの血をひ

は、アイヌの血をけんおしていた自分に疑問をもつようになった。それが今度の呼びかけのきっかけになったという。

脱アイヌ＝脱人間

アイヌ系の人が中心の同人誌「北方群」の最近号に宇梶さんはこう書いている。「なんらかの形で自分たちが受けている偏見（ぶべつ）からのがれようとしたこと

います。一度でもよいからたずんで、その差別はなにものであるか対面することが必要だったと思うのです。……アイヌは人間という意味。脱アイヌという言葉がきかれます。アイヌがアイヌからのがれる。それは人間から人間がのがれるという意味なのでしょう。おろかしくもその脱アイヌの一人であった私が、自分が、アイヌだと自覚するまでのアイヌを否

資料を前に、アイヌのウタリ協会東京支部結成を呼びかける宇梶静江さん（左）と沼川美登子さん（東京・国立市富士見台団地の宇梶さん宅で）

めに、東京で和人と結婚したアイヌ系の主婦に連絡したところ、「自分たちの身を明かすのは迷惑です。正直にできる結束を私は求めていました」という返事だった。その主婦が人一倍隠れ続けていた人だけに、二人は感を強くした。当面の運動目標は決まっていない。皆が集り、話合いの中から生かしていきたいという。たとえば北海道のウタリ協会が推進している国有林払下げ問題や、財団の設立なども一方法だという。しかし、どこにでもいる主婦である二人は、そんなことよりも、まず「内なるアイヌ」のおもいを語り合いたいという。

消えたウタリの会

関係者の話では、六年ほど前に東京でも「ペウレ・ウタリ」（若い同胞の意）の会が発足し、東京に就職に来たアイヌの若い労働者や和人の学生ら二十数人が参加した。しかし、二、三年前から活動しなくなり、ほぼ自然消滅の形で今は名前が残っているだけ。「東京や近県には相当なウタリが北海道から上京しているはず。ペウレ

ひとこと

◆◆◆ウタリたちよ、手をつなごう◆◆◆

私達は、現在東京に住む北海道出身のアイヌ系の者ですが、たぶん多くの私達のようなアイヌ系の方々が、この東京に散在していらっしゃるのではないかと思います。私達同族は、父母のもと、北海道の大自然のなかにありましたが、他民族にさまざまな差別のもとに苦しんでまいりました。いまだに就職や結婚問題などで、数えればきりがありません。

差別は、私達アイヌ系に限られるものではないでしょう。形こそ違いますが、身の回りをとりまいている数多くの差別があります。しかしもう一度、アイヌが和族の違い、つまりアイヌだからということで独特の差別をされたのは何であったかを見つめられるのなら、その差別されたことによる苦しみの真の原因をとらえられるのではないか、それには同胞との親ぼくを深めあい、共に語りあえるならば、と悩みを話して筆をとりました。

私達にとって許しがたい数い回の差別に対して、多くの先輩同胞が何度か立向いました。戦後、民主社会に移ってからもこの問題と取組まれましたが、力の輪が大きくならないまま、弱くもんもんとくすぶっていました。それが今ここに来て再度の立上りをみせ、現在北海道で実を結びつつあります。それはウタリ協会であります。これは北海道だけのものではないと思い、ここに私たちは東京ウタリ会をもちたいと願い、呼びかけます。そして、他でもさまざまな差別に関心をもたれ、それに取組んでおられる多くの方々と共に考えてゆけるなら、何か糸口をつかめ、ひもといてゆけるのではないかと考えております。そうした輪により私達同胞の真の解放ができるならば、こんな大きな喜びはないと存じます。ウタリの皆さん、私達はあなたとの「語りあい」を望みます。どうぞご連絡下さい。

連絡先　東京都国立市富士見台団地一ノ二六ノ二〇八

宇梶静江

沼川美登子

『朝日新聞』（1972年2月8日）に掲載された記事

これは『詩人会議』に発表した最後の詩です。ここでは、それまで私が抑え込んでいたアイヌへの思いが、堰を切ったように溢れ出ています。先に示した『朝日新聞』での呼びかけが、アイヌモシリを離れて「東京砂漠」をさまようウタリたちに向けたものであったのに対して、この詩は、私自身への呼びかけであり、私自身の決意を示したものです。

この詩で呼びかけている「あなた」とは、私自身が見失ってしまっていたアイヌそのものに他なりません。私は、私がたつ大地で――それがどこであろうとも――アイヌとして生きようと決意したのです。私は憤然として燃え上がっていました。

自分の出自を隠すように生きることほど、不自由なことはありません。一九五六年、二十三歳で上京してからここに到るまで、私は私自身の出自を隠しこそしませんでしたが、自分からアイヌであることを明らかにするような態度をとることもありませんでした。「群衆の中に紛れていられるのであれば、それに越したことはない。流されて生きて何が悪い。あからさまに差別されるよりも余程ましではないか」という思いをぬぐい去ることはできませんでした。時はまさに高度成長期です。

そんな中、上京から十年を経て詩を書き始めたわけですが、書けば書くほど、自分が求めているアイヌから遠ざかっているのではないか、という怖れが湧いてきて、私は徐々に鬱屈していったのだと思います。これらの行為に踏み切ったのは、そんな思いを重ねた末のことなのです。

その一方、気がかりなのは子どもたちです。彼らはまだ小学生でした。いくら物わかりの良い子どもたちであっても、こんな思い切った行為を成して良かったのか、子どもや家族に迷惑かけてまでやるべきであったのか。呼びかけた後も、そう思わざるを得ませんでした。自分が受けたいやなこと、それによって苦しんだこと、それを他の場を借りてぶちまける、ということは、その頃の同胞からすればいい迷惑だったようです。「せっかく波風なく過ごしているものを、寝た子を起こすようなことをしてくれて」と訪ねて行った同胞に叱責されたりしました。自分の未熟さに苦しみ、子どもたちにも苦労をかけることになります。母として何かが欠落していたことも否定はできません。

でも、賽は投げられたのです。

「呼びかけ」以降の苦悩

こうして、首都圏のアイヌへの呼びかけを行った私ですが、最初は具体的にどうすれば良いかは何もわかっていませんでした。私は、同じような境遇にある人と、ただただ話し合いたかったのです。

この翌年（一九七三年）、私は「東京ウタリ会」（「東京アイヌウタリ会」とも）を設立し、アイヌの権利獲得のための活動を始めます。活動といっても、細々としたものでしたが、とにかく東京在住のウタリに、アイヌとしての誇りを取り戻し、自覚を促す呼びかけを行う、といったことでした。そのさらに翌年（一九七四年）、私は新日本出版社の『文化評論』に次のような文章を発表させて頂きました。

アイヌウタリたちよ手をつなごう

北海道の先住民族である私たちアヌタリ（アイヌ語で同族という意）は、海を越えて内地（本州）の各地にも、現在そうとう数散在しています。一九四五年、すなわち敗戦以後この現象が急激に進んできたのでした。

交通機関の発達もその移動を安易なものにしたことでありましょうが、それはとりもなおさずかつては異民族であった和人の蔑視による屈辱的な差別に追われたとも、また、自らのがれたともいえるゆえんがなかったとはいえないのです。

私たちアヌタリの祖先は、母郷の地北海道において狩猟・漁猟、野野菜の採取を生活の糧として生活をいとなんできました。

一方、精神生活においては、火の神・水の神、そして山や海の神といったように生物の命を生み、育て、守るそのすべてのものを神として崇め、その営みに服して生存するものすべてが共存共栄していくものだという考えを原則として、生き続けてきたのだといわれています。自然はもとより、人が人を冒瀆したり、あるいは殺しあったりすることなどは人にあるまじき行ないとして戒めあってきたものだと、今日もなおそういい伝えられています。しかし、そうした祖先を持つ私たちアイヌ（人間）の今日の状況は、まるで原始人の末孫でもあるかのような屈辱的汚名を背負わされ、誤った観念のなかで祖先のアヌタリが育んできた生活が破滅の淵に追いやられてきているのです。

今日、私たちはその誤った観念をとりのぞき、正しい民族意識の復権をはかるべくあらゆる努力をもって活動しています。

東京アイヌウタ《ママ》リ会は、まず同胞に向かって自覚を呼びかけているのですが、アイヌ民族が持たねばならない自覚とはいったい何であるのかを、まずはっきりと認識しておかなければならないと思うのです。たんに、人が人をきずつけない、自然を冒瀆しなかった、だからアイヌは誇りある民族なんだというだけでは、長期にわたる精神的な、物質的な痛手を受けている人々が即座に自覚や誇りを持てるということにはならないと思います。

私は、一九三三年にアイヌ民族の子孫として生を受けたのですが、それだけで和人の子弟たちからいわれない差別を受けたのはかずかぎりないのでした。敗戦を境として、その前後に生まれ育った若者たちは、民主主義の社会とされた当時も今日においても、学校教育においては、人《ひと》はだれも平等の立場にあると教えられてきても「民主教育」とは名ばかりで、本質的には資本主義社会組織の体制下に置かれ、もっとも差別の増長された世の中であって――その具体例としては、学校教育においての評価でもわかるように、段階的上下や出来不出来で、選別されている実情、そのうえ、義務教育をおえて社会に出ても階級制社会下に置かれるというなかで――アイヌの子弟たちは民族意識もつちかわれることなく、異様な蔑視を甘んじて受けなければなりませんでした。このような事情のもとでは、同胞たちが屈辱からのがれるように、より差別の少ないであろう内地（本州）の各地に移動する現象が起こるのも至極当然なことでした。だからして、たんに自覚を持てだの誇りを持てだのといった言葉のみでは同胞の真の解放ははかれるはずはないと思うのです。

かくいう私自身も、かつてはその屈辱にたえかねて逃避した一人です。ではなぜ今日、自らアイヌを名のり、ウタリに向かって自覚を求めているのかといえば、私自身のなかに、アイヌ民族独自の生活に育ったことの思い出を通してみて、かれが決して逃れたり、屈辱のなかで耐えしのんで生きなければならないような人々ではないとおぼえるものが、かず限りなくあるからです。アイヌ民族独自の生活については、次の機会に書かせていただくとして、とにかく、敗戦までのアイヌの生活のなかには、依然として民族的な生活風習が残存していたからです。冠婚葬祭はもとより、毎日の生活下で、民族意識はなおもっちかわれていました。食生活や、子供のしつけなどもその一例です。

アイヌは文字をもたない民族でしたが、それだけに言葉を豊富につかい、口づたえにその祖先を語り、なにゆえに誇りうる民族であるかを、さとし、さとされたものでした。

一九四五年の敗戦時、私は小学校の最高学年でしたが、この頃まで残存していたアイヌの風習のなかで見た大人たちは、何百年と異民族和人に受けた屈辱のかげはあまりとどめず、そこぬけに明るい、そして、個々に詩や曲を持ち、その時の心境を、喜怒哀楽を持ってうたい、かつおどるといった、情緒豊かな人びとなのでした。また一方では、氏族独自の文様を持ち、祖先を語る言葉を持ち（ユーカラ等）、自分たちは、人間らしくある人間（アイヌネノ・アン・アイヌ）だという誇りを持っていました。私は、そうして生き続けてきた人びとこそ真のアイヌであるということを、自分の身近な体験からうけとり、同胞をさけることなくともに向きあい、私たちは、ほろびたものでもなくほろぶものでもない、したがって屈辱を受けるべくして受けなければならない人びとではない、いまも生き、これからも生き続けるのだということを、はっきりと自覚し、人間の復権をさけぶことによってこそ、はじめて自覚や誇りがよみがえるのではないかと思うようになったのです。

そうして、アイヌ問題それじたいは、今日もなお、社会体制下の最下層に置かれているために、個人の自覚や小団体の力では、真の解放はほどとおいことではありますが、私たちは今日まで受けた屈辱は屈辱として、後から生まれ育ってくる子弟たち、あるいはその子孫に、汚名を残さないためにも、現在手を取りあっている同胞たちと一緒に、だいたんに、同胞に向かって、ウタリたちよ手をつなごうと呼びかけているのです。いまは少人数ではあっても、同族が多数手を取るなかで、主体的な、民族の高揚がうち出せるのではないかと、希望を持っています。

現在手を取りあっている同胞のなかで、それもとくに若い仲間たちは、その祖先が持った、うたや文様などに目をみはり、それを自らの手で守り育てるよろこびを感じています。アイヌ民族の生活のなかから、どの社会の人びとともも手をとりあえる、その思想なり、文化なりを高め、人間としてどう生きることが幸せなのかを語り合い、手さぐりしながら活動しています。ここで重ねて呼びかけます。アイヌウタリたちよ手をつなごう、と。

『文化評論』一九七四年四月号、新日本出版社

こうした呼びかけを行う一方、私は、東京都にどれぐらいのアイヌが住んでいるのかを知る必要があると考え、新聞投稿の翌年に、東京都議会に働きかけて、東京在住アイヌの実態調査の資金を出してもらうことを試みます。

東京在住のアイヌの多くは北海道での生活苦から、働き場所を求めて上京していました。私自身アイヌでありながら、アイヌの実状を具体的に知ることなく、ただ徒に上京後の時を過ごしていましたが、アイヌの身に迫る差別や格差について知り、アイヌ側だけの問題ではないと思い、世に問う必要性を感じたのです。

まずは同胞と共に、何故、私たちはそのような状況に置かれ、親元から遠く離れたこの大都会に暮しているのか、しかも、その生活は充実感に乏しく、その日の糧を得るのが精一杯という暮しです。同胞同志、集い、交流し、何とか解決できないだろうか、との思いでした。

けれども、最初は誰もアイヌのことに理解を示してくれる人はいません。私は、毎日都議会の面会所に出かけ、面会を申し込みました。その過程で、仲間が一人抜け、また一人抜けし、

最後には私ひとりになっていました。けれども、諦めず、根気よく陳情し続けた結果、ようやく東京都で「アイヌ実態調査」を行う予算がつきます。最終的には、当時の社会党が窓口となってくださいました。

翌年、東京都で初となるアイヌ実態調査が実施されました。実際の調査は私と数人の仲間が手分けして行いました。その結果は、『東京在住ウタリ実態調査報告書』[*1]にまとめられています。この時の調査では、結果として七百人弱のアイヌが調査に応えてくれました。しかし、実際にはその何倍ものアイヌが東京で暮らしていたはずです。その後、一九八九年に行われた第二回の調査報告[*2]では、アイヌと自己申告した人の数が二七〇〇人に増えています。

＊1『東京在住ウタリ実態調査報告書』東京都企画調整局調査部、一九七五年
＊2『東京在住ウタリ実態調査報告書』東京都企画審議室調査部、一九八九年

私はこうした調査の結果、その存在を知った東京在住のウタリたちへの呼びかけを続けました。けれども、悲しいかな、その呼びかけの主旨を理解してもらうことは、ほとんどできていなかったように思えます。「自分たちは、別に〝アイヌ〟として生きたいとは思っていない。せっかく東京に出てきたのだから、どうか放っておいてほしい」といった人が大半を占めていました。だから、私の呼びかけは、ほとんど空振りみたいなものです。何よりも、私自身が、私の内側にもそのような空虚がくすぶっていることを否定できないのですから。

そうした中でも日々は過ぎていきます。それは、これからの自分自身の身の処し方を考えなければ、と思い悩む日々でもありました。子どもたちは、それぞれ元気に育ってくれていました。長女の良子は、家族思いで弟の面倒をよくみてくれて、私の留守中の家を守ってくれていました。長男の剛士は、幼児の頃から野球が好きで、早朝の練習に、自分で起きて出掛けます。泥んこになって戻って来て、朝食をすませての登校です。

子どもたちが健康に育ってくれているのをいいことに、家庭のことは手薄になりがちでした。東京ウタリ会の活動を継続し、東京在住のアイヌへの呼びかけは続けていましたが、私は、私自身の内なるアイヌとどうにも決着をつけかねていました。いつしか、詩も書かなくなっていました。あんなに強く「大地にたつ」と書きつけたのに、その決意は砂上の楼閣だったのでしょうか。この頃、私はいつ終わるとも知れぬ深い混迷の中にいました。

私自身、迷いに迷っている中でも、娘が、やがて息子も高校生になります。息子は野球チームに入り、毎日が勉強と野球で、高校生活を謳歌していました。幼い頃からの野球少年だったのです。その息子剛士の身に、あるでき事が起きます。彼が高校二年生の時でした。息子の野球チームの仲間が、ある事件で退学という事態に追い込まれました。その後、彼は自ら暴走族となり、そこで起こしたトラブルで、少年院を経て、定時制高校へ入りました。

朝まで〝ゴーゴー〟を踊る

一九七五年頃、今にして思えば四十三歳頃、ちょうど実父を亡くした頃のことです。私は東京の国立市で、学生相手の小さな喫茶店を営むようになっていました。ところが、出入りしていた学生たちの学校が移転になり、客足がばったり途絶えてしまい、仕方なく店をスナックに切り替えて営業を続けていました。そんな時、私のスナックに出入りしていた同業の女性客の友だちに誘われ、店の営業を終えた深夜、福生市街にある別のスナックに向ったことがあります。私が運転する車に三人乗せ、その友人に促されるままに。

その店は、普通のスナックではなく、当時「ゴーゴー喫茶」と呼ばれていた類の店でした。店内に入るや、物凄いボリュームの音楽が耳に飛び込んできます。お腹にドスンドスンと響く低音のリズム。初めて出会ったロック・ミュージックの衝撃でした。店内は広く、客たちは、ロックのリズムに乗って、ゴーゴーを踊っています。アルコールが飲めない私はコーラを注文しました。

すると、私の身体に眠っていた何かが急に目覚めたように、得も言われぬ衝動に駆られました。自然に身体が動くのです。気がつけば、音楽に反応して踊っていました。夢中で身体を動かし、リズムをとっているのです。その夜は一晩中踊り続けました。

そんなふうに、コーラ一杯で一晩中踊り続けたエネルギーの源は、私の中で眠っていたアイヌの記憶なのかも知れません。かつてアイヌが、行事を行うにつれ、唄い、踊り、跳ねた記憶、そのめくるめく解放感が、私の身体の奥から蘇ってきたのではないかと思えるのです。

日本が戦争に敗けた後、日本人一人ひとりが戦前まで持ち合わせていた考え方は急速に薄れていきました。敗戦による占領、ＧＨＱ支配下のアメリカナイズ、海外から怒濤のように押し寄せてくる文化の洪水。そういった文化を受け入れていったことで、人は、かつて自分が持ち合わせていた考え方と今の在り様との間に、どうしようもないズレを意識せざるを得ません。かつての自分と今の自分、その間で揺れ動く人々。

アイヌもまた、時間が移り変っていく過程で、かつて保持していた文化を見失っていきます。その頃の私自身も、何かしらそのような閉塞感に捉われていました。それが、身体の内部から発振するように、突然動き出したのです。

かつて、アイヌの男たちも、祭りの時には活発に唄い、踊りました。けれども、長い間、アイヌ固有の祭りの文化は閉ざされ、文化は眠らされてきました。私もまた、東京での生活の彷徨の中で自分を見失っていたのかもしれません。しかし、この「ゴーゴー喫茶」での一夜は、私の身体の奥深くで眠っていたアイヌの血を揺り動かしたのです。

私自身、自分をもてあましていた頃のことです。

13　六十三歳で古布絵を発見

「古布絵」との出会い

一九七二年二月八日に『朝日新聞』の紙面をお借りして、同胞に向って呼びかけた記事「ウタリたちよ、手をつなごう」。この記事によって、私の、アイヌの同胞との交流が始まりました。一九七二年の冬、私は三十八歳。そして古布絵に出逢ったのは一九九六年の初夏、六十三歳の時です。その間、私が辿ったアイヌ同胞との関わりは二十五年に及びます。この二十五年間、あの呼びかけから、古布絵を見出すまで、同胞との交流は、当初企図した目的の成就にはほど遠く、私は悩み続けていました。

萱野茂（1926–2006年）

六十一歳の時（一九九四年）には、アイヌ詞曲舞踊団「モシリ」の東京公演実行委員会のメンバーとして全国ツアーに参加したり、その翌年にはアイヌとして国会議員になられた萱野茂*参議院議員を支援する会のメンバーと交流するために九州を訪れたりしていますが、私自身の内部の飢餓感は満たされません。

＊**萱野茂**（一九二六―二〇〇六）　アイヌ文化研究者（博士（学術））であり、彼自身もアイヌ民族。アイヌ文化、およびアイヌ語の保存・継承のために活動を続けた。二風谷アイヌ資料館（シシリムカ二風谷アイヌ資料館）を創設し、館長を務めた。アイヌ初の日本の国会議員（一九九四―九八年まで参議院議員）。在任中には、「日本にも大和民族以外の民族がいることを知って欲しい」という理由で、委員会において史上初のアイヌ語による質問を行ったことでも知られる。

ちょうどその頃、東京都内のKデパートで、北海道物産展が催され、北海道から友人がアイヌ民族の作品も出展していたので、会いに出掛けて行きました。同胞のAさんと親しく話していた時、自分の不甲斐なさに苦しみ続けていた私は、ある相談をしました。それは、もっとアイヌの文化を深く知るために、アイヌ民族の刺繍を基本から身に付けたい、ということでした。当時、Aさんは札幌在住で、アイヌ民族の世話人として行政などに働きかけている人でした。当時、アイヌ対策の一部門として、刺繍教室が開催されており、これは北海道に住むアイヌに限られたものでしたので、私はAさんに相談してみたのです。その結果、Aさんの計らいで、急遽札幌に赴くことになりました。

それは六十二歳（一九九五年）の秋のことでした。有難いことに、Aさんのお宅は大きな家で、私専用に、小さなキッチン、立派なバスルームと六坪ほどのお部屋を提供してくださったのです。Aさんの奥さんは同じ刺繍教室に通われていたので、奥さんの運転する車に同乗させて頂いての教室通いが始まりました。

一月から三月までは基礎刺繍、四月からはアイヌ刺繍による作品作りに移ります。まず手掛けたのは、アイヌ民族の冠婚葬祭用の着物の仕立てから刺繍に至る作品の制作でした。

そのような学びの日々の中、ある時、友だちに誘われて、デパートで催されている古布、ぼろ布の展示を見に行きました。デパート内にはさまざまなぼろ布が展示されていました。その中で壁に掛けられたA４程の額縁に収まった布絵二点に、私の眼は釘付けとなったのです。「えっ？　布の絵！　布で絵を表現できる！」この時、私は瞬間的に、幼児期から求めていた何かが、目の前に出現し、今この時とぴったりと重なり合っていることを感じていました。

ほんの幼子であった頃、まだ弟たちの子守をしなくてもよかった頃、いつも布遊びに興じていました。三センチ四方の布切れ数枚が私の遊びの友でした。白い布で丸い頭を作ってもらい、テルテル坊主の頭のようなものに、その数枚の布切れを着せ替え、飽きず繰り返し、布のお人

シマフクロウの古布絵（著者作）

形さんと遊んでいました。
少し成長して、弟たちの子守をいいつけられるようになり、やがて親のお手伝いをいいつけられるようになると、布遊びに興ずることは許されません。そんなわけで、少しでも自分の自由な時間を見つけては、誰にも邪魔されない場所で、こっそり人形遊びをしたり、書物を読んだりしていました。

田や畑で働くようになってからは、野良着が破れると、布当てして繕います。この繕うという行為こそが私の貴重な布を使った手作業の時間でした。絵を描けば「絵では食べていけない」と、文字を読めば「読んでいる時間があれば働け」と。追われ追われた時間の中で、それでも何かを創る、創作するということを望んでいました。読みたい、描きたい、そうした想いをずっと懐に仕舞い込んできました。

行く手には、厳しい生きるための営みが待ち構えていて、立ち入っては行き止まり、戻っては出直す、の繰り返しでした。こうして数十年、抱えきれない程の夢や希望は、ずっと懐の中に留まっていました。

そのように生きてきた私の心を、その二枚の絵は、一瞬にして、夢や希望に満ちた時へ呼び戻したのです。「A4程の絵が布で描かれている！」頭にカッと血が上った瞬間でした。

私は直ぐにでも、布や糸が置いてある我が部屋に飛んで帰りたい衝動にかられましたが、友だちと同道していたので、いくら感動したからとはいえ、勝手に一人で帰ってしまうのをためらい、はやる気持ちを抑えて、夕刻、彼女と別れた後、いそいそと部屋に戻りました。

しばらく布で描くその喜びの世界に浸っていました。そして、「そうだ！　フクロウを描きたい！」と思いつきました。なぜなら、あの三十八歳で思いを世に投げかけたあの時から、数々の願いを行政に請願してきましたが、壁は厚く、行政は視界を閉ざし、アイヌの存在はほとんど無視された状態が続いていました。そうだ、アイヌの村に住むシマフクロウの眼を真っ赤につくり「アイヌはここにいるよ、見えますか？」という意味を込めて描こう、と思い立ったのです。シマフクロウに託したいと気づいたのです。

これが布絵と創作シマフクロウとの出逢いでした。そして、これまでの私の活動と創作の世界が交わり、重なった瞬間でした。

出会いと縁によって開けた世界――アイヌの表現者として起つ

私はやっぱり神様《カムイ》を信じていますから、どこかインスピレーションを優先して生きてきたという想いがあります。窮地に追い込まれたときに、天に向かって語りかけると、インスピレーションがぱっとおりてきます。即座に受け止めると、つながるのです。

出会いというのはたくさんの不思議を生み出すものですが、私にとっては、人との出会い以上に、この古布絵との出会いが最も強烈な変化をもたらしてくれました。

私も物事を疑ったことがいっぱいあり、そのことで、全部自分は罰を受けていると思っています。和人と関わったことによって生じた悪い癖、たくさん疑うことを知ってしまいました。たとえばボーイフレンドができた時など、注意の信号がおりて来ます。そんなふうにカムイがぱっと教えてくれたのに、付き合ってしまったこともあります。

結婚についても、さんざんカムイが教えてくれたのに、なかなかその声に従えませんでした。今では宇梶家のカムイが、私を呼んでくれたのだと思っていますが。宇梶のお母さんが私を見つけてくださったことが、今につながったからです。宇梶のご先祖様の魂が呼んでくれたのじゃ

アイヌ民族の心 布絵に

浦河出身 東京在住の宇梶さん

故郷で初の作品展

依頼の電話に「涙が出た」

【浦河】町出身でアイヌ民族の布絵作家、宇梶静江さん(六四)=東京都国立市=の作品展が二十二日、町立図書館で始まった。故郷では初の作品展で、道内でも昨年八月の札幌に続いて二回目。「生まれ育った浦河で作品展が開けるなんて…」と感激の面持ちで、二十八日には同図書館で語りの会も開く。

開催初日に駆け付け「浦河憧憬」を前にする宇梶さん

宇梶さんは姉茶の農家に生まれ、二十歳まで浦河で過ごした。アイヌ民族のため「小学校時代は、作品をみんなの前で紹介してもらえないなど、いじめ、差別を受けてきた」という。進学のために浦河を離れ、東京へ移り住んだ後に、東京ウタリ会(現関東ウタリ会)を結成、いわれのない差別からの解放を呼びかけてきた。

布絵に本格的に取り組み始めたのは、約二年半前。和服地に何種類も生地を縫い付け、アイヌ民族の伝統的刺しゅうを織り込む独自の手法だ。

作品展には、民話や和人による行為などを表現した布絵のほか、羽織や壁飾りなど、友人たちの作品も含め約四十点を展示している。

これまでたびたび里帰りしていた宇梶さんだが、「依頼の電話を受けた時、先祖が呼んでくれた気がした。すごく感動して、涙が出ました」。早速、作品展のために、シマフクロウが飛び立つ姿とアイヌ刺しゅうを織り込んだ「浦河憧憬(どうけい)」を製作。「浦河にエネルギーを、という気持ちで作りました」という作品は、同図書館に贈られることになった。

宇梶さんの語りの会は、二十八日午後七時からで、入場無料。アイヌ民族として生きてきた経験などを語るほか、即興の歌も披露する。

作品展示は十一月二日まで。

『北海道新聞』(1997年10月24日夕刊)

ないかな、と子どもたちにも話しています。それほど好きというわけでもなかったのに。私、宇梶という人を疑っていました。

私が六十四歳のとき、夫は亡くなりました。彼は六十五か六でした。形では二歳だけど、実際夫との年齢の差は一歳半ぐらいでした。古布絵との出会いは、夫の死の前年ですから、今にして思えば、夫の死と引き換えにしたような出会いです。

私は、夫の死の前年(一九九六年)から、古布絵作家として、作品の展示活動を始めました。最初に個展を開いたのは、札幌市の「市田ギャラリー」でした。それが私の古布絵作家としてのデビューです。

その翌年(一九九七年)には長野県飯田市を皮切りとして、全国巡回個展を千葉県八街市、広島県福山市、和歌山県の高野山別院、神奈川県横浜市、そして私の出身地である浦河町の図書館等々、その翌年には沖縄でも開催しました。この巡回展を開催している最中に夫は亡くなります。

しかし、私はもう立ち止まろうとはしませんでした。長い間の餓えを満たすかのように、精魂込めて作品を制作し、それをアイヌの表現として皆さまに見て頂く。その歓びこそが、長い間私が追い求めてきた私自身の生きる道だと感じていたからです。私は六十三歳にして、ようやく、かつて詩にも書いた「大地にたつ」ことを実践できるようになったのだと思います。

また、作品の展示と合わせて、私自身がどのようにして古布絵という作品表現にたどり着き、アイヌとして表現をするようになったか、その来し方を振り返る話を「アイヌに生まれて」と題して語らせて頂く、講演活動を行うようにもなります。

このような活動は、古布絵との出会いがなければ、決して開けることはなかったでしょう。そういう意味では、主婦としてくすぶっていた私を見かねた夫が、自分と引き換えにめぐり合わせてくれたのかもしれません。

折しも、この一九九七年の七月一日には、「北海道旧土人保護法」が廃止され、「アイヌ文化振興法」が公布されます。アイヌを取り巻く情勢が、大きく変わろうとしていたのです。

フジタヴァンテミュージアムがあったフジタ旧本社ビル

アイヌのファッションショーの思い出

一九九九年の年の瀬には、東京の渋谷区千駄ヶ谷にあった「フジタヴァンテミュージアム」で「イランカラプテー　アイヌ展——宇梶静江・古布絵の世界——」という個展を開くとともに、その会期中に、首都圏在住のウタリたち

捨子物語　和人の子を育てるアイヌ③（古布絵作品、1996年）

をモデルに起用して、アイヌ刺繡を用いた衣装作品のファッションショーを開催しました。

このミュージアムは、明治神宮の北参道にあった、フジタという建設会社の旧本社ビルの中に企業メセナの一環として作られていた博物館でした。その後すぐに外資系になってしまい、今ではその跡地は更地になっています。

その時、私には二カ月分の年金が手元にあり、それを知ってか、知らずか、多くの首都圏在住のアイヌが、大人から子供までファッションショーのモデルになってくれました。私は、モデルになってくれた人に、謝礼として一万円ずつ差し上げましたが、そうしたら年金分のお金はきれいになくなってしまいました。

そこで「さあ、どうやって正月するべ？」と思い悩んでいたら、知り合いの和人の女の人がどん、と寄附してくれて、それで正月ができました。

アイヌの表現者としての活動を展開していても、経済的には、そんなふうに火の車の状態で、自転車操業が続く日々でした。

14　世界の先住民族として

久しぶりの詩作——イフンケ（母地球）

年が明けた二〇〇〇年、私は、久しぶりに詩を書きました。一九七二年以来のことですから、実に二十八年ぶりのことです。けれども、その詩の言葉は、かつて詩を書いていた時のように私の内部から迸り出てきたような激しいものではなく、天から零れ落ちてきた言葉の雫を、静かに私が受け止めて書き留めたような言葉です。これ以降の詩は、みな、そんなふうに書き留めてきたものです。

イフンケ（母地球）

アルラッサーオホホオ
母はいつもここにいて
子守唄を唄っているよ
元気で暮らしているかい
どこへ行ってても何をしていても
身体を大切にしておくれ
もしも道に迷ったり
苦しいことがあっても
あなたに渡した絆という名の
あの縄を
決して決して離さないでおくれ

アルラッサーオホホオ

地上を歩くものたちも
地下に生きるものたちも
空を舞うものたちも
水に生きるものたちも
共につなぐ生命の縄を
思い出しておくれ
いとしい子ら

アルラッサーオホホオ
共につなげる生命の縄に
もしもどこかで
傷つくことがあっても
痛みは共に伝わるよ
いとしい子らよ

アルラッサーオホホオ

忘れるなよ
あなたが悲しみに逢った時
絆という名のその縄を
きっと心でにぎりしめ
共に絆をとりあって
分かち合おう
すべてのものに
地球と言う名の母さんが
あなたに手渡した
生命の縄を

アルラッサーオホホオ
忘れるなよ
離すなよ
いつも母さんはここにいて
唄っているよ子守唄を

握っているよ
絆の縄を

いうなれば、この「イフンケ（母地球）」という詩は、私の詩人としての再出発の契機となった作品です。この詩の背景には、私がアイヌの叙事詩・ユーカラに深く親しむようになったということもあるかもしれません。そして同時に、古布絵と出会って以来、何か大きな波動が私を後押ししているという感じがしていて、それがこの詩のような言葉となって立ち現れてきたのです。

古布絵を通して私が描いているのはユーカラの世界です。普通の詩――私がかつて「詩人会議」に発表していた詩もそうですが――は個人の想像力から生まれる創作物ですが、ユーカラはそんなものではありません。それは既にして完全な調和を内包している世界です。私が付け加えるようなことは一切ありません。私にできることは、ただ、その形を掘り起こすことです。時々彫刻家の方が、自分が彫るべきものは、樹木や岩石の中に予め埋め込まれていたものであり、自分はその形を掘り起こしているだけだ、といったことをおっしゃいますが、私が古布絵を描く作業も、それらの彫刻家の方々が行ってきた作業に近いのではないかと考えています。そして、この作品は、そのように古布絵を描くような方法で書かれた初めての詩作品です。

ハーバード大学での講演

「イフンケ」を書いた翌年、私は、弟の浦川治造、ウタリで木彫家の星野工[*1]と共に、米国の先住民支援NGOの招きを受け、訪米することになりました。米国のボストンを訪れ、同地のハーバード大学とマサチューセッツ工科大学（MIT）において、ウェザーヘッド国際問題研究所[*2]主催の講演会で、「アイヌ――私たちのアイデンティティと望み」と題する講演を行うことになったのです。

少し長いですが、この時の講演記録が残っているので、読んでください。

＊1　**星野工**（一九五五―）　北海道浦河生まれ。貧窮の幼少期は学校に通いながらも様ざまな肉体労働をする。中学校卒業後に上京するがその後、北海道に戻りアイヌ手工芸品・土産物屋で働きながら、アイヌの長老より木彫りを学ぶ。また、アイヌの伝統的な刺繍技術を学び、彫刻・刺繍アーティスト、そしてアイヌ活動家となる。樺太のアイヌとの文化交流を皮切りに、オーストラリア・タスマニアを訪問し、アボリジニとの文化交流、スカンジナビア半島北部の先住民族、サーミとの文化交流を行う。

＊2　**ウェザーヘッド国際問題研究所**（Weatherhead Center for International Affairs）　一九五八年設立。ハーバード大学に設置されているこの研究センターは、複雑な国際的問題、多国籍かつグローバルな問題、およびそれらの比較問題等に立ち向かうことに専念するために運営されている。

アイヌ――私たちのアイデンティティと望み

宇梶静江

講演に先立ちまして、まず今回の訪米のきっかけを作って下さった、この北米大陸の先住民族のトム・ドストウさんにお礼を申し上げたいと思います。そして、イアン・マッキントッシュさんをはじめとするカルチュラル・サバイバルの関係者の皆様、そして今日ここに集まって下さった皆様にお礼を述べたいと思います。そして、最も大事なことですが、海を越えてやって来た私たちアイヌを受け入れてくれたこの「亀の島」の大地に深い感謝と敬意を捧げたいと思います。さらに、この世界に存在する万物に対して、アイヌの感謝の言葉である「ヤイライケレ」を捧げたいと思います。

私たち三名は北海道の同じ町の出身です。私は宇梶静江と申します。現在関東圏に住み、アイヌ刺繍家としての仕事をしながら、アイヌの運動にかかわっています。私のとなりにいるのは、私の弟の浦川治造です。現、東京アイヌ協会の会長です。そして、そのとなりが星野工です。彼はアイヌ木彫家です。このふたりからは、私のあとに、話してもらおうと思います。
私の両親は伝統的なアイヌでしたが、私たちにことさらアイヌ文化を教え込もうとはしませんでした。むしろ、日本人の社会に適応できるような人間に育てようとし、私たちを守ってくれました。しかし、両親の日々の生活ぶりが私にアイヌとは何かということを教えてくれました。

太陽の神が見ているから、間違った行いはしてはいけない、他の動物に負担をかけてはいけない、自然の恵みを全部取ってはいけない、といったことを繰り返し、繰り返し教えてくれました。日常の言動のなかで、アイヌの生き方、価値観を数え込まれたのです。両親はこんなことをよく言っていました。火のそばで熊の悪口を言ってはいけない、火の神《カムイ》と熊の神は仲がいいから、悪口を言ったことを熊に話してしまう。そうすると、熊が怒って、人間の狩人に捕まってくれないと。アイヌは、自然の森羅万象、あらゆる動植物、人間が使う道具に神《カムイ》が宿っていると信じています。その神々が私たちを庇護や恵み、ときには試練を与えてくれます。

しかし、そのカムイは絶対的な存在ではなく、間違いを犯すこともある人間的な神です。

カムイと人間の関係は、カムイは私たちに生きる糧を与えてくれ、私たちはそのことに感謝して、カムイが喜ばれるものを捧げるという、相互的な関係です。アイヌのモラルとは、そうしたカムイに恥じない人間となる、生き方をするということです。

私はこうしたアイヌの考え方が当然のものとして育ちました。しかし、上京して、和人の世界に住み、和人と結婚してみると、アイヌの考え方が和人の考え方といかに違うかを思い知らされました。和人の世界は建前と外見が優先する世界のように私の目には映りました。どんな学校を出ているか、どんな服を着ているかで、人間が判断されてしまいます。私の夫は建築士でしたが、私が結婚したとき、日本は戦後の高度成長期で、夫は仕事に忙しく、私は夫の背中ばかりを見て、暮らしていました。お金やお金で買える物質が幅をきかす、人間としての優しさよりも物質主義が優先する社会の現実を見ることによって、私は初めて自分のアイヌ性を自覚したと言えると思います。

しかし、自分がアイヌであることを強く自覚することが、ただちにアイヌ運動に直結したわけではありません。そこにたどり着くまでにはいろいろな紆余曲折がありました。あるとき、主婦を中心とする消費者グループが街頭デモをしているニュースを見たことがきっかけになり、自分にも何かができるかもしれないという気持ちになりました。私は詩を書き始めました。言葉がまるでしずくのように、一滴、一滴としたたって来たんです。全くの素人の作品なのに、幸いにもたくさんの詩人が、「すい星のように現れた詩人」などという大げさな言葉で私の詩を誉めてくださいましたが、私自身はアイヌ民族のことをテーマに詩を書けないことが心理的なプレッシャーになって、何作かを発表したあと、書くのを止めてしまいました。私が三十歳のころです。

それから、数年のあいだに、関東圏に住むアイヌが団結する必要があることに気づき、『朝日新聞』に「同胞よ、団結しよう」という記事を投稿し、反響を呼びました。当時は、アイヌであると名乗り出ても、差別や就職の不利につながるだけで、なんの得にもならないという気持ちがアイヌに強く、自分がアイヌであることを公表している人はわずかでしたから、東京都に何人のアイヌがいるかということさえもがわからなく、それでは団結しようにもできないという状態でした。

そこで、私はまず東京都にどれぐらいのアイヌが住んでいるのかを調べることから始めようと思いました。そこで、新聞に投稿した翌年の一九七三年に、東京都議会に働きかけて、東京在住アイヌの実態調査の資金を出してもらうことに成功しました。しかし、そのためには血のにじむ努力がありました。当時の都議会の与党は自民党で、アイヌのことにはほとんど理解を示してくれませんでした。私は、拒まれても、拒まれても、毎日議会の面会所に出かけ、面会を申し込みました。その過程で、仲間が一人抜け、また一人抜けし、最後には私ひとりでした。

そうした努力ののちに、ようやく議会でアイヌ実態調査に予算がついたのです。一九七四年にアイヌ実態調査が実施されました。調査は私と数人の仲間が手分けして行いました。その結果、七百人弱のアイヌが調査に応えてくれました。しかし、実際にはその何倍ものアイヌが東京で暮らしていたはずです。一九八九年の第二回の調査ではアイヌと自己申告した人の数が二七〇〇人に増えています。しかし、実際にはその倍近くのアイヌがいると言われています。

私たちが行ったアイヌ実態調査がおそらく関東圏のアイヌ運動のはしりだったのではないかと思います。それをきっかけに関東ウタリ会というグループが結成され、いまでは四つの団体があります。九〇年代に入って、アイヌ料理の店をアイヌの手で作ろうという運動が起こり、いまから七年前に東京にアイヌレストランがオープンしました。

しかし、私個人のアイヌの道を探る旅はそれで終わったわけではありません。アイヌが社会的に認知されるように運動する一方で、自分の心のなかにあるアイヌとは何か、それをどう表現すればいいのかということをずっと考え続けていました。

思い起こせば、私は小さいときから、感覚的な、感受性の強い女の子で、言葉や絵に強い関心を持っていました。画家になるというのが子供のころの夢でしたし、実際に有名な版画家に弟子入りしたこともあります。アイヌ詞曲舞踊団「モシリ」について全国を回ったこともあります。

一九九六年に北海道のウタリ協会が主宰するアイヌ刺繡教室に入りました。一年間東京から北海道に通い、伝統的なアイヌ手芸の技法を身につけました。私が六十三歳のときです。アイヌの刺繡を学ぶことによって、ようやく私の心にあるアイヌの道が形となって見えてきたのです。アイヌの文様は大地のエネルギーだということに気がついたのです。アイヌ刺繡の糸の文様と縄文土器の縄目の文様と同じではないかと気づいたのです。縄文土器には人間のエネルギー、大地のエネルギーが満ち溢れています。アイヌ刺繡はそれを受け継いでいるのです。私が追い求めていたものがようやく見つかった気がしました。アイヌ文様は生きるための大切なもの、完璧なもの、カムイが人間の時間に乗って、私たちのほうに向かって来られている、理想という贈り物を携えて——私にはアイヌの文様がそのようなものに見えるのです。

私は伝統的なアイヌ文様を刺繍するだけでなく、アイヌの世界を表現する新しい方法にも取組みました。それは和服の古い布にアイヌの物語を表す図案を縫いつけるというもので、染めを強調する和服の布と糸目を強調するアイヌ刺繍それぞれの良さを組み合わせようと思ったのです。この方法によって、私はアイヌの物語を布と糸で語ることを始めました。この物語は私の心のなかに浮かんできた、私自身のアイヌの物語です。

和服のうえにアイヌの文様や絵を縫いつけるという行為は、ふたつの人間集団が共生することの象徴です。アイヌであっても、和人であっても、人間です。大事なことは人間としてつながることだと思います。そうした日がいつか来ることを私は願っています。そのためにはまだたどらねばならない道があります。アイヌが自立し、奪われた権利を回復し、自らの民族に誇りを持つことが出来るようになったとき初めて、和人と共生することができると思います。

一九九七年に「北海道旧土人保護法」が廃止になり、いわゆる「アイヌ新法」が誕生しました。この法律はアイヌ文化を振興し、研究を推進するための法律です。この法律によって、アイヌ文化振興・研究推進機構というものが出来、さまざまな活動に助成金を出しています。アイヌ文化アドバイザーに認定されたアイヌは、要請があれば、財団のお金で全国の学校などに出かけていくことができます。そうした形で、アイヌ文化が一般に認知されるようになることはいいことだと思います。

しかし、アイヌ文化アドバイザーに認定されないアイヌにとっては、なんのメリットもありません。つまり、アイヌを、助成金というお金にありつけるアイヌと、ありつけないアイヌに分断する法律でもあるということです。さらに、アイヌの文化振興を唱えながら、その文化の基盤となるアイヌの生活、先住民族としてのアイヌについてはなんの規定もないということはもっと大きな問題です。

私たちはこの法律、それによって出来た財団のメリットを理解し、活用しながらも、それにとどまらず、さらに前に進む必要があります。これまでの政府によるアイヌ対策は、北海道ウタリ協会によるウタリ福祉対策、そして一九九七年以降は、アイヌ新法とアイヌ財団による文化振興・研究推進というふうに、進められて来ました。生活の基盤を強化する福祉対策は重要ですが、それは自立を目指すものでなくてはなりません。文化振興はアイヌの生活が安定して初めて実現するものだと思います。これまでは、アイヌの自立を目指すアイヌ総合施策というものは存在していませんでした。

いま必要なのは、アイヌ自立のための総合的なプロジェクトです。私はいま、そうした総合プロジェクトとして、アイヌのイニシアチブによるアイヌ学校設立を構想しています。具体的な計画はこれからですが、以下のような学校にしたいと思っています。

①関東圏のアイヌが力を合わせて、アイヌ文化の継承と保存のための学校を作る。

②この学校はアイヌによる、アイヌのための、アイヌの学校である。すなわち、アイヌ文化継承・保存のためにアイヌが経営・運営し、アイヌが教え、アイヌが学ぶ学校である。学校の建設、運営、教育すべてをアイヌの手によって行うことによって、アイヌに雇用の機会を与えることになる。

③この学校を卒業した者を行政職員として、地方自治体が積極的に採用する仕組みを作る。

こうした学校を作るためには、世界の先住民族がすでに作っている民族学校のことを勉強する必要があります。また、カルチュラル・サバイバル、あるいは今回訪問する機会を与えられた教育・研究機関にもなんらかの支援をいただきたいと心からお願いいたします。

北海道には二万四千人ほどのアイヌがいますが、東京には約五千人のアイヌが暮らしていると予想されます。けれども、その半数近いアイヌは、自分がアイヌであると名乗っていません。名乗ってもなんの利益にもならないという気持ちもわかります。東京に住む和人の大半は、アイヌの歴史や文化について無知です。二十一世紀に入った現在でも、政府はアイヌを先住民族として正式に認知していませんし、アイヌに対する差別もなくなっていません。こうした状況を打ち破る力を私たち自身が持たなければなりません。その力は外から与えられるものではなく、自分たちの内部から沸き起こってくるべきものです。私がいま構想している学校がそうした力をアイヌに、とくに若いアイヌに与える場になるはずです。

いま私たちは、現代文明のなかで、人間とは何か、人間らしい生き方とは何かを問われています。私はアイヌとして、そうした問いに誠実に向き合いたいと思います。アイヌの精神性は現在地球が抱えているさまざまな困難に光を投げかけることができると思っています。その光はアイヌのみの光ではなく、世界に存在する三億の先住の民の光でもあると思います。そして、その先住の民の光は、人間であることの根源から生まれてくる光なのだと思います。

今日ここで皆様にお話する機会を与えられたことをとても光栄に思います。ここにおられるすべての兄弟姉妹に私の心からのヤイライケレ、ありがとうの言葉を送り、私の話を終わらせていただきます。

（二〇〇一年四月二十五日　於ハーバード大学アダムスハウス）

この訪米体験は、私に、世界の先住民族としてアイヌも生きていることを悟らせてくれるとともに、広く世界を眺め渡す機会を与えてくれました。アイヌは紛うことなき先住民であり、世界の中で、先住民としての務めと役割を果たしていかなければならないと思うようになったのです。当然、先住民としての権利は、先住民として生きることにおいて生じるものです。そして、改めて「人間＝アイヌ」の意味と、アイヌが長年月に渡って口伝えてきた精神性を深く考えるようになったのです。

海外歴訪の日々と先住民としての自覚

この訪米以降、十一月には、福島県いわき市美術館にて、オーストラリア先住民族アボリジニの画家バーバラ・ウィア*さんと対談させて頂きました。

著者たちの来訪を報じた『ボストン・ヘラルド』紙（2001年4月25日）、**ライフスタイル欄**（発行部数50万部）

＊　**バーバラ・ウィア**（Barbara Weir）　一九四五年頃、オーストラリアのアリススプリングスの北東ユートーピアに生まれた女性。アボリジニの母とアイルランド人の父を持つ。一九九〇年ごろから、アボリジニ社会と白人社会との狭間に立ち、独創的なスタイルの絵画を発表し、大きな注目を集め、オーストラリア国内はもとより海外でもその評価は高い。

その翌年（二〇〇二年）には、アイヌ衣服文化に関する調査団にオブザーバーとして参加し、ドイツの大学、博物館を訪問し、ミュンヘン市＊では講演もさせて頂きました。私の六十代は慌ただしく暮れていきます。

＊　**ミュンヘン市**（München）　ドイツの連邦州であるバイエルン州最大の都市であり、同州の州都。イーザル川河畔にありバイエルンアルプスの北側に位置する。人口一四七万人（二〇一八年時点）。

タウンズヴィルのトニー・ムーニー市長と（2003年5月）

七十歳となった二〇〇三年には、五月に福島県いわき市の海外姉妹都市との文化交流の一環としてオーストラリア、タウンズヴィル市*を訪問し、古布絵の作品展を開催するとともにワークショップや、大学での講演、ラジオ出演などを行い、アボリジニの芸術家と交流を深めました。その七月には、アイヌ工芸作品コンテスト（一般部門）で刺繍古布絵作品「せみ神様のお告げ」に優秀賞を頂きます。八月には、ユーラシアン・クラブ主催のロシア東部地域訪問に参加し、現地の先住民族との交流を深めています。

＊ **タウンズヴィル市**（Townsville） オーストラリアのクイーンズランド州北東岸に位置する港湾都市。ノーザン・クイーンズランド地方最大規模の都市であり、クイーンズランド州北部のみならずファー・ノース・クイーンズランド地域およびノース・ウェスト・クイーン

ンズランド地域をカバーする経済、交通、政治、教育、軍事の中心となっている。人口約十九万人（二〇一七年時点）。

こうした慌ただしい外国訪問に一区切りがついた二〇〇四年、私は次のような詩作品を書いています。

光への道

天へと続く　光の道へ
母や父　姉や兄
友さえも見送り
遠く深きときより
未来へ敷かれた
道しるべの縄をたどり
人が行く
森羅万象を心に秘めて

殺りくをいましめ
欲望を灯りに変えて
人がなす人が出来る
森羅万象を道づえに
人が人として生きる
縄をないながら

後から後から
生まれ来る者たちが
たどりたどれる　人が行く道
やがてたどる
光の道へのその途まで
遠くより来て　未来にのびる
地上への道しるべ
その縄を

心でにぎりしめ
離すことなく
離れることなく

二〇〇四年三月

それでもなお

傷ついて　ぼろぼろで　汚れているのに　ああああ――
それでも　きれいで純粋で
生きていこうとする　生きていこうとする
まっすぐに　前をみつめて　生きられた日々――

疑うことの知らないままに　歩きつづけたのだけれど
引き返すことも　進むにはあまりにも険しく
ちりぼこりにまみれ　泥だらけ　よごれすぎた
通りぬけるには　あまりにも険しく

いつのまにか　しみとなり　傷となり
まっすぐ先を　みすえるには　まぶしすぎて――

それでも　なお
純粋に生きていきたいと　思い続けるのです
すくんだ足が動くように
まっすぐ前を　みつめて進めるように
傷ついた足をさすります――

二〇〇四年三月三十日

「イフンケ（母地球）」もそうですが、「光への道」には縄文から続いている命の流れの象徴として、縄のモチーフが登場しています。「糾える縄のごとし」という日本語がありますが、縄という形象には、何か不思議な象徴性があります。縄は、私にとっては糸でもあり、絆でもありますが、それ以上にアイヌが伝えてきた時《とき》の象徴でもあります。そこに流れているのが、命の川ではないかと思っています。

一方、「それでもなお」は、この頃書いた詩としては珍しく自分を顧みている部分が強く出ている作品です。

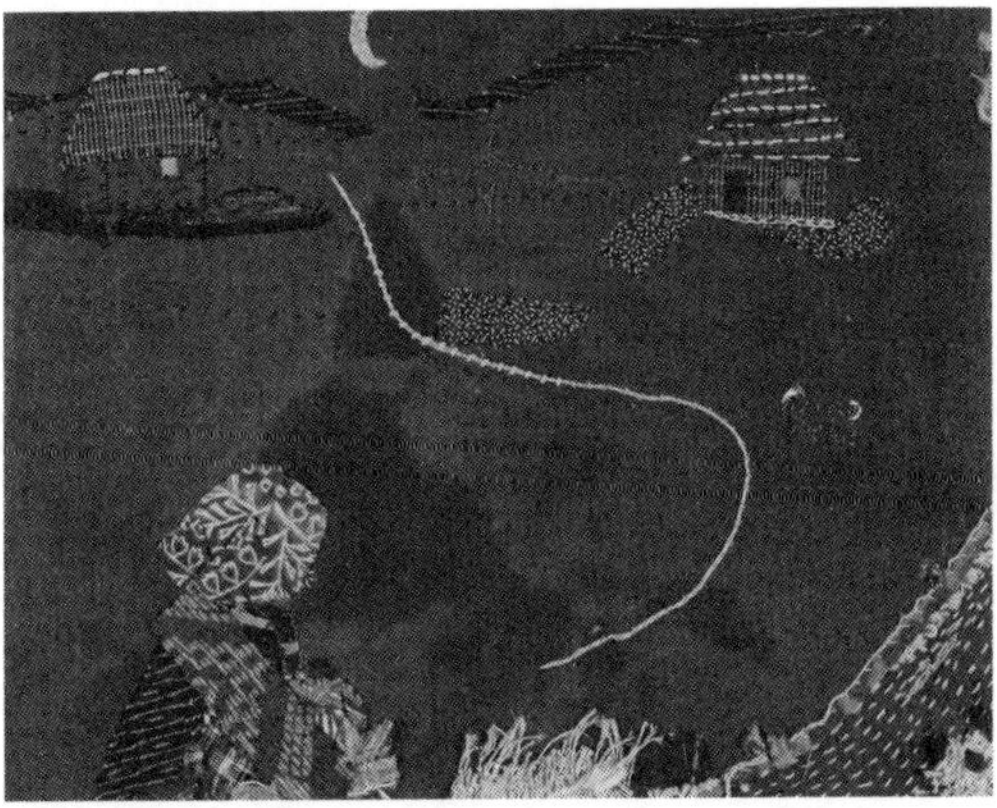

捨子物語　和人の子を育てるアイヌ①（古布絵作品、1996年）

この時、私は七十一歳になっていましたが、休むことなく、古布絵の制作を続けながら、それを携え、各地で展示、講演活動を行っていました。このような活動が評価されたのか、十月には、財団法人アイヌ文化振興・研究推進機構*から、「アイヌ文化奨励賞」を頂くことになります。

＊**公益財団法人アイヌ文化振興・研究推進機構**　現在の公益財団法人アイヌ民族文化財団の前身。アイヌ民族に関する研究、アイヌ語やアイヌ文化の振興、アイヌの伝統等に関する普及啓発等を目的として一九九七年に設立された。

日本初の先住民族サミット

その後、同成社という出版社から、古布絵を素材として用いた『カムイ　チカプ　カムイ「神さまの鳥シマフクロウ物語」』と『アイヌの治造物語　思いはこずえにつなげて』という絵本を出版しました。これらは、やがて、福音館書店から出版する『シマフクロウとサケ』(二〇〇六年)、『セミ神さまのお告げ』(二〇〇八年)、『トーキナ・ト』(二〇〇八年、津島佑子と共著)と続く日本傑作絵本シリーズへとつながっていきます。

そして、二〇〇八年六月六日　衆参両院は全会一致で、「アイヌ民族を先住民族とすることを求める決議」が議決します。これは、立法府である国会が、行政府である日本政府に対して、アイヌ民族を先住民族とするよう「求めた」決議です。一歩前進というところではありましたが、もともとの決議案が「アイヌ民族を先住民族とする決議」であったことを考えれば、日本の統治機構の煮え切らない狡猾なやり口が透けて見えます。

国民の代表であるはずの国会議員によって政治の内実を決定するのは本来立法府の仕事です。一方、行政府は、立法府の決定を執行するための機関であり、その担い手である官僚は国民を代表するものではありません。アイヌ民族が先住民族であるかどうかの判断を避けてきた行政府に立法府が突きつけるべき決議は、やはり「アイヌ民族を先住民族とする決議」であったはずです。しかし、現実に行われたのは「アイヌ民族を先住民族とすることを求める決議」なのです。まだまだアイヌ民族の苦難は続くのです。

この年の七月には北海道の洞爺湖でサミットが行われましたが、それに先立って、日本初の「先住民族サミット」が開催されました。次にお示しする文章は、その時に発表させて頂いたものです。

アイヌモシリから世界の先住民族に見た「解放感」（二〇〇八年七月）

洞爺湖サミット開催前の七月一日〜四日「先住民族サミット」に共同代表の一人として参加した。十二カ国から二十二名の先住民族が参加した。スケールの大きな方々の参加は大いに私を驚嘆させた。これまで私は、海外の先住民族会議に参加をしてきました。オーストラリア、アメリカ、ロシアに行ったりしていましたが、こんな大勢集まって出会うのは初めての経験でした。アイヌとの違いを感じ「解放されている」という印象を受けました。

また、グアテマラからの参加者のお話は、アイヌと似ていました。国による弾圧の仕方が似ていると思った。多くの海外からの先住民族は堂々として、躊躇したところがないという印象を受けました。私たちの親世代のアイヌはアイヌとして堂々としていて、彼らのような雰囲気を待っていました。たとえば「歌って」といえば歌うし「お話して」といったらしてくれるという安心できる、懐の深さがあった。自分たちの生きるためのプライド

We will gather at the Indigenous Peoples Summit before the G8 summit in Hokkaido. Together with indigenous peoples from around the world we will send out a message for the earth and for our collective future.

Ainumosir otta
Hoski wano
Okay Utar Ukoytak
2008

We are Indigenous peoples!

An estimated 370 million Indigenous peoples span the globe today We are all friends living on the Earth.

'Don't look, don't touch, don't come too close.
Don't let them see, don't let them touch, don't let them get too close.'

Can you imagine how these messages influence the future of our children?
Now, the time has come to speak the truth,
to reconsider where we are, and face towards the future.
Within the actual histories of Indigenous peoples around the globe,
truth and human wisdom can be found, I believe
Knowledge from the contemporary world and wisdom from the Indigenous world –
The two compliment one another and move forward toward the future
Anticipating the possibilities – isn't it inspiring?
There is a seat waiting for you
Here in this circle we are all connected
This is the Summit we envision sharing with you

Yûki Kôji (IP Summit, Executive Director)

We invite Indigenous peoples from all over the world to join us in discussing the issues most important to us all: our environment, the recovery of our rights, education, and empowerment. Based on our discussions, we will present an Appeal from Indigenous peoples to the G8 leaders, the summit chairpersons and the government of Japan.

Schedule

July 1 (Tue): Biratori Chuo Kôminkan*
9.30am – 5.00pm Opening Ceremony; Keynote Speech; Presentations
* Address: 88-1 Honcho, Biratori-cho, Saru-gun

July 2 (Wed): Biratori Chuo Community Center /Sarugawa Rekishikan* / Shigeru Kayano Nibutani Ainu Culture Museum**
9.30am – 5.00pm Session meetings on main themes; Workshops / Fieldwork
* Address: 227-2 Nibudani, Biratori-cho, Saru-gun
** Address: 79 Nibudani, Biratori-cho, Saru-gun

July 3 (Thu): Nibutani and Sapporo*
9.30am – 12.00 Wrap-up Workshop at Biratori
12.00 – 2.30pm Trip to Sapporo Pirka Kotan
3.00pm – 600pm Music Festival at Pirka Kotan
*Address: 27 Kogane-yu, Minami-ku, Sapporo

July 4 (Fri): Sapporo Convention Center*
1.30pm – 5.00pm Plenary Session; Adoption of Indigenous peoples Declaration
6.00pm – 9.00pm Indigenous peoples Music Festival
*Address: 6-1 Higashi-Sapporo, Shiroishi-ku, Sapporo

Message from Ainu Community Elders

Tôyama Saki

As an old woman at the age of 80, when I think that I was born as Ainu only to be discriminated against and then die... my emotion runs up my throat and almost bursts into the sky.

I have lived my life through clenched teeth, in frustration and embarassment. People have asked me, "Why do these people called Ainu exist?" Racism, prejudice, have you any idea of the wounds inflicted by these?

And Ainu, Ainu have said nothing in protest. We are treated like so much trash and yet we just endure it. I don't know how much longer we can keep our silence.

Everything stems from the Japanese government. If the Japanese government would only recognize Ainu as indigenous peoples, everything will change. Young Ainu: I beg you, please listen to this prayer from an old woman. I ask that you fight for this and that you endure.

To prevail in this please remember: Even though you are young, you are still Ainu. Don't mimic the ways of Wajin. Ainu should fight the Ainu way. The Japanese government and all of Japan must recognize that the Ainu People are still here, and that we are stronger than ever.

Ukaji Shizue

Since the Meiji Era, laws have stripped us of everything. What we have lost are not only our rights but also the natural environment too.

Having no means to recover all that we have lost, all we can do is to continue hoping and praying - someday, someday – and gazing on while humans and the natural environment continue to be destroyed.

However, together with many generations of people around the globe who have held on to this hope, we combine our collective energies and launch the Indigenous Peoples Summit.

For me, this Indigenous Peoples Summit gives us the means to restore a natural environment that was on the road to devastation. Launching the Indigenous Summit together with the next generation, restoring the natural environment for the next generation, and being able to take part in this endeavor, I am filled with gratitude.

Note: This schedule is subject to change without notice.
For the latest information please refer to our website: www.ainumosir2008.com

「先住民族サミット」アイヌモシリ 2008 で制作した英文の案内パンフレット

を持っていた。聞いたら答えを出してもらえる能力の高さを持ち合わせていました。自然の中で、ぼうっとして生きてきた民族ではなく、自然と真摯に対話してきた心の強い民族です。このことに気づいたとき私は、アイヌの子として生まれたことを誇らしく思いました。生きていくバックボーンになりました。古布絵と出会って、世界三大叙事詩のひとつといわれる「ユーカラ」をモチーフに制作を始めました。アイヌの持つ文化や伝統に触れて、希望を持って欲しいとの願いからです。アイヌが置かれている状況の政府へのメッセージとして、赤いフクロウの古布絵をつくりました。

それがアイヌとして生きる、第一歩でした。亡き萱野茂先生のところには、アイヌに関する書物が山ほどあります。この宝物はアイヌ自身のものです。素晴らしい文献をひも解いていけば、閉ざされていた心は解放されるはずです。

自分たちの手で自分自身を確かめましょう。自分自身を愛しアイヌとして、生まれた喜びを感じたとき、解放されるでしょう。「先住民族サミット」の最終日には日本政府への提言、二風谷宣言が採択されました。各先住民族がそれぞれの分野を持ち、訴えて提言は作られました。アイヌがこの国でどういう状況に置かれてきたのか、さらに樺太アイヌ問題、アイヌの伝統文化や芸能を広げていきたい。限られた時間内でこのサミットほどサミットらしく画期的で、いきいきしたものはなかったのではないかと思います。こういう体験を通し自分をよりよい「解放」へと導いていただいた海外の姉妹兄弟、たくさんの応援をしていただだいた人たちに感謝を申し上げたいと思います。

ソンノ　イヤイライケレ!!

（『「先住民族サミット」アイヌモシリ２００８報告集』二〇〇八年七月）

世界の先住民族の仲間たちに比べると、アイヌがおかれた状況はまだまだ厳しいものでした。この時点では、アイヌは、まだ国からも「先住民」として認められていなかったのですから。

15　アイヌの伝統文化と私

夢の中のお告げ

私は、人生の後半を一人で暮してまいりました。布に刺繍を施しながらの生活です。静かな暮しです。

私は眠っている間、目覚めの少し前くらいですが、よく夢を見ます。目覚めるとたいていは忘れてしまうのですが、たまにしっかり覚えている夢をみることもあります。

よくみるのは、小さくて可愛い、三、四歳くらいの幼女が家に滞在している夢です。「水が欲しい」と、夢の中ですが言います。急いで「はい、お水あげたからね」と言い、「あなたのお水よ」と言葉をかけてあげるのです。

今でも時々、仏さん、霊魂（呼び名は何でもいいですが）が家に滞在していきます。だから、仏さまでも旅をするのかな、と思うのです。そんな夢を見たときには、お祈りをします。夢に出てくる子どもは、だいたい一人です。さまざまな仏さまが現れます。

時に、死ぬ人がわかることがあります。死ぬ何カ月前か、関わりが多かった人たちが死ぬのがわかるのです。その人のシルエットに黒い鳥が止まるのです。夢の中で見せられると必ず死にます。だから怖いです。

夢といえば、幼児の頃にみた夢のことです。昔、村のおばさん方とみんなでワカメ取りに行くのに、山越えをして、浦河の海に出掛けることになり、その時、姉が私に新しいソックスを履かせてくれました。私が小学校一年か二年ぐらいのことです。母や姉と潮干狩りに出掛けようという朝、私の行く手にヘビがうじゃうじゃ居て、前に進めないという怖い夢を見ました。それが、夢のお告げをいただいた最初です。それは身内の誰にも言っていません、親にもきょうだいにも。その後、ヘビがいつもお告げしてくれるようになりました、「だめだよ」って。私は、ガッと突進する性格ですから、危険に出会わないように、ヘビがストップをかけてくださるのです。

夢の中で公園の湿地帯の所に行ったら沼があり、その周囲は丈高い叢で蔽われていました。

その叢の中から、真っ黒いヘビの群れが、音を立てて水中に逃げ去る夢でした。目覚めて、ああ、これは私の前でうようよと災いしていたものが去っていったか、と思いました。私はこういう夢のお告げを重視しています。そういう特別な力というのは、アイヌにはだいたい備わっていると思います。

アペフチカムイと「炭焼きエカシ」

アイヌの火の神様は、アペフチカムイと言って、偉大なるおばあさんの神様です。囲炉裏端で肉汁をこぼすと「シッポ持ってこい」ってよく言われました。シッポというのは塩のことです。台所に走って行き、塩を持って来るのです。よく私がやらされていました。燃えている火の神様に向って言葉をかけるのです。「いま肉汁をこぼして、火を汚してしまいましたが、清めさせてもらいますから、ごめんなさい」というと、塩で火がはぜ、パチパチ、と鳴ります。

村に親しいアイヌのおじいさんとおばあさんがいて、かつて生業で炭焼きをしていました。アイヌ語でおじいさんのことをエカシと言いますが、同時にエカシはカムイノミができる人、神様に祈って何かお願いをすることができる人を意味しています。私は、十歳ぐらいまでよく熱を出していたのですが、そんな時は母に「炭焼きエカシ呼んで」と言います。そうすると、

イナウ（著者画）

三百メートルぐらい離れた所に住んでいた老夫婦の、エカシを呼んでもらうのです。エカシは喜んで来てくれます。

エカシは、囲炉裏の所にお盆を置き、お盆に刻みたばこを載せ、穀物を載せます。お米、アワ、ヒエ等を。そして、イナウを囲炉裏の縁に立てて、火の神様に祈るのです。「今、あんたの可愛い子どもが熱出して病気しているから、どうかこれを癒してやってくれ」と拝んでくれるのです。拝んだ後に、お盆にいろいろな飾り物を載せてありますが、火の神様に捧げるため、お祈りをして、それらを火にくべます。そのような手順でお祓いをしてもらっていました。きょうだいの中で、なぜか私だけよく熱を出していました。それで記憶しています。

炭焼きエカシは、いつも模様のないアイヌの鉢巻きをしていました。アイヌのおじいさんたちは、だいたいおかっぱみたいに髪の毛を伸ばしていて、バンダナのように鉢巻きを頭に巻いて暮しています。夏なんか、野にあるハッカ草をバンダナに挟んでこめかみを癒しています。何か熱を取るのか、よくそうして歩いていました。

当時、大概のアイヌは、カムイノミをしていました。何ごとかあると、村中のアイヌが集まって、祈っていました。たとえば、私の所のイナウ（祭具の木幣）をつくってくれたおじさんがこう言いました。「これはおまえのイナウだから、おまえの姉ちゃんに届くようにイナウに頼みなさい」と。イナウの頭の所に神様に捧げるパスイ（箸）でお神酒を神に捧げ、「あの世に行って姉ちゃんを供養します。私は静江ですって拝め」と言うので、言われたとおりに拝むのです。

ご先祖様の供養（イ・チャルパ）

先祖供養を行うカムイノミ、つまりイ・チャルパは、屋内で始まります。囲炉裏に火を焚き、炎と炉縁の間にイナウを立てます。そして、イクパスイ*の先でお酒を掬い、イナウの頭にその雫を垂らします。イナウは、神と人との意思伝達の役割を果たすのです。

＊ カムイに供物を捧げるための箸。イクパスイには、祈りを増幅させ、祈りの詞や献酒に不足が

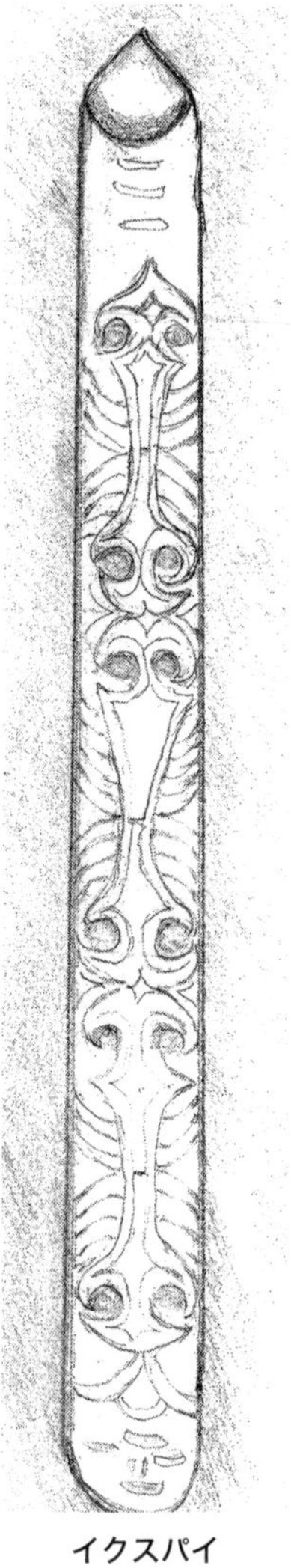

イクスパイ
（著者画）

ないように補ってくれる力がある。その上に施された彫刻には個性豊かなものが多い。

言葉を添えて神々に感謝の祈りを捧げます。先祖への供養を受け持つ人が、アーとかオーと言って、天に向かって、あの世に向かって、現世からの報告とお祈りをするのです。私らはアーとかオーとかしか言えませんが、イ・チャルパでは、そういうふうに一本一本イナウをもらって自分たちの先祖に祈るのです。

それから屋外に出て、大地の上でご先祖様の供養をします。冥界に旅立った死者たちに、私たちの供養の祈りが無事届くように祈るのです。

これがイ・チャルパという、アイヌの伝統的な先祖供養の儀式です。イ・チャルパの「イ」は食べ物を表し、「チャルパ＝チルパ」は散らかすことを意味していて、土の上に種を播くという意味を持っています。その種が成長し、収穫できるようになるのです。だから、カムイとなった祖霊たちに、その収穫された食べ物を食べてください、という含意が「イ・チャルパ」という言葉にはあります。このイ・チャルパの光景も、私の時代で失われなければいいのですが。

私は、このイ・チャルパについては、次のような詩を書いています。

イ・チャルパ

イ・チャルパとは　アイヌが先祖に対して供養するときに用いる言葉
その意味、その行事のこと――
それは「土地の上に食べ物を散らかす」という意だそうです
「イ」とは食べ物「チャルパ」とは土地の上に散らかす
それにはどんな意味があるのでしょう

よく聞かれる言葉に「イ・チャルパとはこの世から次の世に移って行った
人々に対して食べ物を供養することだ」と言われます
今を生きる現存者が供養した贈り物は　次の世に居られる方々に届くときには
何十倍何百倍にもなっていると　私は思ったのです

イ・チャルパ――
食べ物の種を蒔く　その種が　芽を出し　成育し　実って

その食べ物を　次の世に行かれている方々が収穫して生活が出来る
と　そう考えられる　それがイ・チャルパの意味だと解釈しました。

で――

私自身にも良い種を蒔く　心の中に自分を慈しむ　そういう心得を持って
他人にもやさしく　自分の中に育っていった種を分けて差し上げる
要するにイ・チャルパとは、良い種を蒔き合い　育て合うこと
そのプロセスこそ　愛という波動となって癒し合う――

そうした愛は　人間だけにかもし合うものだけではなく
身近な空気　身近な土地さん　身近な植物　身近な生きものたち――
地上に生きるものたちだけでなく、空を飛ぶもの　地下に生きるものたち
それから　水中に生息する全ての生きるものたちへも
波及し慈しみ合い　愛すること　愛し合うこと――

イ・チャルパ　愛の種を蒔く行為であると　そう思えます
イ・チャルパ　の行事こそ　愛の波及・波動
それが伝播して　全てが　愛を受けとめ　愛を放つ――

イ・チャルパとは
何という　行動と言葉がもたらす　大きな意味をもつものか！

二〇〇五年夏

イ・チャルパのカムイノミのときは、またカムイイナウをつくり、一人一人が、何十もイナウをつくります。狐のイナウだとか狸のイナウだとか、蛇のイナウだとか、偉い人のイナウ、太陽のイナウ、水のイナウ、亡くなった人のイナウだとかを、みんなで受け持つわけです。カムイノミで祈る人は何十人いてもいいのです。たとえば、お寺でお坊さん方がわっと一斉にお経をあげるでしょう、あれと同じようなものだけれども、一人一人、アー、アー、オー、オー、アー、アーと、自分の思いで、祈り、語り、歌を歌います。何十人もで合唱しているようです。

お盆は、もともとは仏教における先祖供養の儀礼なのでしょうが、アイヌでもイ・チャルパを執り行う時として受け入れられていました。わが家では、ご先祖様に、母が用意する供物料理、野菜の煮物、天ぷら、お団子など、数々の供物を持って、お墓に向かいます。

私が幼い頃のアイヌは、亡くなると土葬でした。墓場では、埋葬されたご先祖様の御前に敷物を敷いて座り、墓場のまわりに、繁茂している桂の木の葉っぱを供養物の数だけ持ってきて、供物を一つ一つ葉に載せます。今生きている身内の者が、ご先祖様に言葉をそえて供養するのです。「常日頃、見守って頂き感謝の意志を込めて、供物を調理しました」とお水やお花をそえての墓参りです。先祖供養といえば、秋深く十一月頃、春早く三月頃には、村の翁、長老やお婆さんたちをお呼びして、ご先祖供養のイ・チャルパを行いますが、同時に森羅万象に対しての感謝の祈り、無縁仏、生きとし生ける物に対して感謝の供養祭を行うのです。

これはまず、家の中の囲炉裏で燃えている神としての火に向い、今日の行事を取り行う目的を報告してから、家外に出て、東方位に向って座をつくります。まず長老たちと祈りに参加する大人は、神々に向って言葉をそえます。宇宙を司る神々、地球を司っている神々、森羅万象の神々、森、山、川、水、風、火、空気の神々に、感謝の祈りを捧げます。この時私たち子どももイナウの前に座り、ご先祖様への供養を述べます。こうした行事が習わしでした。今では墓場の一角に無縁仏塚が設置されていて、祭日を決めての供養祭を行っています。

それから、アイヌは墓を一回埋めたら補強しません。お墓参りに行ったら、へこんでいたことがありますが、母が「欠けたけれど、自然だから補強するものではないんだ」と言いました。それを聴いた私は「ああ、そうなんだ、もう魂が神様の国に行ってしまって、土に還っているものをいじるな」という考えです。だから村では、イ・チャルパを家で行じます。

トゥス（アイヌの巫術）

「トゥス」*には多くの種類があります。あそこの誰が誰かに憑かれて、そのためにお祓いする、カムイノミする。たとえば、和人と結婚した方が亡くなると、和人流の葬式をします。したがって、行く所に行けない、と言って霊魂が出てきます。お祈りする人たちが集まって、まっすぐアイヌのカムイコタンに行けるように、アイヌ式のお祈りをします。それで死者の霊は成就できるのだと言われています。

＊　トゥス＝アイヌ語で巫術を意味する言葉。神がかりの状態になって神と人との霊媒を行う法。トゥスを行う巫者をトゥスクルという。

父は七十二歳で亡くなりました。長生きした方です。母は六十歳です。母の力はすごいと思いました。母は東静内出身でしたから「アイヌプリ」*の風習を身につけていました。浦河、荻伏、様似……に行くごとに、アイヌプリが廃れていきます。和人化していって、アイヌプリは薄れています。

＊　アイヌとしての生き方。

カムイノミの様子（2010年頃）

母はアイヌの習わしを大切にしていました。でなければ、私もアイヌのことはできなかったと思います。とは言え、そうであれば、今こんな目にあって生きなくてすんだのかもしれませんが……。しっかりと、頑なにアイヌの風習を守っていたのは父です。カムイが父の力です。母がアイヌプリをしっかり持っていて、協力し合ったという感じです。

カムイノミやアイヌの考え方に対して、アイヌ語は使わなかったけれども、父はアイヌ語を全部理解していました。アイヌ同士、アイヌ語で対話しているのを、父は「全部わかるから」って笑っていました。

私が旅に出る時に、旅の無事を祈るために、近所のおじいさんやおばあさんに来てもらって、一緒にお祈りしてから、酒盛りが始まります。

そのおじいさんやおばあさんが言ってくれます。「あのな、死んだ人の夢を見たときは、その場所で、たとえば道を歩いているときでもいい、どこでもいいから仏さんに水をあげなさい。あなたは夢を見させた、私は供養させてもらうよ、という気持ちで水をあげなさいよ。死んだ人には水が一番必要なんだからね」って言われました。だから、旅に出ていても、亡き知人などの夢を見たりすると、どこからでも心で供養し、水を手向けます。そう教わってきたものです。

葬式やカムイノミは、全てアイヌの風習です。男も女もみんなアイヌの衣装を着てその時々、村の誰かが羆を獲ったお祝いの祭りを行う時などは、羆を獲ってきた家に村の者が集まり、お祈りの儀式に参加します。村の女たちは儀式のお祝いのために神々に捧げる供物の仕度にとりかかります。

その仕度は、一晩水に浸した米を、翌日に粉にして、お団子を作ります。お団子は、獲物の羆で作った熊汁に入れ、その熊汁をもって、羆を獲ったお祝いをするのです。小さい子どもも大人も、同じ大きさの大きな椀でもらえる。その熊汁のおいしさは覚えています。しかし、次第に祭りも少なくなっていきました。食べ物を分け合って食べるような時代も遠ざかるばかりです。

昔のカムイノミの特徴と力

ある友だちの家庭には、イナウはなかった、と思います。イナウがないということは、カムイノミをしていなかったということです。

太平洋戦争当時のことですが、和人の子を育てた私の祖父は、育てた息子、つまり義理の叔父が中国に戦争に行っている時、わが息子の無事を祈って、「カムイよ守ってくれ」と言って毎日、陰膳を上げていたということです。

大人になり、アイヌ問題に関わってから、その義理の叔父の家に泊めてもらったことがあります。叔父さんは一晩寝ないで、自分の生い立ちやアイヌのことを全部話してくれました。ずっと、アイヌはこうだった、ああだったって。それまで私はあまり叔父さんになついていませんでした。というのも、叔父はある宗教に入っていたからです。私はアイヌの宗教と、アイヌのカムイが一番だと思っていて、他の宗教は自分の中で受け入れませんでした。叔父さんは「アイヌは昔はでっかい家を持っていたんだ。アイヌの家はだんだん小さくなって、今のようになったのだ」と言っていました。

そしてカムイノミの時も、何十人と祈る人がいても、一人ひとりがカムイにお祈りするから、終わってから「俺が一番だった、俺が一番だった」と言っては喧嘩になると教えてくれました。「俺が神さまに一番いい言葉を使った」というのです。今のカムイノミとはちょっと様子が違うようです。

函館のコシャマインの慰霊祭に参加したことがあります。慰霊者は皆それぞれイナウを地面に立て直接カムイに祈ります。狐のカムイ、蛇のカムイ、それぞれイナウを作り、偉い火の神様とか、偉い水の神様とかは別として、海に生きるもの、陸に生きるもの、慰霊者は一人ずつ役割をもって祈っていました。蛇であれば、地を這い、地を司る言葉を使ったのではないかと思うのです。

現在の紋別におけるカムイノミ（2019年8月）

ところで、四十年ほど前のことですが、東京の高田馬場に「十一時間」という歌声喫茶がありました。北海道からアイヌを呼び、こっちにいるアイヌといっしょにイベントを行いました。アイヌの踊りが披露されましたが、その時に感じたことがあります。その踊りのリズムや振付が和人流だったのです。それは、アイヌ自身の、アイヌのための拍子ではありません。観光客に見せるために創作されたリズムと仕草ではないか、と思ったのです。

手を叩き、手拍子が楽器で、ボイスが楽器で、そして大きな囲炉裏を囲んで跳ねまくって、一晩中祝って、地球、宇宙にたいする大きな〝カムイ〟といっしょに祝うのがカムイノミです。何日もごちそうを食べて、飲み、〝カムイ〟といっしょにお祈りするのが真のカムイノミだと思っています。

だいたいが青森の〝はねっ子〟と同じで、跳ねたり踊ったり、エスカレートするから、♪アッチョ　チョイチョイ　アッフ　フフフフフ　アホイフフフ♪。

男の人も大変です。ロスキャナー（ロシア人）の「座り踊り（コサック・ダンス）」みたいな、おじさん方が踊って床が抜けそうになるのです。私は、それを見て育ってきました。今ではそういう踊りや歌を受け継いでいるのは、北海道でもあまりいません。

失ったものの方が多いのです。食べ方だって、祈り方だって、感謝の仕方だって。たとえば長いものと言うと、ヘビさんです。山の中を歩くと、へびが交尾していることがあるでしょう。「そういう時には葉っぱをかけて、隠してあげなさい、守ってあげなさい」と。

福島県のいわきに住んでいた時です。散歩をしていて、整備された溝で、トカゲさんが交尾していました。すごい福の神の行為を見たので、そっと葉っぱをかけて通りました。

アイヌ語とアイヌ文化の衰退

父はアイヌ語を理解していましたが、話したことはありません。母は、同胞の知り合いが来るとアイヌ語を用いて言葉を交換していました。父は、たぶん海辺育ちだと思います。海辺のアイヌ文化は衰退するのがすごく早かったのです。なぜなら、海岸に移って来た和人は多かったこと、そして、海辺の猟師を生業としている人々は、海を相手に仕事をしているものですから、気性も荒く、自ずとアイヌ文化も衰退しやすかったのです。一方、母の育った静内はシャクシャインの争いがあった所なので、アイヌ文化が割と遅くまで残っていました。

海辺には内地人が来て、内地語でべらべらしゃべっていました。内地人は、アイヌの家に来ても、お茶を飲みたいと言って、靴を脱いで黙って家の中に上がってきます。アイヌは礼を尽くして、ドアをあけるときも敷居をまたぐときも、「まあ上がってくつろぎなさい」と言われてから、靴を脱いで上がります。

そうして、和人の悪い言葉や風習が広まりました。父の父親が和人だったからか、どういう思いをしていたのかな、と思います。私は夢の中でしか父のお母さんを見ていませんが、丸顔のきれいなお母さんでした。早く亡くなった祖母に思いを馳せていたのでしょうか。私にはおばあさんが夢を見せてくれたのだと思います。

姉は大正生まれですが、アイヌ語を使いません。大正時代は最もアイヌがいじめられた時代で、道を歩けば石をぶつけられたりしていたのです。姉の時代は、私の頃よりひどかったようです。アイヌ語を使ったら、政府に罰を受けます。アイヌ語は家庭では少々話されていました。耳で聞けば少しはわかるけど、自分では使えません。あるパーティで東大の先生にお会いした折に、「アイヌ語を使っているのですか」と聞かれました。私は咄嗟に、この野郎、殴ってやろうかと思いました。「東大の教授にもなって、何もわかっていない」と思ったからです。アイヌ語をしゃべれたのは、母の時代までです。勉強して話せる人は、今何人かいます。アイヌ語を訳すことができる人はいますが、数えるほどしかいません。

イタック好きの母

アイヌの生活は身体に入っています。儀式に参加していますし。たとえば友だちが白血病で自死したとき、悪い霊がつくからと、母はお悔やみに行かせてくれませんでした。「おまえは友だちが死んで、かわいそうと思うだろうけども、おまえは霊がつきやすいから、行かない方が良い」と言われて行けなかったのです。

近所で羆に食われた人、悪い死に方した人がいました。そのような時も教えてくれないから、私には解りませんでした。ずっと後になってから、あそこのおじちゃんは羆に食われたとわかるのです。教えてくれなかった理由は、そういう悪い羆の霊とか、死んだ人の霊がつくからということでした。

イタックする人（口寄せをする巫女）の所に、よく連れて行ってもらいました。イタックする人は、何か一生懸命祈りをしているうちに震えが来て、欠伸して、気が朦朧としてきて、霊が移って何かしゃべり出すのです。父は「うちの母ちゃんはそういうのが好きだ」って、よく言っていました。

アイヌの語り、歌のリズム、風の読み

アイヌの語りは棒持って、アーアー、オーオーという感じです。このリズムです。棒っこ持って炉縁をたたくのです。アイヌには太鼓がありません。とにかく手拍子と声。身体から発散するエネルギーが全てです。それで歌ったり跳ねたりするのです。その場にならないと、言葉では伝えられません。だから風を読むことも知っていたし、天気予報も知っていました。深夜、道に迷ったときは、「その場から動くな、天体を見よ。星をずっと見なさい」って、そうする

と自分のいる位置がわかるからというのです。

家には囲炉裏があり、寝るときに火種というのを置きます。大きい木を置いて、それを灰で覆います。アイヌ語でアペオイと言います。火の神様に、火が飛ばないように包めと言います。水はワッカウシカムイと、これはお祈りするときに「アペフチカムイ、ワッカウシカムイ」って、必ずおじいさん方が唱える祈りの言葉で、全部覚えてしまいました。

アイヌの刺青

母の年代（明治三十三年生まれ）より少し歳上のアイヌの女たちは、こぞって刺青をしていました。刺青したときは濃い墨だったのでしょうが、歳月がたつと、だんだん薄くなってジーンズみたいな色になっていきます。刺青が嫌だという人もいたのです。嫌だけれども、アイヌの娘だから連れ去られる、という恐れがあったのでしょう。アイヌ女性の印として刺青を入れていました。浦川太八さん*（アイヌの彫刻家）のお母さんがそう言っていました。九十歳で亡くなられました。彼女は「自分は嫌だったけど、無理やり説得されて刺青しちゃった」と。

＊ **浦川太八**（一九四一―）　札幌市で木彫を習い、北海道開拓記念館からの依頼により古いアイヌ民具を復元。ホロベツ民芸を設立。第一八回北海道アイヌ民芸品コンクール一般民芸品部門知事

賞受賞。第三〇回北梅道アイヌ伝統工芸展伝統工芸品部門知事賞受賞。平成十三年度アイヌ工芸作品コンテスト優秀賞（ホロベツ民芸）。第三六回北海道アイヌ伝統工芸展伝統工芸品部門かでる賞受賞。

私の母は、刺青はしていませんでした。刺青はシヌエと言います。その墨は、鉄の鍋でガンビの皮をぼんぼん燃やすと、鍋の底に墨ができます。それをすって入れたものです。針で入れたと言っていました。十五、六歳になったら入れていたのではないでしょうか。成人するちょっと前かもしれません。

母の時には、もうそういう風習は禁止されていました。明治時代に、一応シヌエは禁止されたのです。男のひげも、男のニンカリって耳輪も禁止されました。イヤリングは、アイヌの男がしていました。松浦武四郎の本を読むと、アイヌが和人に虐げられる様子が記述されています。

父の叔父のベンエカシは毛が薄く、腕に相撲の軍配の刺青をしていました。格好よく、ハイカラなおじいさんでした。

格好よく優しい人たち

私の村のアイヌのおじさん方には、格好いい人がいました。まず顔かたちが整っています。背も高い。姉茶のアイヌの体型は、他の村のアイヌの体型とは違う面があります。あれも不思議です。西部劇の俳優を負かすような人が結構いました。アイヌの人もさまざまです。何か生活習慣が体型化したのでしょうか、海辺のアイヌは平均して大きかったようです。

私の父も、親に早く死なれて貧乏でしたが、魚を食べて育ったためか、体格は良く、そのおかげか、相撲も強かったです。魚を食べるのはすごく身体にいいようです。アイヌにはロシア人に似た人もいます。父のいとこの息子たちは、皆体格が良く、赤ら顔で、大きかったです。アイヌには、ロシアの血が入っているのだと思います。

札幌で知り合ったマーちゃんというお兄さんなども、イケメンです。アイヌはこの日本列島に、どこから渡り、流れて来たのでしょう。武四郎先生じゃありませんが、流れてきた和人たちの中にはアイヌを好きな人もいて、彼ら自身人間らしく、もてなしなども良く、生活が乱暴ではありませんでした。そういう人は丁寧に生きたのでしょう。姉茶にも、和人の流れ者はいました。

流れ者の中には朝鮮人もいました。私が知っているのは二、三軒ですが。アイヌ女性と夫婦になって暮している和人の流れ者は何人もいました。そういうアイヌと一緒になるようなおじさんたちは、格好よくて、とても優しいのです。

三信鉄道開通に助力したアイヌ

ここで少し違った観点から、アイヌの業績を紹介してみましょう。現在のJR飯田線、愛知県豊橋市の豊橋駅と長野県上伊那郡辰野町の辰野駅を結ぶ鉄道路線、その中途にある、三河川合駅と天竜峡駅の間は三信鉄道によって開通しました。建設は、天竜峡側、三河川合側の双方から進められ、最後の難所、大嵐―小和田間の開業で、この区間が全通したのは一九三七（昭和十二）年のことでした。

川村カ子ト氏

急峻な山岳地帯を通過するルートなので、非常な難工事でしたが、アイヌ出身の測量士で山地の測量術に長けた、川村カ子ト*等が招聘されて建設にあたり、ようやく完成したのです。一八九七（明治三十）年、この路線に先鞭をつけた豊川鉄道の豊橋駅から豊川駅の間が開業してから実に四十年後のことでした。

＊ **川村カ子ト**（一八九三—一九七七） 上川アイヌの長で、日本国有鉄道の測量技手。国鉄退職後は川村カ子トアイヌ記念館の館長、旭川アイヌ民族史跡保存会長、旭川アイヌ民族工芸会長などを務めた。弟に川村才登、妹・コヨの夫に貝澤藤蔵がいる。

これはどういうことかというと、アイヌが土に直接話しかけて、難所と対話する、地形はどうなっているか、一こと一こと土と話をして、それで鉄道を通すことができたのです。

そのときに、和人の工事人たちの中には、アイヌの下で働くのは侮辱である、と言ってカ子トニシパをセメント壺に埋めて殺そうとした者がいました。

その時、カ子トニシパは、「俺はここでおまえらに殺されるかもしれないけど、アイヌの魂は殺せない」と言ったのだそうです。その言葉を怖れた不逞の輩たちは、殺害を止めました。このことはアイヌの魂の強さを物語っています。

私はこの話をカ子トニシパのご子息、川村健一氏から聞かされたのですが、彼は今、旭川の川村カ子ト記念館の館長として、カ子トニシパの後を継いでいます。

このようなアイヌの魂、それは自らの神の世界、魂の世界に、強い誇りを持っていないと、支えられません。アイヌ民族はその精神性を持ち続けているのです。字も書けず、ルンペンだと言われているアイヌだって、ちょっと手をたたけば、その魂の奥底から精神性が甦ります。DNAというのは、遺伝子というのは、それぐらいの力を持っているのだと思います。

蠣崎家の末裔との出会い

歴史上、アイヌに一番ひどい行いをしたのは、函館のアイヌをいじめた、松前の蠣崎家*でしょうか。蠣崎という人は、アイヌを殺すための朱印を豊臣秀吉からもらっています。それでもう一人、豊臣を滅ぼした徳川家康が最後に蠣崎にお墨付を与えます。アイヌを、征伐しても良い、と刻印を押すのです。それから、蠣崎家は北海道で思うままやっていきます。部下達たちもついていけないくらいのことをやりました。

＊**蠣崎家**　戦国時代から蝦夷地を本拠とした大名の氏族。糠部郡蠣崎（青森県むつ市川内町）を領して蠣崎氏を称する家系があり、その子孫との説がある。江戸時代に松前と改姓したが、庶流の中には引き続き蠣崎と名乗る者もいた。若狭武田氏との繋がりについては、現在は否定的な見解がとられている（『アイヌ民族の歴史』山川出版社、二〇一五年他）。

十年以上前、二〇〇〇年代の半ば以降だったと思いますが、私は九州の屋久島に通っていたことがあります。知人が何年もの間、招待してくれたのです。六畳ぐらいの部屋で五、六人合宿して、もう一つの六畳の部屋でそこの先生が泊まっていました。

ある時、共に合宿した五、六人の中に、母親と息子二人の一家がいて、私がいたのですが、実はその親子は蠣崎の末裔だったのです。その母親が、蠣崎家の血の流れをくむ一族にお嫁に行った奥さんだったのです。彼女自身は、南国の出身で直接蠣崎家の係累ではありません。それで、救われているのかもしれませんが。

その子どもたちの父親は寒い国に逃げて行っているということでした。アイヌに悪いことしたから、いつ殺されるかわからないと震えているそうです。その時出会った、その上の息子は中学二年生くらいの年頃でしたが、私がアイヌの者だから気を許しません。険しい目つきで私を睨みつけていました。年下の小学生の男の子は、なんてことはなく普通でしたが、兄の方はものすごくきつい感じでした。

それで、その母親が、自分の旦那が蠣崎の係累であり、日々震えて暮していることを打ち明けてくれたのです。その話を聞かされた私は、こう言いました。


「過去に罪を犯した人でも、また、過去に先祖がそういうことをしていても、今はそういうことしないで、行いを改めて普通に生きようとしている人をアイヌは恨まないよ。恨まないように私らは育てられているから、そんな怯えるんじゃないよ。帰ったらお父さんにそう言いなさい」

それを聞いた母親は、子どもにもそう伝えたようです。すると、途端に子どもたちの態度が変りました。険しい眼差しで睨んでいた長兄が、穏やかな顔になったのです。

私が一足先に飛行機でその島から帰るとき、その子どもたちも手をふってくれました。そこに至るまで、私は三、四日彼らと過ごしました。屋久島の山の上の大きな杉の木があるところに行ったり、島で真黒になるまで泳いだりしたのです。その頃はまだ私も泳げたのです。「ああ、宇梶さん泳げる」「ああ、宇梶さん運転できる」って、子どもたちに感動されていました。

不思議なことです。南国の屋久島で、蠣崎の末裔とアイヌの末裔が巡り合い、共に時間を共有したのです。お母さんが南国の人で、ゆったりした人で良かったと思いました。

アイヌの言葉に〝ウェンペ〟という言葉があります。〝ウェン〟は「悪い」、〝ペ〟は「そのもの」という意味です。だから、ウェンペと言ったら、「悪いもの」「悪い人」「悪い牛」や「悪者」という意味になります。それは、あまりにも酷いことをすると、ブラックホールというのがありますが、そこに入ったら帰れないような深い所に行ってしまう、そんな悪事を働く者をウェンペというのです。あなたの魂はもう甦ることはできない、と言われる人がウェンペです。

だから、アイヌにとって蠣崎はウェンペです。かつて蠣崎がアイヌに対して行ったことは決

コシャマインの乱の舞台となった志苔館《しのりたて》跡（北海道函館市）

して許されるべきことではありません。けれども、その蠣崎の末裔が私たちと同じ空気を吸い、現に生きながら怯えている。先祖の罪が子孫に遺伝する訳ではないのですが。

　アイヌにもウェンペの人はいたと言います。その人が、首だけ出し、生き埋めにされて身動きできない、動けない。その生き埋めにされたウェンペがずっと叫んでいたのが「シタコイ、シタコイ」という言葉だそうです。〝シタコイ〟はアイヌ語で「ああ失敗した」という時によく使う言葉です。本来、悪事や悪人は民族とは関係なく生じる人間の失敗という宿業なのかもしれません。けれども、ああ、悲しいね、重たいねって、それを軽くしましょうよ、と祈ることはできます。

　コシャマイン*のところに行くと、「死んだ人は、殺した人も殺された人も仏になる。仏になったときは同じだ」と言われて育てられます。だから、コシャマインで行われるカムイノミでは、和人の殺した側もアイヌの殺された側も救われる。そういう祈りをするわけです。「戦って亡くなった魂の人達も、はからずも殺す側になった仏さんたちも、亡くなってしまっている仏さんになったら皆同じだ」と言われていますから、「どうぞ魂をこの悲しみの場所から浮き上がってください」と私は土に口をつけて祈ります。そうすると光があたります。光があたったら、神様に救われるように祈ります。「悲しみを昇華してください」と。

＊　**コシャマイン**　渡島半島東部にいたアイヌの首領で「胡奢魔犬」「コサマイヌ」とも呼ばれる。コシャマインの乱は、一四五七年に起きた和人に対するアイヌの武装蜂起。現在の北海道函館市にあたる志濃里（志苔、志海苔、志法）の和人鍛冶屋と客であるアイヌの男性の間に起きた口論をきっかけに、渡島半島東部の首領コシャマインを中心とするアイヌが蜂起、和人を大いに苦しめたが、最終的には平定され、松前藩形成の元となった（入間田宣夫他編『北の内海世界』山川出版社、一九九九年他）。なお、一九九四（平成六）年から毎年七月上旬、北海道上ノ国町の夷王山で、アイヌ・和人の有志によるコシャマインの慰霊祭が行われている。

そうやって祈っていると、私も苦しいことばっかりやってきましたが、何か救われてくるのです。

〈追記〉アイヌの調査にからむ児玉作左衛門氏との経緯

十五、六歳の頃でしたか、三つ上の友だちと仲良しでした。彼女はおませさんで、いろんなボーイフレンドを作っては、その話をします。それで「あそこの小屋で夜彼と会ってね」とか、私に聞かせてくれますので、フーンと聞くだけでした。川の大きい橋の所でボーイフレンドの話をします。私はひたすら、ウンウンと聞く役でした。

季節は秋だったと思います。私は一人で、畑で鍬をもって働いていました。そこへ男の子が走ってきて、「あのなー、役場からアイヌの調査が来ているから、野深の小学校に集まれ」と言われました。遊びたくてしょうがなかったので、鍬を捨ててそこへ行きました。仲良しの友だちもいました。彼女はお父さんが和人で、とても可愛い顔をしていて、誰からも本当に好かれていました。彼女と一緒だと、私はカスみたいで、そのカスは彼女にくっついて歩くのが好きでした。彼女も三輪トラックの荷台に乗せられて、皆、立っています。私もその車の荷台に乗っていました。すると、おじさん方とか若い人六、七人が乗ってきました。

中折れ帽を被ったおじさんが、人を分けて来て、「美人だ、美人だ」と言って寄ってくるので、当然友だちの方だと思っていたら、その人は私の所に来るんです。私は今でも娘に時どき「床屋さんに行って顔を剃りなさい』と言われるくらい、顔に毛が生えています。そして野深小学校に行きましたら、車で一緒になった男の人たちが、私たちアイヌの頭の回りや、身長などを測り、写真を撮られたりしました。帰ってくる時、それに関わっていたおじさんは児玉作左衛門*という北海道大学名誉教授だったのですが、その人が私の家までついて来ます。父と母はストーブにあたっていました。その頃は戦争が終わって、もうストーブの時代でした。

＊**児玉作左衛門**（一八九五―一九七〇）　秋田県鹿角郡生まれの解剖学者、人類学者。北海道大学名誉教授。かつて、北海道大学医学部の標本陳列棚には、動物標本と並んで千体以上のアイヌ人骨が陳列されていた。これら人骨の大半は、児玉が一九三三年頃から北海道大学医学部解剖教室の長として、その教室員とともに蒐集したもの（伊藤昌一『日本人類学会・日本民族学協会連合大会　第八回紀事』日本人類学会・日本民族学協会連合大会事務所、一九五五年、八九頁）。児玉はアイヌの人類学的特徴に着目し、近代化によってアイヌと和人の混血がすすみ、純粋なアイヌがその数を減じつつあることに危機感を抱き、「純粋なアイヌの骨格蒐集」を急務の課題とすることとなった（植木哲也『学問の暴力』春風社、二〇〇八年、九六頁）。純粋なアイヌ人骨を入手するために児玉が目をつけたのは、アイヌの墓地を掘り起こすことであった（小笠原信之『アイヌ近現代史読本』緑風出版、二〇〇一年、二一〇頁）。

児玉さんは上がりこんできて、正座して、両親に対し、私はこういう者だと挨拶をしました。そしていきなり、「お宅のお嬢さんは天才だから、自分の北海道大学で博士にしたいので、勉強させてほしい」と言います。その後、頻繁に葉書が来たりしていました。来てください、と。とにかく私は人見知りで、どこかへ行くのは嫌でしたが、母が後ろから押します。「行ってみたら」とか「行ってみれ」とか言いながら。

私は人と折衝するのも苦手でした。それでも、いろいろ背負わされて、家族で児玉さんの洋風の家まで行き、テーブルでお茶をごちそうになります。そこにはマリさんという四つ上の娘さんがいて、その人の部屋に泊めてもらうことになりました。私と同じ年の息子さんと二つ下の息子さんと話して帰ってくるのです。

私の家は貧乏で、汽車賃はないし、用事はないのですが、「行って見てこい」と言われて行っただけの話です。また、その際北海道大学の教室にも連れて行かれたのですが、見たことのないような、英語で書かれた書物が壁いっぱいに並んでいました。日本語の本はほとんど見かけません。そんなことが一、二回ありました。

やがて、札幌の学校に行くようになると、イギリスのエリザベス女王の叔父さんになるピーター殿下が来札し一緒に写真を撮られたり、雪の博士に会った折に、私はある種の見世物の役を振られました。そういう形で何人かに紹介されたことがあるのです。人類学者の集まりがあった時には、舞台の上でアイヌの着物を着せられ、はちまきをして、立たされて、品評されたのです。本当に屈辱で、屈辱で。そういう苦い思い出です。

それから、大きな教室に学者さんたちと行ったことがあります。アイヌの宝が積み重ねてあります。どうやってこれを集めたのだろうと思いました。後でわかったのですが、みんな墓から集めたり、アイヌを騙して持ち帰った品々だったのです。私は汚いものに触れるのが嫌でしたから、そんな魂が、私を守ってくれたんじゃないかと思います。

また、これは東京に来てからの話ですが、有名な版画の先生に付くと、すぐに嫌なことがありました。自分の好きな芸術のために何かを汚すのが嫌で、そういう先生からはすぐに離れました。自分がしたいことをしようと思うと、何かもう行く所がなくなってしまうのです。

ともかく、児玉さんからは一銭ももらっていません。けれども、その学会の時に、『北海道新聞』には、私と児玉さんが写真に写っていて、私は北大で学費を援助されたと書いてありました。そんな事実は全くありません。力に物を言わせて、ひどい嘘を言って、平気で生きているのです。

16　アイヌの精神性――ユーカラ、そしてイオマンテ

「旧土人保護法」とアイヌの土地

アイヌはみんなで分け合わないと罰があたると考えます。要するに「誰かが所有する土地」という概念がないから、全部これは神様が下してくれたもの、それを粗末にしてはいけない、みんなに分け与えるものだ、と考えるのです。そんなアイヌに対して、突如現れた移民である和人たちが「ここが俺の土地だ」と言うのです。アイヌは、最初はパニックになったのではないかと思います。もうどうしようもない、ほとんど理解できない勝手なふるまいです。アイヌが知らない文字を用いて、ハンコを作り、それを持ってアイヌから土地を取り上げるのです。

右往左往するうちに歳月が過ぎていきます。

明治政府によって、「旧土人保護法」という悪法が制定され、アイヌには粗末な居留地の土地が与えられました。*父の叔父に当たる浦川弁次郎が、カムイノミの達人として、方々から呼ばれていましたが、そのベンエカシ（弁次郎）の家から一里半ぐらい離れた所の小高い山が、五町歩、五ヘクタールそっくり残っていました。やがてベンエカシは、私の弟の茂雄を自分の跡継ぎとして登録したので、それは茂雄の土地になりました。

＊「旧土人給与地」北海道旧土人保護法第一条「北海道旧土人ニシテ農業ニ従事セムト欲スル者ニハ一戸ニ付土地一万五千坪以内ヲ限リ無償下付スルコトヲ得」の規定にもとづきアイヌ民族に給与された土地。

しかし、その五町歩の山の山裾は、今では和人の土地になっていて、その和人の敷地を通してもらわないと自分の土地には行けなくなっています。それでは不便なので、そこを手放し、五町歩の山の代替地として田圃を購入したのです。また、私名義の八反歩の沢もあったのですが、そのうちの五反歩ほどは売り払ってしまいました。

私の世代は、生活苦のため土地を手放しています。細々と農家を営んでいる人もいますが、大概のアイヌは、出面で食いつないだり、牧場の働き手として生活したりしています。細々と生活保護を頼りに生きている人も少なからずいます。

羆《ひぐま》獲りの一族とアイヌ

戦前から戦中にかけては、電気、水道は全くありません。あったら全然別の世界になっていたでしょう。実際に使っていたのは石油ランプです。それも、戦争中は石油も不足していました。わが家では、お皿に古い布綿を縄に編んで芯として魚から取った油に浸して火をつけていました。これが、ラッチャクという、アイヌが使っていた明かりです。

この時代はまだ、山で鉄砲を撃ち、羆を獲っていました。私の家の近くにも、羆獲りの一族がいました。旧友の遠い親戚です。その人は人格者で、大将になるおじいさんがいました。その一族と七、八人のアイヌで羆を獲っていました。

羆の胃は高値で売買される価値あるものでした。彼らは羆を怒らせて胆汁を分泌させてから捕獲し、それを取って売るのです。ただ羆を獲っただけでは、胆汁は出ないそうです。大勢で羆を包囲し、羆にストレスを感じさせて胆汁を分泌させるそうです。単独で羆を撃っても、胆汁が分泌された胃は得られないとのことです。

私の家から三分ほどの所に、猟師の家があり、その家の主人は、親類縁者と共に、主に羆を獲っていました。この家の東北の方位に家壁から三メートルも離れた所の幣には架を掛け、その架を支えに、二メートル幅ほどの幣があり、アイヌが神々に言葉をつたえる役割をするイナウが置かれています。

和人はイナウを、削花と言います。この猟師の家では、そのイナウの先に、羆の頭蓋骨を刺した状態のものが、十数本も立てかけてありました。子どものころ、羆の頭蓋骨は怖いのですが、そのうち慣れてしまいます。けれども、そういう家には、欲しくても子どもが全然授かりません。

この一族の家数軒に、こうした光景がありました。私の家の近くの幣のある家では、親類の子どもを養子にしていましたが、その子たちも、長くは居つかないのです。本当にそれが不思議でした。そういう人たちは立派な生活をしています。羆をいじめ過ぎたのかなとも思います。

ある時、一族の人が一人で羆猟に出掛けましたが、出先で羆に襲われて遭難死をとげます。年齢的には五十歳を過ぎていたと思います。威厳のある面立ち、立派な体型の人でした。この方の葬儀に私は行っていません。母に止められたのです。戸外で遭難されたということは、悪いつき物のもたらした災いだろうから、ということでした。葬儀には、父も母も行っています。そういう所から、母は私を隔離するみたいな所があって、私に嫌なことを教えないようにしていました。あとで他の人から、葬式があったと聞いたのです。猟師は、たまには羆に食われることもあるのです。この家では、親戚から女の娘をもらい受け、養女にしていました。

彼女の養父（伯父）の死後、ある寒い冬に、彼女は雪の中山へ薪をとりに出かけた時、かぜをひいてしまいます。熱がいつまでも続いているうちに、肺炎になり、若い彼女も、衰弱するばかりで、お医者にもかからず苦しんでいました。やがて実母の元へ連れもどされることになりましたが、その頃は、乗り物に乗るのもままなりません。実家までは山越えの野の道も遠く、浜辺の道へ出ても、さらに三キロはあるであろう道を、病人の彼女が何人かに付き添われて歩いて行くのです。その後入院したということも聞かず、ついに亡くなられたとのことです。私は同じ村の同年代の女性三人と連れそって、彼女のお悔やみに行きました。

私は娘時代に、何人もの友だちを亡くしています。病気になっても医療費がないために、命を落とした友人が少なくありません。

そんな会話を耳にするたびに、私は大人になったら医者になろうと思うのです。医者になるとはどんな事なのかも理解できない子どもが、そう思わざるをえないような、さまざまな貧しさを噛みしめていたものです。仲良しの友だちを亡くすたび、奥の部屋に入って布団を頭から被って、大泣きしました。

姉茶最後のイオマンテを目撃

羆送りの儀式は姉茶の村でも行われていました。最後に行われたのは、私が十一歳の時、一九四四年のことです。私の家から二五〇メートルの所で、二頭の子熊を檻の中で飼っていました。子熊のうちは飼い主のおじさんと散歩していましたが、成長すると檻に入れて飼っていました。その冬、「イオマンテ」*が行われました。イオマンテというのは羆の霊送りです。その日私は、羆送りを見ていて、遅く帰りました。三番目の弟の富夫がまだ赤ん坊で、私がその子のお守りをしなかった、と怒られた覚えがあります。

* 北海道におけるイオマンテの儀式は一九五五年に北海道知事名による通達によって「野蛮な儀式」として事実上禁止となった。二〇〇七年四月、この通達は撤回されている。

イオマンテでは、広場に羆を追い立てて、ヨモギの枝の「ハナヤ」を弓につがえて打つのです。それで最終的に羆の首を絞めて殺すのですが、その頭を祀って「羆の霊を送り」ます。私はそれを見ていました。羆を養っていた人の親戚のおばさん方は、みんな泣いて送ったと言うことです。

その羆の子を飼うのはマタギの家です。山奥で二頭の子熊を連れた羆の親を見つけたのは、

イオマンテで、羆を広場の杭につなぎ、エペレアイ（儀礼用の矢。刺されにくく加工されている）**を射かけ、「遊ばせる」。**（1914年に撮影された写真）

友だちのRちゃんの父親でしたが、母熊に出会ったショックで腰を抜かしたそうです。すぐに村に戻り、マタギの人たちに知らせますが、Rちゃんのお父さんは、そのショックがもとで、帰ってきて間もなく死んでしまいます。その直後、羆漁師たちはその山に行ってその母熊を殺しました。殺して、その子熊二頭を連れて来て、姉茶で育てたのです。

イオマンテの実施には、朝から夕方までかかります。日高でも最後のイオマンテになるだろうというので、あちこちからカメラを持った人も集まっていました。アイヌの人たちは各村から集まって来ます。

この後、一九五五年、北海道庁はイオマンテの儀式を、北海道知事名の通達により、「野蛮な儀式」として禁止とします。儀式は全部禁止です。アイヌ語も禁止です。それまではアイヌの村の義務みたいなものでしたが、それが壊されてしまいます。*

＊　文化面においては、アイヌ民族独特の慣習は「陋習」とみなされ、禁止されたり制限されたりした。死者の家を焼くなどの宗教儀礼、成人女性の刺青、男子の耳環も禁止された。アイヌ語が禁じられたわけではないが、日本語が奨励され、明治後半に設けられた「旧土人学校」（アイヌ学校とも呼ばれた）では、教育はすべて日本語で行われた。教化の一貫として行われたこれらの政策は、結果としてアイヌの人々の同化を招き、民族の文化存続には大きな打撃となった。日本学術会議地域研究委員会人類学分科会『アイヌ政策のあり方と国民的理解』（二〇一一年九月）より。

私は、羆が殺されるのまでは観ていられませんでした。たくさんの人で、そこまで踏み込めなかったというのもあります。絞殺す所は見たくないのです。父も母も儀式そのものは観に行きませんでした。遠方から、この催しを観に来る客人たちの接待をしていました。

「アイヌの行事に、リハーサルはいりません」

私が七十代半ば頃の事です。新潟の十日町市主催の縄文祭に呼んで頂き、「今に生きる縄文の精神、アイヌの心と文化を感じよう」という講演をしたことがあります。

その時、佐渡の鬼太鼓の奏者が、笛を吹く方二人を連れてやって来て、私の話の後に、その方たちとアイヌの音楽をコラボレートした舞台を披露することになったのです。そして、鬼太鼓の奏者の方が「宇梶さん、講演の前にリハーサルをやりましょう」と言われたのですが、その時私は思わず「アイヌにはリハーサルなんかありません」と言い返していました。

この時、アイヌ側の演者は私を含めて三人です。唄い手（掛け声）は私が務め、残る二人は踊りの担当です。太鼓と笛は、私の「エッサホイ、エッサホイ」という掛け声に合わせるよう即興でやってもらいました。

私の掛け声に合わせて二人のアイヌ女性が踊りをリードします。そこに太鼓と笛の音色が加わって、最初は座っていたお客さんたちも、立ち上がり、輪になって踊り始めました。小さい子どももはねて踊っています。会場は次第にヒートアップしていき、とても盛り上がりました。

演奏後の交流会の席上、鬼太鼓の奏者の方が、「いやあ、宇梶さんに、リハーサルをやろうと言ったら、宇梶さんは、『アイヌの行事に、リハーサルはいりません』と言われたものだから、どうなることかと思っていましたが、見事に成功しましたね」と褒めてくださいました。

アイヌの音楽は手拍子と掛け声です。お祈りの儀式やセレモニーが終わった後は、唄って踊る、跳ねる。すべては即興です。アイヌは「ホレ、ホレ」日本語で言えば「おいや、うれしいな、ありがとうカムイ、聞いていますか。私はこうして生きています」と、即興で歌うのです。

一九四〇年代までは、アイヌ同士の交流が盛んに行われていました。何かの儀式があれば、その後に必ず、皆で唄い、踊っていました。リズムの合間に即興で歌詞を入れ、唄うのです。一人ひとりが、その場の状況を口ずさむメロディーを持っています。アイヌには、見世物のような唄や踊りはありません。共に歓びを分かち合うためのもの、カムイが喜んで、自分も喜ぶ、そうするために唄い、踊るのです。

ユーカラを好んでいた父母

知人のお母さんはユーカラの伝承者で、地域で一人でした。この知人というのは、一九二六年生まれで、私の姉と同じ年齢でした。ユーカラ・叙事詩を語れる人は広範囲で見渡しても、そのお母さんしかいなかったようです。その知人は、いじめや差別された経験から、アイヌ文化が大嫌いになってしまい、アイヌの伝統を継ぐなど考えられないような状況で育ったのです。したがって、伝承者になるのを嫌がり、ユーカラの伝承者は自ずと消滅せざるを得なかったのです。これが戦後のアイヌの実態です。父や母は、時々ユーカラを聞きに行っていましたが、それはいつも私が寝た後でした。私は、大人たちが帰って来てユーカラの話をしていたのを、布団の中で聞いていました。だから、ユーカラってアイヌ語で調子を取りながら語るものなのかと、耳で伝え聞いたのです。

『アイヌ神謡集』（岩波文庫）**と知里幸恵**（1903-22）

かってユーカラは、語り部の家に、村人が集まって何日もかかってユーカラを聞いていたようです。戦記もの、戦争を語ったユーカラが多く語られていたようです。今で言うと、講談みたいなものなのでしょう。ユーカラの語り部のお母さんは、私の父や母よりも少し上で、他には、もっと年上のおばあさんとおじいさんに、語れる人がいました。その人たちには、知里幸恵*さんのように、自分の一族の中にユーカラを語れる人がいたのだと思います。私の母は、早くから親に死なれ、生活が成り立たない状況で、アイヌ語でアイヌのことは語れても、ユーカラは語れませんでした。父も母も、ユーカラが好きで聞きに行っていました。

* **知里幸恵**（一九〇三―二二）北海道登別市出身のアイヌ女性。十九年という短い生涯ではあったが、その著書『アイヌ神謡集』の出版が、絶滅の危機に追い込まれていたアイヌ伝統文化の復権、復活へ重大な転機をもたらしたことで知られる。

アイヌの精神性とカムイノミ

よく、「アイヌの精神性というものはどういうものか」と聞かれることがあります。私は昭和八年生まれで、家族に囲まれていた幼少期を過ごしましたが、少し物心ついた頃の思い出など、生活の中で親や姉兄弟たちとの暮しぶりを振り返ってみても、これこそが「アイヌの精神性」だ、と特筆するようなことがらは見当りません。

しかし、そんな中でも、親たちは常に神を敬うことを忘れません。「火のカムイを粗末にするな、水を汚すな」とよく言われました。たとえば、植物の採集の時など、「成長している植物を頂く、未成熟のものは採ってはいけない。種を絶やすな、生き物たちをよく観察しなさい、あのものたちは、自分の生き方を大切にしている。お前たちも、子どもなら子どもらしくしなさい。水は生きているんだよ」などと、言われたものです。海や陸地や、山や野から、食物や、生活に必要なものを頂いているのだから、と。

たとえば道中、生理的な理由で、お通じなどをもよおします。民家もなく、野や山中では、自然のお世話になるわけです。「用を足した後は、木の葉か草で、それをおおいなさい」と言われます。「汚れ物を、太陽様にお見せするな」と言われました。「成人した女性の生理に使用した布などの洗濯物は、太陽様の当らない所に干しなさい。人様や他の生物の悪口は言うでない。見目形は違っていても、それぞれの役割を神から仰せつかってのことだから」とも言われたものです。

ことあるごとに、カムイノミを、神様に祈る行事を、わが家で執り行います。他人ではありますが、同胞の老人たちが何人か我が家に来られます。そんな時の、おじいさんやおばあさんの口調はとてもやさしい。たとえば何か、彼らなりに、子どもたちに告げたいことなどがある時は、こんな口調で話します。「あのなぁ〜」と、その声がやさしいのです。昔の話を聞かせてくれます。だから、私たち子どもは、「うんうん」と言って聞いていたものです。

何を聞いたのかは、ほとんど覚えていませんが、このことだけは覚えています。おじいさんも、おばあさんも、「おれたちはな〜、ばかにされる人間たちではないんだよ。とてもすばらしいんだよ。だからたのむよ」と。

今思うには、地球がお話ししてくださったか、と思います。何故なら、私たちは地球の中で見守られて、食物もすべて与えられています。私たち人間がなせることと言ったら、与えられた有る物を、駆使して使ったり作ったりするだけです。それなのに、何が不足で、人が人を殺す戦争などを起こし、罪のない人々を痛めつけ、苦しめるのでしょうか。

アイヌの精神性は、きっと地球がもたらす尊いことがらを心の深くに据えて、敬って生きることではないかと思うのです。だから山の中で茸などに出会うと、敬って感謝する。「ありがとう茸さん、あなたを頂いて食べさせて頂きます、そしてあなたと生きるのです」と言って唄ったり、踊ったりします。

私の知っていた老人たちは、そろって明治時代を生きた人々でした。私の姉は大正十五年の九月生まれで、すぐ昭和になったのですが、その頃の育ち盛りの子どもは、和人がいる家の前を通るたびに、アイヌ、アイヌと呼び捨てにされ、はやしたてられたそうです。道などで出会うと石をぶつけられるので、アイヌに生まれたことを悲しんだほどで、アイヌの生活につながることがらや、ましてやアイヌ語をきらいになって育った人が多いと思います。私たちにもその流れが波及していて、水とか火とか、魚とか鳥、生物も、少々の名前はわかりますが、会話につながりません。それでも、地球が丁寧に話をしてくださいます。それを受け止めて、私の遺言にしたいと思っています。

紋別のカムイノミにて（2019年8月）

ともかくも、戦前はまだアイヌ的風習が、少しは村の中にありました。カムイ

砂澤ビッキ作「木彫りのサケ」

ノミでは焼酎です。焼酎が一升ビンで手に入るということは、一年に何回もありません。たとえば父が飲むのなら、晩酌用の四合ビンとか、二合ビンだとかは普通にありました。けれども一升ビンで買うのは、少しお金に余裕がある時だけです。魚は何貫目と置いてある家でしたから、お年寄りや近所のおじさん、おばさんを「呼んで来い」と言われます。そうすると今で言えば七十歳ぐらいのおばあさんも一緒に来ます。車座になり、カムイに感謝し、日ごろの健康を感謝したあとで、うまい酒を飲むのです。

誰かが歌うと、皆すぐ歌いだします。歌いだすと、(♪)足痛いんだ、俺は(♪)。俺は足が痛いんだと言っている人たちが、立ち上がって跳ねるのです。座るときは「痛い、痛い」と言うのですが、「痛い、痛い」と言いながらも跳ね、すぐまた歌うのです。楽しそうに世間話をしたり、猥談をして、大笑いして楽しむ、大人ってばかだな、と思っていました。あんな馬鹿言って笑っていると。

子どもたちはカムイノミの後ろで楽しんでいる大人の後ろで遊んでいました。近所の子どもらも来るから、大騒ぎして遊んでいました。だから、最初は「大人ってばかだな」と思っていたのが、やがて「ああ、そうか、大人たちというのは、自然の中で性教育をしているんだ」と、わかるのです。

私（左から3人目）と砂澤ビッキさん（1985年頃）

砂澤ビッキ[*]さんの彫刻を見たときに、ああ、砂澤ビッキさんもカムイノミの席の後ろで遊んでいた子どもだったのだな、と思いました。彼は優れた彫刻家ですが、少々卑猥なところがあります。彼もカムイノミの中で、男と女の営みとかを覚えていったのだ、と。それが彫刻になっているのだと思います。

＊ **砂澤ビッキ**（一九三一―八九）　アイヌの彫刻家。北海道アイヌ協会、北海道教職員組合、『北海道新聞』等と、しばしば対立的な立場を取っていた。このこともあって『「アイヌ」芸術家』という枠にはめられることを嫌っていたと言われるが、背景には旭川でアイヌ民族が置かれた複雑な歴史的事情が窺われる。

カムイノミは一週間ぐらい行われますから、その間、カムイノミの主宰者たる父は、客人全員に飲ませたり食わせたりして、せっかく稼いだお金はなくなってしまいます。でも、潮時は皆わかるのでしょう。時が至ると、皆自然に退散していくのです。あれが父の功徳ではないかと思います。昔のアイヌはそうやって生きてきたのでしょう。みんなに分けないと、神様にたいして恥だと思っていたのでしょう。

リミミセの異様な声

かつて女性史を書いた『青鞜』の人たちも言っています。「元始、女性は太陽であった」と。アイヌも「カムイフチ」って名前で、「神なるおばあさん」という名前を持っているから、おばあさんは尊いものとされていました。富士山も「カムイフチ」です。富士山が荒れたときに、女がみんな集まってリミミセ（雄叫び）します。天に向かって叫ぶのです。カムイに、「いま山が怒っているから、どうかこれを鎮めてください」と。そういう記憶があります。日本列島にもアイヌがずっといたのです。

私の生まれた北海道の日高って所は、地震が多い場所です。ものすごく大きな地震が起きたときに、私はちょうど外で、ストーブにくべる薪切りをしていました。私の友だちも来ていました。海辺から来たおばあさんが泊まっていて、兄の嫁さんもいて、赤ちゃんを抱えていました。突然、大揺れがきました。ストーブをたいて、ストーブにごはん鍋をかけていました。私は、咄嗟に家の中へ駈け込んで行って、ごはんごとひっくり返して、火を消しました。急いで戸板を外しました。おばあさんはもう這いずって出口に来て、「オオオッ」と叫びながら出てきたのです。そのときはじめて、カムイに祈る生の声を聞きました。そういうときには本性が出てくるのです。何かすごい声、オオカミの遠吠えじゃないけど、何かそんな声でした。

ペウタンケ（神様への抗議）の雄叫び

男の人々のオタケビを見聞したことがあります。人間が災難を受けた場合、人々は神様と対等だと思っているから、神様に向って抗議します。ペウタンケと言って、一回見たのですが、私の家の近く、何十メートルも離れていない家のおじさんの弟が、静内の河原で雪の中で凍死しました。

その葬式を見た時のことです。白壁の立派な家に住んでいましたが、外で死んだ人の葬式は、横の壁を破ってそこから遺体を出すのです。広い庭には、屈強な男が二十人はいました。庭で輪になって、それぞれ刀を携えて足で大地を踏み鳴らしながら、刀を天に向け、天を突きさすような仕草で、「オオッ」と大きな声で雄叫びしながら輪になって、地を蹴り、強く足踏みをして進みます。

神様に、「私ら対等であんたを敬っているのに、あんたが目を離してこの子どもが凍死したんじゃないか」という抗議だそうです。そういう行動を、私は見ました。治造が二、三歳の頃だから、私は八歳の頃のことです。

アイヌの葬儀と深い悲しみ

悲しいことがたくさんありましたが、十四歳のときに、父のおじさんに当たる浦川弁次郎(ベンエカシ)が亡くなりました。そのときアイヌの葬式をわが家で行いました。

葬儀の日、家の仕切りを全部取り払って一つの部屋にし、奥座敷にエカシの亡き骸を寝かせます。喪主は仏の横に座ります。入口からシヌエ(口の周りの刺青)をしているおばさんたちが家の中に入って来ます。その仕草は、出入口の仕切りを、片膝を立て、もう一方の片膝を折り、引き摺るような格好でしづしづと泣きながら進み、喪主の次席に座り、亡き人に向い、生前の思い出をひと語るのです。来た順に、次々とその座に並びます。そんなふうに泣きながら座って供養するのです。その人の思い出とか、その人との生きた時代を語りました。

そうすると村のおじさん方が庭にむしろを敷いて、何人も集まって、神様へのお祈りをするイナウをつくり、それで葬式の仕度をします。おばさんたちは米の粉をついて団子をつくり、魚が入った汁物を添えて、お悔やみに来た人をもてなします。そういうもてなしをしてから、遺骸をお墓に持っていって埋めるのです。

姉の子どもが亡くなった時は、生まれて何カ月もたたない水子だったのですが、ベンエカシが亡くなる前でしたので、エカシが先祖に送ってくれました。その後、姉や母の葬式にも立ち会いました。その間、自分の家の不幸だけではなくて、何人かの友だちにも先立たれ、私は泣きました。母に「そんなに泣くんじゃない」と言われても、布団の所に行って、顔をうずめて泣きました。山に仕事に行っていた若いお兄さん方も、栄養失調状態で村里に戻って来た後、疲れた身体にかぜをひき、医者にかかるお金がなく、そのまま衰弱して死んだ、という話を聞くと、また悲しくて泣いていました。村では、そういう悲しいことが絶えませんでした。

アイヌの幾つかの言い伝え

子どもの頃、春になると、私たちはよく、山に山菜、野に三葉などを摘みに、家族、姉や、近所のお友だちと出掛けました。そんな時、お弁当箱にごはんを詰めて、漬物などのおかずを入れた弁当を持って行くのですが、お箸は持って行きません。山で小枝を折って箸の代りにします。弁当を食べ終えると、「使った木の枝の箸は、必ず折って捨てなさい」と言われました。それはどうしてかと言うと、そのままにしておくと「野や山で暮す生物たちを惑わすから」、「魔が差すから」というのです。野生の生物と人間の食べ物の違いを、他の生物が、たとえば匂いなどをかぎわけて、我等を惑わす、などということを言いたかったのか？　と思いました。

それから、生理が始まる年頃になった女友だちが川で泳いでいると「十六、七にもなって川で泳ぐものじゃない」と怒られます。「川のカムイを汚すではないか」と。

また、冬の夜が長い夕食の後など、時には、ことわざ物語を語ってもらうことがあります。

ある若い夫婦がいて、この夫の方は、狩猟をする人で、狩猟用の犬を飼っています。ご主人が狩猟に出掛ける時はいつも一緒に出掛けます。この夫婦は、豊かに暮していて、大変仲が好いのですが、子どもがいません。それでいつも二人は「子どもが欲しい、子どもをさずかりたい」と言っているのですが、なかなかさずからないので、嘆いていました。

とある朝方、この夫婦が夢を見たそうです。二人とも同じような内容の夢だったそうです。自分たちが飼っている犬が、夢の中で話しています。「私はいつも可愛がっていただいて、ありがたいと思っています。が、私も年頃、青年期です。私にも恋犬になる若い女犬が欲しい。しかし、いつも縄でつながれているので、恋犬を探しに行くことができません。私も伴侶を見つけて、家族を持って子どもが欲しいのですが、つながれていては、思いは届きません。それで、ご主人夫婦にもわかってほしくて、貴方方に子どもをさずけないのです」という夢を見せられた若夫婦は、そうであったかと反省して、犬を縄から放してやりました。犬は喜んで彼女犬を探し当て、子どもをさずかり、その後、若夫婦も子どもをさずかりました。

という物語を聞かせてもらいました。

このような物語を通じて、ことの是非、ことわけなど知らせあっていたものだと思います。

ある時、妊娠している若い女の人が、囲炉裏で燃やす薪をとりに山へ行きました。彼女は、夕刻になっても山から戻ってきません。彼女の家族も、村の人々も、彼女が山で迷って、家へ戻れないのではないかと、心配した人々がこぞって探しに山へ向かいましたが、彼女の姿はどこにも見つかりません。いく日もいく日も探しましたが、とうとう見つからなかったということです。

家族も、村の人々も、彼女はどこかで遭難してしまい、戻ることができなくなったものと、あきらめかけた頃のことです。春になって暖かくなった時、その彼女が可愛い赤ん坊を抱いて村へ戻って来たそうです。家族も村人も大変喜んで、無事であった喜びと、今までどこでどうしていたのかと彼女にたずねました。

彼女曰く、「私はあの日薪をとりに山に行ったのですが、薪を集めているうちに産気づいてしまい、山の中でどうすることもできず苦しんでいました。すると、どこから羆が現れて、私を助けてくれました。その羆は、巣穴の中へ私を連れて行ってくれました。私はその穴の中で無事出産することができました。穴の外は寒いし、赤ん坊を外へ連れ出さず、時が来るまで、そこで羆のお世話になって暮していたのだ、と言いました。

それを聞いた村人は、さっそく山へ行って、彼女を助けた羆をうち殺してしまいました。それからは、羆のカムイが怒って、妊娠した女を見つけると殺してしまうので、妊娠している女性は、山へ行くではない、という言われがあります。肉食の動物たちは獲物をとらえると、その生物の内臓を食べるものだそうです。だから、お腹に赤ちゃんがいる妊婦は、肉食の動物にはさぞおいしそうに感ずるのでしょう。

ある旅人が、村里を通り、山道を越えて、用事をたしに出掛けました。この人は、向かった先で無事に用事をすまして、家路を急ぎました。夕刻も迫り、だんだん暗くなってきましたが、いつも通い慣れているはずのこの道が、今回に限って、暗い夜になるのには早いと思うのですが、すっかり暗くなって、行く先がわからなくなりました。

そんな時、灯がともっている家がありました。それで、この家に助けを求めて、家の戸をコツコツとたたいてみました。この家の戸があいて、中から男の人が出てきました。「自分はいま、かくかくしかじかで、夜道を迷って困っています。どうか夜が明けるまで、泊めてくれませんか」と頼んでみました。

すると、この家の主人の男の人は、あいそよく、「ああ、どうぞ、どうぞ、泊って行ってください」ということで、まずこの家の居間の囲炉裏のそばに座りました。この家の主人は、たいそう良いごあいそで、暖かなお茶など勧めてくれました。せっせと食事の仕度をして、「夕食を、どうぞ食べてください」と言って、食物を炉端によそうのです。炉端では、食物をすくって食べるのには、たいへん食べづらいものだから、この旅人は、この家のご主人にたずねました。「たいへん食べづらいのですが、どうしてこのようなことをするのですか」と。

それに応じてこの家のご主人曰く、「実は、私は昔あなたの家で、飼われていた猫なのです。あなたはいつも、私の食物を炉端の上に置いてくれていました。スープを飲みたくても、飲むことができずに、いつも残念に思っていました。たとえ猫であっても、炉端ではなく、食物を器に入れていただければ、スープも飲めたものを。私はそのことをあなたに知ってもらいたくて、外をまっくらにして、あなたを道に迷わせて、ここへ呼び寄せたのです」この家の主人で、もと自分が飼っていた猫が言いました。それでこの旅人は村に戻って、村人を集めて、自分の体験したことを話して聞かせました。村人たちも、皆反省して、たとえ獣であっても、丁寧に扱うものだと思わせられたのです。

というお話です。

よく物語の主人公を、動物にたとえたり、虫であったり、さまざまな生物がいたずらをして失敗する、たしなめられて反省するなど、人間の子どもの教育のために、こうした物語を創作したものだと思います。私の知る限りではありますが、私の両親からして、朝食時に朝方みた夢、その夢の中の内容を話すことがありました。それは、だいたい今後何かに出会うか、何か起こるか、災難があるか、災難であれば、どう回避したらしたら良いか、悪い夢を見たな、とか、いや、良い夢を見たとか、覚める前に見た夢の話題がよくありました。

私自身も、よく夢判断をします。これは、アイヌ民族だけに限ったことではないと思うのですが、どうしてなのでしょう。それは、ほんの、たまのことです。朝目覚める少し前だと思うのですが、よく夢を見ます。今朝、知人が大写しで夢の中に現れました。この日電車で二〇分ばかり行った先の商店街で、買い物をしていました。「静江さん」と背後から声を掛けられましたので、ふいっと振り返ると、なんと、今朝夢の中で現れた知人ではありませんか。「わあっ！今朝夢の中で、あなたを見たのよ」って話しました。こんなことを、正夢というのでしょう。予知夢など、先に起こるでき事を、前もって知らせてくれるのです。こういう予知夢は、時々見ることがあります。

アイヌは、夢に限らず、道中、突然藪の中から小鳥たちが飛び出して来て、猛烈に争っているのを見ながらいると、その日のうちに、自分が誰かと争わなくとも、誰かと誰かが、猛烈に争っているのに出会います。必ずその日のうちに結果が出るのも不思議です。春から夏にかけて、蟬が幾種類もまざって、燃えるように唄います。こんな年は、作物が豊作であったり、また年によっては、虫たちの声も静かで、もちろん蟬たちも静かであったりする年は、雨天が多く、気温差が激しく、したがって不作の年とされます。これは統計の結果にも出ています。

自然の中では、野犬や鳥などが危険を知らせてくれます。鳥の中でも、村里の暮しの中では、烏は情報の伝達者です。遥か彼方で犬の飼い主、あるいは知人の誰かに遭難者が出ると、不思議とそのことを知らせに来てくれます。遭難者がいる方向を向いて、普段の鳴き方と違った声でかなしそうに鳴くのです。人々は、犬や鳥の知らせに反応して行動します。

また、猟犬は猟師である主人と深山に分け入って行動を共にしています。運悪く猟師である主人が遭難した時などは、家族に知らせるために、村の我が家に戻り、家族に知らせ、自ら遭難現場の案内役をします。自然と共に生きる人々は、こうしたことを大切にして、身を守って来ました。それが自然と共に生きるということなのです。

また、狩られるものたちは、良い心のアイヌの手にかかりたいと思っている、という言い伝えもあります。たとえば、茸採りに山に入って、良い茸、もりもりと成長している舞茸の前に行った時などは、そこで小躍りしながら唄うのだそうです。「私はあなたを探しに、この山に登って来ました。やあ、舞茸さん、出会えましたね、あなたを頂いて持って帰って、おいしい食物に調理します。そしてあなたと私は一緒になるのです」と。茸だけでなく、山菜採りの時も、唄いながら探すと見つけやすいのだそうです。茸のまわりの草や草花と同じ地に育ち、お互いの成長の唄を唄いながら育っているのでしょう。

よく茂った茸のそばには、それを守るようにヘビがいます。たいがいは青大将と言われ、長さが二メートルあるのもいます。おとなしい生き物ですが、なにしろ長くて青光りしていて、あまり好まれません。ヘビがいると、茸は鈴なりになっています。椎茸も採れずに次を探します。

自然民として育ったアイヌですが、魂の中に残っている自然へのあこがれは、ノスタルジーとして懐にあるのです。人々は自然に接することで、心や身体全体に入ってくる酸素に癒されます。少々衰弱した身体でも、森林浴で元気になります。気候の良い時季など、少しの時間を贅沢に使って、木々の下にいると、側に生えている草々の唄、梢をゆらす風の唄が聞こえてきます。脳の記憶がよみがえって、楽しかった時に口ずさんだ唄が、草々の唄、梢をゆらす風の唄と一緒になって、すばらしい世界に誘ってくれます。決して自然を忘れないで欲しいのです。

Ⅳ　大地よ！

大地よ
重たかったか
痛かったか

17　問われる現代文明

二〇一一年――大きな節目の年の出来事

今この国に生きている人であれば、誰もがこの二〇一一年という年を忘れることはできないでしょう。あの「未曽有」とか「想定外」と形容された東日本大震災が起こった年です。マグニチュード九という巨大地震の発生、それに引き続いて生じた大津波、そして、今なおその惨禍を及ぼし続けている福島第一原子力発電所のメルトダウン事故。

それは私にも同様なのですが、私にとって二〇一一年はそれ以上に重要な転換点となった年でもあります。

あの日、三月十一日、私は木更津の自宅に居ました。その三日前には北海道の浦河町で講演を行い、その時のお土産に買ってきていたお魚を焼いている最中のことでした。ただならぬ大地の揺らぎに、これは大変なことになると直感し、すぐにTVを付けましたが、その後の津波や原発事故を含めて予想以上の被害が広がっていることがうかがえました。

実はこの日の夜、吉川英治文化賞*の受賞式が予定されていたのですが、それは地震のために急遽延期となりました。

＊ **吉川英治文化賞** 公益財団法人・吉川英治国民文化振興会が主催し、講談社が後援する文化賞。日本の文化活動に著しく貢献した人物・並びにグループに対して贈呈される。一九六七年から運営されている。

被害の拡大を知るにつれ、居ても立ってもいられない気持ちでしたが、何ができるという訳でもありません。私にできることをやるしかない。それは、それまでと変わらぬ日々を生きることに他なりません。私は、ことさら気負わずに日々を生きて行こうと思いましたが、そう思うところからして、既に余計な力が入っていたのかもしれません。二〇一一年はことのほか忙しい年になりました。

本書の冒頭に掲げた詩「大地よ」が生れたのも、そんな忙しい日々の中でのことです。あれは地震発生から一週間しか経っていない時でしたが、私は震災前から予定していた大阪での古布絵作品の展示のため、大阪のビジネスホテルに滞在していました。一仕事を終え、ホテルでくつろいでいた時に、天から降るように、あの言葉たちが下りてきたのです。私は、咄嗟にその言葉をホテルのメモ用紙に書き留めたのです。

この年は、ほかにも幾つかの詩作品が私の手を通して形をなしましたが、それらはいずれもそんなふうに生まれたものです。

おくるみ

思い出は
おくるみのように
あったかくて
そっとおくるみに
くるまってねむってみる。
二〇一一年一月

あの日あの時

せっせとあるいて　せっせとはしって
せっせと働いて　働いて
だからと言って　何か身につく
実になるものは　ちっとも残っていないけれど
せっせと　前へ前へと
むかって来た　自分が好き
今では　なにごとにおいても
せっせと出来ないけれど
あの時々　せっせと生きた自分が好き
ありがとう。

二〇一一年二月十日

路傍におられるお地蔵さま（愛の発信地）

いつも
おやさしい笑顔で
愛してるよって言っているみたい
雨の降る日に
お地蔵さまに会いに行ってみた
路傍のお地蔵さまは
雨にぬれながらも
愛してるよって言っているみたい

雪の日も、嵐の日も
相も変わりなく
ほほえみ続けています
私は
路傍のお地蔵さまに伺い言ってみた
愛しているって
路傍のお地蔵さまからのお声が返ってきました

愛しているよ
私とお地蔵さま
声が
一つになって
美しい花が咲きました

二〇一一年三月十四日

ひえデン　あわデン　こめデン

ひえデン　あわデン　米デン
詩なんか　つくったって
喰っていけなぇ　嫁のもらいでねぇ
喰って生きるものを　つくれって
言われた
ああ　麦さん　あんたがたより

詩をつくらせて……
麦さん　あんた　私を食べて
詩をつくって……

足をはずせば　谷そこか
はずすも　とどまるも
じごくか　さてまた　ごくらくか
ほんのわずかな　すきまこそ
じごく　ごくらくの　わかれめか

行こうと　思っても　行けない　所がある
愛していても　会えないことがある
そこに行くには　会えるには
すべてをはばむ　無情なのか
なにものかによるせつりか
行く先が　くらがりか

とだえた道程か

大きな意思なのだろか
東北地震さいがいに重なるような
ゲンバクによる　さいがい
てんさいと　人さいが重なり
未完です

二〇一一年四月五日　北海道物産会館にて

あなたへの手紙

居心地のいい　気のおけるところへ
いられるべくして　いられるところへ
帰っておいでね……
そこには　あなたの
いにしえからのメッセージである

記憶
その記憶の中で見た
花が咲いているよ
迷い多く　複雑に揺れる
世の流れの中にあっても
あなたの心の
いちばん清く澄んだところに
その花の種があるよ
しまっておかないで
心の地に　種をまこうよ
そして
あなただけの花を咲かせようよ
あなたがふみしめるべき
道標として

二〇一一年七月二十六日

この二〇一一年はまた、私が六十三歳で古布絵作家としての活動を始めてから十五年目に当たります。決して若くはない私が、十五年もの間古布絵作家としての活動を継続してこられたのは、もちろん多くの人の助けがあったからですが、私自身の内部にも強い意欲が湧き続けていたからでもあります。そして私は、この大地の鳴動に呼応するかのように、「まだまだ耄碌してはいられない」とも思ったのです。

何よりもアイヌの前途には、まだまだ解決すべき問題が山積みなのですから、ここで足踏みをしている訳にはいかないのです。

吉川英治文化賞の受賞の知らせは、この年最初に私を驚かせた出来事でしたが、この時の「受賞のことば」には当時の私の感懐が率直に語られています。

受賞のことば

吉川英治文化賞に決まったとき、大きな大きな渦の中に居る思いでした。「ああ、〃カムイ〃よ！」怒濤のようにどっと押し寄せたわが身内の顔々。すでに亡き両親、兄や姉、今日までさまざまな困惑の中で支え続けてくれている子供たち、孫、ひ孫、めいやおいたち——。

何をおいてもこの大きな賞を頂くに当たって、ベースになったものはアイヌ伝統文化に基づいた作品作りにあったのですが、その作品を認めて背中を押してくださったアイヌ同胞はもとより、異文化であるところのアイヌ文化を理解され、厚く見守ってくださった和人の方々のふところの大きさを感じたのです。十九歳までの私は、何によって差別があるのか、格差社会なのか、知るすべをもたなかったのです。

私の願いを理解してくれて世に送り出してくれた老親。何かを見つけたい、特にアイヌ全体がおかれた差別の実態を知りたい。暗くて長いトンネルをとぼとぼと歩いている中、煌々と大きな光を携えたアイヌ伝統文化、その〝カムイ〟に出会ったのです。

叙事詩を〝布絵〟によって表現する。そう思ったとき体中が火になったようでした。

アイヌがアイヌの伝統を失うことは〝人が人である〟という誇りを失うということ。アイヌ民族に語り継がれる言葉の中に、人は人らしく生きるという言葉があります。アイヌ模様は、縄や、或いは自然のエネルギーのモチーフによって構成されています。私達アイヌは、異文化による圧政下の苦しみを背負わされてきましたが、大自然の摂理はそれが〝是か否か〟を、真実をもって知らしめています。

(『吉川英治賞　平成二十三年度要項』二〇一一年四月)

受賞を祝う会の記念写真（2011年4月）

そしてこの年、私は『すべてを明日の糧として――今こそ、アイヌの知恵と勇気を』（清流出版）と詩集『ヤイコイタク　ひとりごと』（宇梶静江詩集刊行会）という二冊の著書を出版させても頂きました。二〇一一年、いろんな意味で、それまで続けてきた私の表現活動が、一つの節目を迎えたのはどうやら確かなことのようです。でも、私はそこで歩みを止めたわけではありません。

東日本大震災がもたらした災禍は、この国にたまっていた様々な歪を、ひいては現代の文明そのものが陥っている陥穽を、表面に露呈したように思えるのです。地震や津波は一般に天災といわれますが、この国に住んでいる限り、天災といってすませるわけにはいきません。その後の原発事故でこそ「人災」という言葉が使われましたが、津波にしろ、地震にしろ、この国に住まうという人為によってその被害を被っているのですから、それらも人災であることに他ならないのです。

厳しい言い方をすれば、自然を忘れ、歴史を忘れたこの国の人びとがこのような災禍に合うのは、半ば必然だったといえるでしょう。私たちは、もっと自然を敬い、虚心に歴史を学ぶ必要があったのです。

私がアイヌであることを通して、この地の先住の民として訴えたいのは、そういう生きることの基本的な態度についてのことです。今や、アイヌ自身の中からもそのような精神性が失われつつあります。だから、私は、まずはウタリたちに訴えたいのです。

アイヌの内なるエネルギー

かつては、アイヌの女も男も、事あれば活発に唄い、踊りました。しかし長い間、アイヌの祭典の文化は閉ざされ、眠らされていました。活発で魅力に満ちたメノコ。勇敢で優しいオノコ。私には目覚めよという時の声が聞こえます。

さあ、立ち上がり、祭りの仕度をしようではないか。手拍子と掛け声だけで鳴り響いた勇壮さを取り戻そうではないか。

これからアイヌ民族が果たすべき役割は大きい。壊され続けている土壌、汚された空気、汚水、海村の悲惨を、アイヌの祈りで修復しなければなりません。山や野の修復は、木々を植え、水を蓄え、満たされた水の流れを野に送るのです。山や野、水中に生息するさまざまな生物たちがいます。私たちはカムイに示された役割を果たさなければなりません。アイヌが地球の汚れを清め、汚れた空気や水の中で息絶え絶えながら生息している者たちを救わなければならないのです。

広く世界の先住民と言われる人々と共通する精神性に基づき、自然を蘇らせるべく、努力を重ねなければなりません。水が本来持っている力を借りて自然を浄化するのです。森羅万象の中で、誰が現在のような破壊をもたらしているのか。誰あろう人間たちではないか。万物の中で生かされている人間が、あらゆる破壊の現象をもたらしているのです。

現在、この地球上に何十億の人間がいるのか知れませんが、たった一人の人間がもたらす破壊力は途方もない水準に達しています。この地球上に他の生物が幾億倍生息していたとしても、人間のように、直接自然を破壊するような生物は、他にありません。地球の生態系は、絶妙なバランスの上に成り立って、これまで命を保ってきたのです。

しかし今、そのバランスが、ガタガタと音を立てて崩れています。それも人間という傲慢な種が単独で巻き起こしているのです。だから、人間一人一人の意識の変革が必要なのです。

私たち先住民は、自然の破壊を畏れ、自然の破壊こそが私たちの精神性そのものの破壊であると受け止めてきたものです。今の事態は異常であり、自然に毒物が蔓延しています。天がどんなに清い雨を降らせても、地上の毒物は清い水を汚し、一層毒物を蔓延させてしまいます。

今、日本の中のアイヌ民族と、世界の先住民族が相集い、このような現象に対する対策を協議しています。私は、未来に向け、今存在している生き物たちが持続的に生存できる世界を取り戻したいのです。

自然は語る、大樹は語る

アイヌの戒めが示している教訓は、「人間界においては、人を賤しめてはならない、人を殺すな、悪、姦淫をなすな、盗人になるな」などです。アイヌの世界では、時効という概念はありません。何故なら、罪を犯した者は、誰にその場面を見られなくとも一生、自分が知っているからです。一生自分自身が苦しむ。自分自身で罰を受けるのです。誰が見ていなくても、カムイが見て知っているということです。

たとえば、村や広い地域で、民族の長を選ぶときはこうした方を選出します。シレトック＝紳士的で理知的な人。ラメトック＝優れた知恵者で勇敢で強い人。チャエトック＝論理に優れ知恵を持った弁論のたつ人。この三つのものをそなえた者こそ、その民族の長なのです。

アイヌには、世襲制度はありません。すべて民衆によって長を選ぶのです。アイヌは、雨は天に降るとも言います。地上の豊かな水分は蒸発して蒸気になって天に昇るからでしょうか。朝露は植物の葉の上に透明な珠玉になって林立しています。あの玉が蒸気となって天に行くのでしょうか。降る雨が、水となって、地上の生物たちを育む。雨が水を司る。こうしたわざは、人間の力や知恵が及びません。アイヌ民族は口、口、言葉で伝えます。教えるということは口伝えをもって、ことわざ、教訓を伝えることとです。

子どもたちへの教えは、してはならないこと、あるいは反省させることとは、生物を主人公として創作された物語として伝えられてきました。虫、魚、狐、狸、あるいは犬や猫などの生物を主人公にすえた教訓です。人を主人公にした物語は、主に、他の国から押し寄せて来た者たちが、諍いを持ちこんできたため、やむに已まれず戦う物語です。

アイヌでは、「人殺しはいない、物乞いはいない、盗人はいない」が民族の自負でした。今日でも、こうしたモラルが、自負できることを望みたいものですが、そのような掟が失われているとするならば、祖先が大切に守ってきた教訓が口伝されていない、ということになります。

そういった意味もふまえ、私たち自身の同族との交流こそを大切に思うべきなのです。どうすれば荒れはてた現状を救うことができるかは、世界の先住民、その一員であるアイヌを思うにつけ、危機を感じ、そう危惧する世界の先住民と手を結び、今の危機を打開していきたいのです。

先住民は大地と添寝してきた民です。自然こそ抱きとめてくれた父母なのです。父母は言います。

――ここまで、よくも破壊したものだ。その破壊は誰が、いやどんな集団がもたらしたのか、一体わしらを、何だととらえているか。わしらは生命体じゃ。やたらと傷つけ、爆破して、足りずに、猛毒を撒きちらし、息の根を止めるような仕業を続けて止まぬ。これが人間という生き物の仕草だ。わしらだとて、死滅してしまったら二度と蘇らない。まったく別な事態になるだろう。

――アイヌよ、世界のアイヌよ。どうして、わしも、お前たちも生きていることができているか？　わしは大地だ。持っている物は土地と岩だ。それだけでは生命は育たぬ。はるか彼方から命の種が降りそそぎ、雨も降らせてくれる尊い偉大なもの、それを、カムイと言っている。この偉大なるカムイの意志によって、生命が生まれたのだ。降り注ぐ雨や、風によって、たくさんの種が、私に附着してだ。

――地球となった、大地の私は、水脈が必要だし、その水分を司るのが、雨というものだ。これがあって種たちは芽を出す。私には土地もあり岩場もあり高低もある。この高い所を山と言う。低い所もさまざまだがな、高い所には、神木が好んで生える。この木は大きく根を張り、育つと大樹となり、大切な役割を果たすのだ。低地には平地が多い。そこを好む植物が生える。このものたちが元気でいきいきと育つには、高い山から命につながる水が降りてくる、その水を豊かにするのは、あの大樹じゃ。――はるか高い所から降り注ぐ雨を、大樹は枝や葉で受け止め、幹を伝わって根元で受け止め、大地に浸透させ、地下を通り、平地に行き川をなす。この川を通るのが水だ。この水が命を育てる。水の中にはな、沢山の栄養物を含んだミネラルが海に注ぐ。海の水と川の水の婚姻によって生み出された子たちこそ海の生きものなのだ。大地からの豊富な栄養物が、海の中の食物を繁茂させる。だが、この生物たちが今、壊滅の危機に瀕しているではないか。アイヌよ、このような事態を打開する道はあるのか？

と、地球は語りました。

先住民であるアイヌは、いわゆる自然に添って、自然を大教授として、その教授、教訓を受けてきた者たちです。今では、地球＝カムイが言っておられた、あの無垢の時代とは全く変容した事態に陥っています。この荒廃しきった状態を、どう打開していけば良いのでしょうか。

何が一番大切かを考えるべきなのです。生きるために欠かすことのできないものは、水です。地下の水脈の浄化こそが、自然を蘇らせる根本的な手段となるのだ、と私は思います。

毒物を水に流すのはもっての外です。貪欲にまみれ、毒をたれ流し、地球の至る所で破壊をもたらす戦争をくり返し、現存する命を消し去ろうとする者たちの仕業を阻止しなければ、水も空気も壊滅状態に陥ってしまいます。進歩や発展を掲げて、化学的に合成された毒をまき、自然を根底から破壊する者たち。だが、こうした化け物たちに、私たちの言葉は通じません。

どうすれば、彼らにこの事態を、地球という大地の意味を深く認識させることができるのでしょうか。私には、大地の蘇りを図りなさい、という天地の声が響いているのです。

——とにかく山には大樹が必要だ。地球だって生きものだ。寝返りうてば、地震が起こる、この時の震動で大地に皺が生ずる。その時、皺や割れ目などを塞ぐのは、わしたちを支える木々の根たちじゃ。大樹はこの根を貯えておる。これが災いを防ぐ役割じゃ。地震で山や崖が崩れやすいのは、この根の張り方が足りないからだ。木々はまた、空気をコントロールし、酸素も造る。この酸素と空気こそが命であり、自然の摂理のたまものである。

この生物、植物の支えによって生きながらえている人間は、無からは、米粒ひとつ作れません。水一滴作れません。にもかかわらず、無償で与えられている偉大なるものを汚し、破壊しているのです。それこそが人間だけが持つ悲しさなのかもしれませんが、そこには何かしら根源的な不健全さがあるように思われます。

親（宇宙、地球）が私たちに教える

大きな災害がある度に思うことは、あまりにも、限られた地球を痛めつけすぎているということです。自然を癒してあげたい。古くから大地のお世話になり、大地と対話してきたアイヌは、津波、台風等の被害を受けやすい地域を記憶しています。そのような危険地域には住まないようにするべきなのです。

アイヌは文字を持たなかったので、口伝えで知らせ合ってきました。夜道に迷ったなら、「まず、慌てるな、空を見なさい。空には道案内してくれる星が煌めいている。星を見て、向かう方向を定め、それに従って行動しなさい」と。かつてのアイヌは、星の謂れや、月の謂れ、太陽の謂れなどを記憶していたものです。

潮の満ち引きなどの時間帯、風向きによる天気の移り変り、雲の動きで占います。生まれ出た赤ん坊の生死も、即占えたものだそうです。私の父は、即座に占いのできる人でした。天を知り、地を知っている民族の末裔であるアイヌ民族の血の中、骨の中には、インスピレーションという遺伝子が組み込まれています。そのようなアイヌの天性を、今後の防災のお役に立てられればと思います。

人々は天地の子どもたちです。大自然の宇宙、地球たちは、諭すように、私たち全ての人間に教えているのだ、と認識しておくと、いざ、危険な状態の時でも役に立つことでしょう。突然災難にあった時、人は慌てるものです。そんな時に心得ておくべきことがあります。即座に神に「どうしたら良いか」と話しかけるのです。神は瞬時に答えをくださいます。救われることが多い人は、常に神と共にあるからです。

自然を取り戻すこと。山は山としてなり立つ、山には木があるべきです。それも大樹です。水の源です。河川の調整、水の流れのバランス、河川の草木との調和。鳥やリスなどの餌になる実のなる木々の育成。川の中を、鮭や鱒、魚が産卵しやすいようにしなければなりません。川床の石などを調整する、自然を殺す方向ではなく、生かす方向に調整するのです。

真剣な地球との対話こそ、今とは異なる、自然を生かす知恵をいただくことにつながります。現状では、地球と共に死を待つばかりです。

私が垣間見た昭和の時代、そしてそれに続く時代は、すさまじい程の環境の変化でした。塵の氾濫、スーパーなどには食べ物が溢れています。世界の中には飢えで苦しむ人々がいるのに、この国では、その余りが廃棄食品として捨てられているという矛盾。「公害」という言葉が生まれ、やがて「環境問題」などと呼ばれるようになりました。

その日暮しの人々も多いご時世です。あまりにもアンバランスな生活。かつては想像もしなかったような少子高齢化の進展、格差の広がり。今や、気候の巡りも変調をきたし、人々はバラバラで荒廃の道を辿っているとしか思えないのです。

伝えるために

新潟で四年に一度「水と土の芸術祭」が行われています。二〇一二年、私はこの催しに、古布絵作品を展示参加させて頂きました。この開催中にさまざまな人々との出会いがありました。この芸術祭主催者の中に阿賀野川鉱毒事件に関わっている方々との出会いがありました。すると、五月四日には、この鉱毒事件の慰霊祭が毎年行われていることを教えられ、以後、毎年参加することになります。

この時、この地と水俣の奇病との関りを、そして石牟礼道子さんの存在を感じないわけにはいきませんでした。以後、毎年五月には新潟を訪れていましたが、二〇一六年から、私は体調

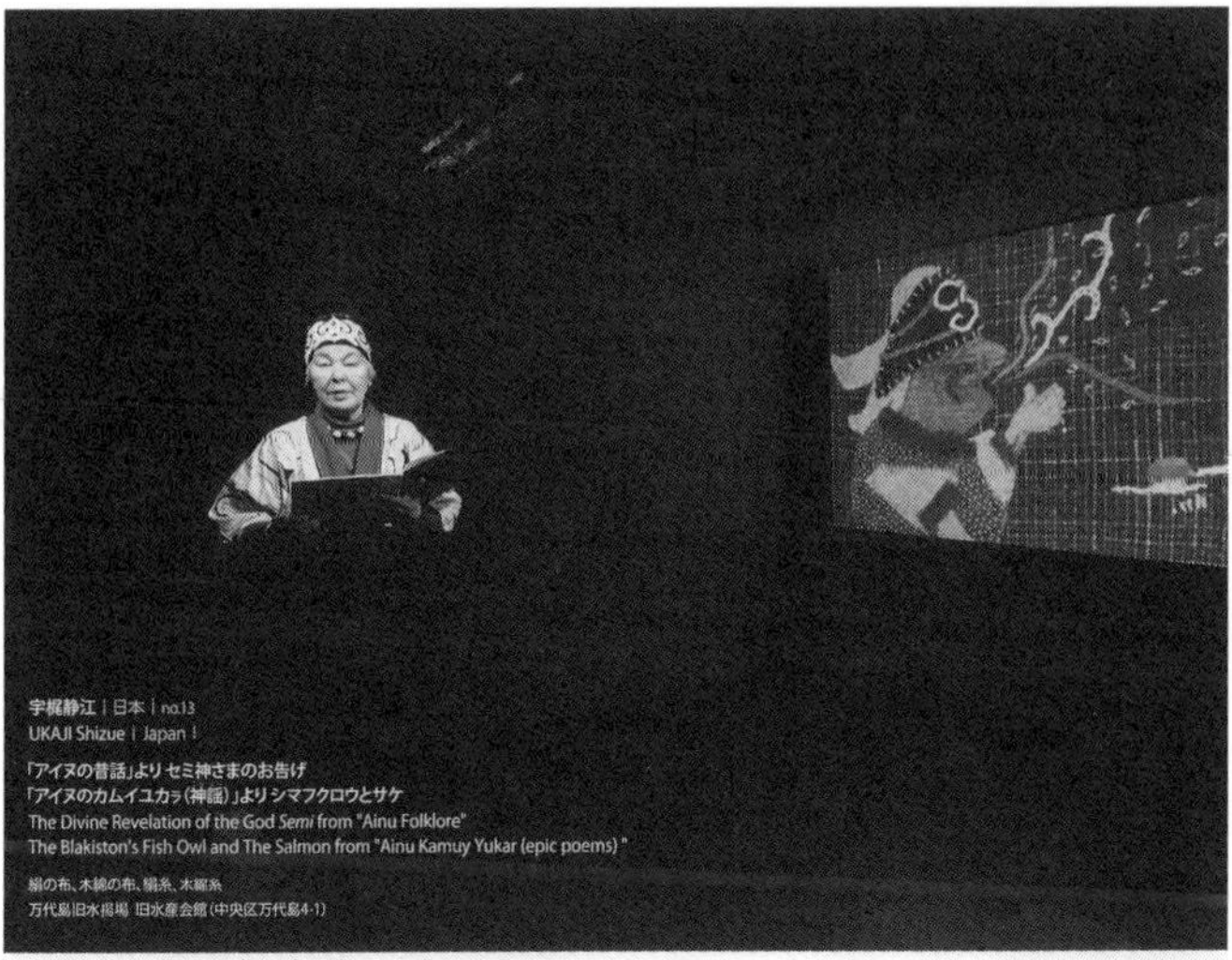

宇梶静江｜日本｜no.13
UKAJI Shizue｜Japan｜

「アイヌの昔話」より セミ神さまのお告げ
「アイヌのカムイユカラ（神謡）」より シマフクロウとサケ
The Divine Revelation of the God *Semi* from "Ainu Folklore"
The Blakiston's Fish Owl and The Salmon from "Ainu Kamuy Yukar (epic poems)"

絹の布、木綿の布、絹糸、木綿糸
万代島旧水揚場 旧水産会館（中央区万代島4-1）

北海道の先住民アイヌの復権に尽力してきた作者が、60歳過ぎて学んだアイヌ伝統刺繍を基礎に生み出した「古布絵《こふえ》」。無礼なサケがフクロウ神に苦しめられ、大津波を予言した女がセミ神になるなど、自然界の生き物が生き生き活動するアイヌの神謡と昔話の世界を、美しい糸と布が力強く伝えた。作者自身による朗読と絵本の映像（制作：遠藤　龍）も上映。アイヌ文化の紹介コーナーも併設。作者やアイヌ文化に初めて触れた人々から感想ノートには多くの言葉が寄せられた。

｜イベント｜
11月15日
ドキュメンタリー映画「TOKYOアイヌ」上映と宇梶静江・島田あけみによるアフタートーク
会場：りゅーとぴあ 新潟市民芸術文化会館 スタジオA
聞き手：大倉 宏

「水と土の芸術祭 2012」プログラムより

が急変し、両足が動かなくなるとともに、身体全体が動きづらくなり、寝返りすらままならなくなってしまいました。身体が動かなくなると、心も動かなくなります。毎日、何とか、擦ってでも、這ってでも、動きたいと思っていました。

それから半年ほど経ち、少し動けるまでに回復した時です。知人の映像作家である野田英夫さんが「元気を出しなさい」と励ましてくれました。野田さんは、テレビで放映する記録映画を撮って歩いている人です。そして、その野田さんが、日本子守唄協会会長の西舘好子さんを紹介してくださいました。するとその年、協会が主催された行事で、私の母が唄ったアイヌのイフンケ子守唄を唄わせて頂くことになります。

そして、そのことがきっかけで、藤原書店の藤原良雄社長をご紹介いただくことになります。初めて訪れた藤原書店のオフィスには、それまで藤原書店が出版してこられた本が整然と陳列されています。そして、その中には、あの石牟礼道子さんの全集が、夥しい本の一角を占めて鎮座しています。何と不思議な縁でしょう。

そしてアイヌを思ったのです。私自身、それまで出版社のことなど皆目知る由もありません。けれども、そうして夥しい本に囲まれていると、それまで考えてもいなかった気持ちが湧き上がってきたのです。「アイヌの本を書きたい」と。これまで、恥多き人生を生きてきましたが、私自身、アイヌに、自らの民族に対して、これといった恩返しもしていません。最後に、私自身のことを、アイヌとして生きようとした私のことを、本にしてみたい、と思ったのです。

大地に迫る危機

地球と相談するにしても、何を対話の糸口とすれば良いのでしょうか。平成に起きた数々の災害、二〇一一年三月十一日、福島県沖で発生した巨大地震と、それによって誘発された原発事故の大被害によって、多くの被災者の難儀が、今に至るも解決されていません。

人類には未知の、得体の知れない微生物が、新たな病気をもたらすことも考えられます。気をつけていても、いつの間にか体内に侵入し、身体を蝕む病いに冒される人も少なくないようです。危険いっぱいの世の中に我々は晒されているのです。汚れた水や空気が体内に、未知の微生物や有害物質を運んでいるのではないでしょうか。このような人体に有害な物質や微生物に対する対策を講じなければならないでしょう。発育盛りの子どもたちを守らなければなりません。

無農薬の食物を栽培すること。今日では、野菜の種まで農薬漬け、しかも、種が操作され、品種改良されていて、昔はあった自前の種はすでに消滅の危機にあります。農薬からは容易に逃れられません。これが現代の人間が行っている行為です。知識があるはずの業者が奨励している業なのだから、こわいことです。

太陽と大地で、水と風で、成育の早い大型の海藻を育成し、大量の肥料を生産します。海のカムイが育てる無農薬肥料です。自然はいくらでも力を貸してくれるはずです。良い水をつくる、ということです。

私自身、あの昭和の時代、食糧不足、衣類不足で、生活必需品も足りないものが多い時を過ごしてきました。戦争がもたらした物不足で、不治の病の結核を患う人々もいましたが、現代のように病気の数は多くはなかったと思います。物不足ながら、自然はまだおだやかで、人々もおだやかでした。

私が北海道から離れた昭和三十一年当時は、まだ農薬を使っていませんでした。その後間もなく、里帰りして見たのは、田や畑に農薬を使っている場景でした。私が農業に従事していた時は、水稲の雑草を取り除くために、両足を開いて四つん這いになって、うつむいた状態で、しかも素手で草を除去する作業をしていました。だから、私の在郷中に農薬を使用していたら、と思うとゾッとします。

農薬を使用した田や畑で働く人のなかで、癌におかされて亡くなる方が多くなったのです。私はかろうじて、農薬とは出くわさずにすみました。もし在郷中、ずっと田畑で働き続けていたならば、その害から、逃れられただろうかと思うのです。上京後、生活を営むために働き続けましたが、病におかされることはありませんでした。しかし、このままの状態では薬害から逃れられない危険が迫っていることは事実です。

幸せの糸口をつかむために

今、私たちアイヌは、精神的な不安定を余儀なくされています。それは精神を育む生活環境を毒されているためです。明治維新以後、生きる条件が適さぬまま息もつまる思いの百数十年、それ以前のアイヌ民族は身体全体で、悠々自適に生きてきたものです。だから、おおらかな魂と精神性を持って生きてきた、その魂が、和人社会への適合を阻止しているのです。日本政府は、アイヌの自由や人権を返すべきです。今の日本では、あまりにもアイヌの人権を無視した政策が押し付けられています。

この国の為政者たちは、底知れぬ冷酷非道な精神の持ち主です。われわれ先住者は、遥か昔から、生活に適した土地を選び、争いを仕掛けるわけでもなく、自然の恵みを受けて暮してきました。そのような民を、邪魔者扱いし、追い払い、挙句の果てに民族の消滅さえ図ろうとしてきたのです。同時に、彼らは開拓の美名のもとに、あらゆる環境を根こそぎ破壊してきました。

アイヌが辿らざるを得なかった悲劇的な歴史過程を纏めた著者がいます。文字を持たなかったアイヌですが、今ではそれらの書物を読むことで、長い歴史の中で、アイヌ民族がどのような苦難の歴史を歩まされてきたのかを知ることができます。

アイヌ民族は独自の文化を持って自らを律していました。和人の文化とは異なる自然を神として崇め、その神たる大自然が民族の生そのものでした。しかし、そこに和人たちの入植者がやって来ます。その乱入開拓は、辺り構わずアイヌモシリの自然を変えてしまいました。厳かに守り続けた自然崇拝者であるアイヌが受けた打撃の大きさは計り知れません。怒濤のような変化が押し寄せ、アイヌの生存は全面的に脅かされることになりました。

アイヌの文化は、急激に衰退の途を辿らざるをえませんでした。かつて保持していた生活様式は崩れ去り、失われてしまいました。激しい変化に翻弄される過程で文化は失われ、それを象徴するかのように神さえ失われてしまいまったのです。このような忌まわしい仕業に苦しめられて来たアイヌの末裔は、自らの歴史をあまりに知りませんでした。

アイヌに襲い掛かる差別と格差の全貌も知らされず、文化の痕跡は消されて行きます。アイヌ文化の継承が途絶えてしまえば、その途絶は、アイヌの末裔を先の見えない暗闇の状態に陥れることでしょう。自分を知る術を失い、生きる目的を失い、同胞であるはずの仲間とのコミュニケーションも取れなくなるのです。そんな状態が、アイヌの眼前に立ちはだかる現実となっています。私たちは、この状態を何としても打破しなければなりません。

現在、私たちは我慢の限界の先に、ようやく独自の施策を持つことを考え始めました。同胞同志の意思疎通を図り、アイヌ民族の文化を復活・復興させなければ、アイヌ民族の幸せは半永久的に望めないだろう、と動き始めたところです。

長きに亘って傷つき、崩壊の一途を辿って来た大地を蘇らせること。これこそが神なる大地への恩返しであり、アイヌ民族の祈りなのです。アイヌはアイヌとして、自立自活の道を目指す。それ以外にアイヌ民族が精神の安定や安息を見出す道はありません。アイヌの祈りは、全ての空間、地球、宇宙に感謝の意思をもって臨む祈りであり、そこにこそアイヌの精神性があるのです。

二〇一八年、北海道開拓団が入植して一五〇年記念とうたい、貧苦を重ねた末、開拓が成就したことを喜び祝っています。しかし、その一五〇年は、アイヌを亡き者同然に苦しめてきた結果の成功だったはずです。その一五〇年の陰に泣かされた者たちを意に介さないのであれば、それは許されないことです。

幼い頃、私自身も、他のアイヌの子弟たちも同じく差別され、いじめにあったことを思い出します。「大人になったら学校の先生になろう。アイヌの子どもたちがいじめにあわないような先生になろう。自分もふくめて、同胞ともども幸せでありたい」と。老いた今も「幸せとは、生きるとは」と考えるのです。ぬぐえない格差や、物質の氾濫に対して、経済力が伴わなければを解消する道すら見いだせない現状です。抑えつけられてきた先住民として、どうすることで平等で平和な暮しが得られるのか、といつも考えるのです。

私たちアイヌは、やみくもに人権を訴えている訳ではありません。表面的には、人々の心は穏やかで、平和で安定しているように見えます。けれども学校でのいじめ、年少者をとりまく荒れすさんだ事件の数々、殺人事件の多さ、毒物の蔓延、環境破壊のすさまじさ、こうしたことが平和な国策といえるでしょうか。

巷では、こういう声が聞こえて来ます。「今、こうした現状を救えるのは、先住民ではないか」と。先住民といえば、世界各国に住んでいます。特に少数者ではありますが、日本国の先住民は、アイヌ同胞です。救うという言動は、並大抵には使えるものではありません。世界中が、危機を感じ、危機が迫っているということでしょう。

まず、毒物の蔓延がもたらす、空気や水の汚れです。一見空気は、透明に見えますが、この空気を、世界中で濁らせた時、一体何が起こるでしょう。それは火をみるより明らかです。太陽の燦々と輝く強い熱を受け、毒が蔓延し、空気が爆発するのです。そうなれば人間の犯した罪への反省は何の意味も持ちません。

人間が犯した罪が、何の罪もない、万物を消滅させるのです。残るのは焼け爛れた大地だけです。こうしたことを防ぐには、今動かなければなりません。全世界の人々の意志によって、このいまわしい環境破壊をストップさせなければなりません。自然環境を整え、山や野を蘇らせ、水や空気を汚さぬ生活慣習を生み出さなければなりません。人は人の役割を果たし、知と愛をもって環境問題に対処しなければならないのです。人間以外の生物も、各々の生存の役割を果たしています。彼らを犯してはなりません。

アイヌが消えないための取り組み

松浦武四郎のことは、アイヌ問題に対処した一九七二年頃にその存在を知りました。彼の著書を一晩かけて読み、すごい人だと思いました。実際その場に分け入って物事の良し悪しを見極めているから。尊敬に値する方です。嘘をつかない。松浦先生は、本当に尊い人だと思いました。

二〇二〇年、東京で開催されるオリンピックに、北海道の先住民であるアイヌが、式典に参加するかを検討する会合が発足していました。「式に参加してくれ」と組織から言われ、集会をしようということになりました。

オリンピックについての交流会を行い、アイヌたちが席を設けて、「これからの取り組みをやろう」ということになっています。

また、北海道のアイヌたちが、今鮭とり運動で立ち上がろうとしているので、どういう会合ができるかと議論しています。宇梶のばあさんが生きているうちに、そういうきっかけをつくろう、みたいな動きがあるのです。

この間も三重県で静内のアイヌに会いました。二〇人ぐらい来ていました。「女は世の中を変える力があるんだから頑張ろうね」と言ったら、みんな喜んでいました。静内のアイヌ、札幌のアイヌ、藻別のアイヌ、あと、全道のアイヌを、みんなで一人ずつ動かそうということで。また、映画を撮る金がないから、自分が主人公になって「自分を撮れ、運動をしよう」という話も出ました。映画にはすごくお金がかかります。だから「俺の所へ来て撮影してくれ」と声を上げた所に行って、撮影してもらうように働きかけて行こうというものです。

さらに、自分たちの飲み食いは、自分たちでもって訴えよう、仕事を取り戻そうと動き始めた人がいます。自分たちの持っていた仕事を取り返そうと。今こそアイヌはみんな立ち上がらなければなりません。そうでないと、アイヌはだめになってしまいます。このまま政府に任していたら消えていくだけです。これが最初で最後かもわからない、この大きな全道が動く動きを、アイヌはみんな待っていたのだから。

18　大きな導きと祈りの中で

先住民指導者たちも、神々との対話を許された

私は思ったのです。この国の先住者と言われる私たちアイヌですが、祖先たちは、いつしかこのカムイモシリに辿り着きました。何万年か、何千年かの昔から、文字も持たず、言い伝えを柱として、言葉と生活の営みを持って、生きてきました。人間としてどう生きるべきか、また人間以外の生物たちとどう調整調和していくのか、自然との対峙はどうあるべきか。法則に従い、争いを戒め、殺戮を戒め、助け合い、分け合う。自然を敬い、特に水や火、空気をよごさず、守られてきたのは、それなりの立派な英雄ニシパ、婦人方の愛情深い指導のもとに、規

律が守られてきたおかげであったと思います。こうした指導者たちは、やはり、神々との対話をゆるされた方々であったと思います。

北海道函館の上の国という場所で、かつて和人とアイヌが戦った史跡に、慰霊祭のため行ったことがあります。そこに小さな博物館があり、立ち寄ってみました。そこで、先住民が使用した弓を見ました。映画やテレビで見る、和人のサムライの弓というのは、相当大きいのですが、アイヌが使用したという弓は、肩幅ほどの小さなものでした。

これを見て感じたのです。先住民は、やはり自然をマスターしているのだ、と。肩幅ほどの弓に矢をつがえ、大樹を盾として、身を隠す。こうしたから、和人との初期の戦いの時は、先住民の方が勝利していたのだと思います。次に戦を挑まれた時は、長刀鉄砲を持って多勢で押し寄せて来たと言います。知恵で負ければ、武器を持って挑み、さらに毒を盛って騙して殺してしまうのです。このような果てに、アイヌは自ら武器を折って、子孫を残すことを選んだのだと思うと、それは断腸の思いであったのだと思われます。

さまざまな忌まわしい事柄に翻弄されてきた百五十年であったと思います。アイヌの歴史を知らないアイヌ、知る術を知らないできた多くの同胞と、気を一つにして語り合うことこそ大切だと思います。ごく近年、新聞紙上でも、先住者、アイヌのことを書いてくれるようになりました。アイヌをあまり知らない一般の人々にも、先住民の存在が知られるようになってきたことは、せめてもの救いです。

どんなに学歴を積んでも、人としての摂理を踏まえていなければ、それはただの教養人です。いくら金品に恵まれていても、それは単なる物持ちにすぎません。そこに英知、愛情が欠けていれば、人としての魅力に欠け、ただそれだけです。たとえばアイヌが、自分たちの血の中にある遺伝子の働きで、狩猟をしても、良い仕事、良い行いをしなければ、ただの伝承者にすぎません。

伝統に基づいて言えば、獲物を獲ったら、分け合う心が必要です。収穫物に敬意を表する、共に生き続けることを告げる。これがアイヌの狩猟の心得かと思います。たとえ一切れでも、まわりの生物に与え、分け合う心を持つのです。

アイヌの仕事と生活を営むことが、アイヌ民族の精神性

なんと言っても、アイヌは自然を敬う民族です。古代の先祖からの遺言である、水を司る神に対して心するべきだと思います。廃棄物は浄化して毒のない状態に処理をするべきです。土地にやたらと農薬や化学肥料を撒き散らしてはなりません。使用後の水が浄化される洗剤など、家庭で使う洗剤にも気をつけるべきです。水を司る神を敬い、水の源を考えてみるべきなので

す。

現在の日本列島の山々は、泣いているようです。山は大樹の都です。その都の中はといえば、悲しくも寂しいものです。まず水瓶である大樹がほとんどないに等しい。良い木、良い材木といえば姿勢正しい大樹です。この立派な樹木から切り倒されていきます。これでは良い水が生まれません。

アイヌ自身、生まれながらに、古人の遺言を身体の中に持たされています。それによって大地と生きることは、適職を持つということになります。自然を大切にして、自然とともに生きる河川を清め、河川の恩恵を受けることになります。こうした行為にこそ、民族の精神性が発揮されると思っています。

人間たちのあまりのぞんざいさ、地球を焦がすがごときバランスを欠いた温暖化、荒廃する大地、毒物のたれ流し、撒き散らし。地球は、何事かをすでに警告しているのです。多くの人間の、これまでのし放題、やり放題を深く反省しなければ、手遅れになるような何事かを。

水や空気、大地に感謝すること。同胞と共に、今荒地になっている大切な土地を、神が宿る地にして、種をまき、苗を植えること。収穫された物は、分け合い、共に生活の糧にする、という考えを持つ者同士で、今、私たちは考えはじめています。

十五世紀以降、和人の北上、蝦夷地への移動が始まり、その勢いは次第に加速していきます。明治政府は明治二（一八六九）年に開拓使を設置。蝦夷地を北海道と改称しました。明治三十二（一八九九）年には、「北海道旧土人保護法」が制定されます。保護とは名ばかりの、アイヌにとって最悪な法制です。

先にも記しましたが、一九九七年、約百年を経て、アイヌ自身から国会議員が出ます。参議院議員萱野茂氏です。彼の活動の成果により、一九九七年「アイヌ文化振興法（アイヌ新法）」が施行され、「北海道旧土人保護法」は廃止されました。

二〇〇八年六月六日、アイヌ民族を先住民族と認め、地位向上など総合的な施策に取組むことを求める決議「アイヌ民族を先住民族とすることを求める決議」が採択されます。それに伴って、アイヌ民族ウタリ協会の名称が「北海道アイヌ協会」に改称されます。それから十年以上の年月が経ち、二〇一九年四月二十六日、「アイヌの人々の誇りが尊重される社会を実現するための施策の推進に関する法律」、いわゆる「アイヌ新法」が公布され、五月二十四日に施行されました。これにより、日本政府はようやくアイヌが「先住民族」であることを明記した法律を定め、アイヌを先住民族として認めたのです。

しかし、その後の動きは、それ以前とあまり変化がありません。私たちは、何も日本国からの分離独立を求めているわけではありません。けれども先住民として認めるのであれば、先住民の先住権も認めるべきではないでしょうか。

私たちが今、先住民としてのアイヌに返還されてしかるべきだと考えているのは、アイヌの伝統文化である狩猟、漁猟、採集等の生活文化を営むことを認めてもらうことであり、それを現実のものとする具体的な施策、対策を講じてもらうことなのです。言葉や刺繍、彫刻などは生活の部分であって、これらの文化は、元来仕事、つまり生活にセットされたものであったはずです。

生活は仕事によって営まれるもので、人間文化と分離されるものではありません。したがって、生きる上で一番必要なのは、仕事であるはずです。アイヌ文化は自然のなりたちの中で、山川草木を生きる礎にして、生活を営んできました。それが民族の精神性そのものであって、そこにアイヌの適職があったはずなのです。資質に適した仕事を持った者を活かして働いてもらうことこそが、社会的にも利を得ることではないかと思います。

以下に示す文章は、二〇一七年三月十八日に札幌市で実施されたアイヌ政策検討市民会議第四回市民会議の席上でお話させて頂いたことです。「アイヌ新法」が施行された以降も、残念ながら、ここに述べた状況にあまり大きな変化は見られません。

アイヌ漁業権回復を目指して

首都圏から参加しました宇梶静江です。前回に続き、この会議で発言する時間をいただき、ありがとうございます。丸山博[*1]先生、吉田邦彦[*2]先生、その他事務局の皆さまに感謝申し上げます。

＊1 **丸山博**（一九四九—）国立大学法人室蘭工業大学名誉教授、スウェーデン・ウプサラ大学名誉博士、環境とマイノリティ政策研究センター所長、アイヌ政策検討市民会議代表。著書に『世界標準の先住民族政策を実現しよう！（アイヌ政策検討市民会議中間リポート）』（さっぽろ自由学校「遊」、二〇一八年）、『内発的発展地域と地域社会の可能性』（法律文化社、二〇〇六年）他。

＊2 **吉田邦彦**（一九五八—）法学者。専門は民法。北海道大学大学院法学研究科教授。南京師範大学兼職（客座）教授。著書に『民法学と公共政策講義録——批判的・横断的民法のすすめ（具体的法政策学）』（信山社、二〇一八年）、『アイヌ民族の先住補償問題——民法学の見地から』（さっぽろ自由学校「遊」、二〇二二年）他多数。

ダコタ・アクセス・パイプライン[*1]のことは島田あけみさん[*2]に話してもらうことにして、私はアイヌ漁業権についてお話しさせていただきます。前回、畠山敏さん[*3]が漁業権について魂を込めて話されました。それを聞いて本当に感動しました。そして、私たちの先祖の生業だった漁業、特にサケ漁の権利回復に向けて、私たちアイヌが動き出さねばならないと思いを新たにしました。

＊1 **ダコタ・アクセス・パイプライン**（Dakota Access Pipeline, DAPL） 総工費三八億ドル、一八八六kmにわたるアメリカ合衆国における地下石油パイプラインのプロジェクト。テキサス州ダラスのEnergy Transfer Partners、LPの子会社であるダコタ・アクセスLLCによって計画されている。ダコタのバクケン油田から始まり、南東のサウスダコタとアイオワ州を通り、イリノイ州パトカ近郊の油田工場に繋ぐ。多くのアイオワ州とダコタのネイティブアメリカン（Meskwaki、いくつかのスー族の集落を含む）は、パイプラインに反対してきた。

＊2 **島田あけみ**（一九五七―） 首都圏でアイヌの文化復興や誇りの回復を目指して活動。日本の先住民族アイヌとニュージーランドの先住民族マオリとの交流にも携わっている。

＊3 **畠山敏**（一九四二―） 漁師、紋別アイヌ協会会長。アイヌの先住権としてサケの漁業権を主張。先住民族の漁は国際的に認められている。申請が必要なこと自体がおかしいという主張を展開して、国や道と争っている。

畠山敏

すべて文化というものは日々の暮らしから生まれます。とりわけ、先住民族の文化はそうです。自然やカムイが身近に感じられる暮らしから切り離されたアイヌの文化には力強さがありません。私の父親は山の仕事が終わってお金が入ると、そのお金で魚や酒を買って、近所のアイヌのおじさんやおばさんたちにふるまっていました。夜を徹して語り、歌い、踊ります。その踊りのダイナミックなこと、いまのアイヌの踊りとは全然違います。体からほとばしるエネルギーから生まれる踊りです。まさに生きた踊りです。暮らしのなかにある踊りです。

しかし、アイヌ文化は、暮らしから切り離されて、博物館に飾られるものになってしまいました。現在、アイヌ政策推進会議が進めているアイヌ政策のかなめが博物館を中心とした「象徴空間」[*]であることは、そのことをよく表しています。

＊ **象徴空間＝ウポポイ**（民族共生象徴空間） いわゆる「アイヌ新法」、「アイヌの人々の誇りが尊重される社会を実現するための施策の推進に関する法律」に基づき、二〇二〇年四月二十四日、北海道白老町（しらおいちょう）ポロト湖畔に誕生するアイヌ文化復興・創造の拠点。愛称「ウポポイ」は、アイヌ語で「（おおぜいで）歌うこと」を意味する。施設は、国立アイヌ民族博物館、国立民族共生公園、慰霊施設などからなる。

アイヌがアイヌとして生きるすべを手に入れたときにはじめて、アイヌ文化が生きたものとなるのです。アイヌ語はすたれてしまいましたが、アイヌの刺繍、木彫り、歌・踊りは私たちの間に受け継がれてきました。しかし、おおもとのアイヌとしての生活がなければば、アイヌの刺繍、木彫り、歌・踊りも細ってしまいます。形をなぞるだけのものになってしまいます。

もし、政府がアイヌの文化を推進したいと思うのなら、その文化を支えるアイヌとしての暮らしも保証されなければなりません。

北海道の河川一本、二本でもいい、そこで独占的にサケ漁をする権利を取り戻したい。そうすれば、アイヌに力が戻ってきます。住宅資金、奨学金も大事です。でも、福祉対策だけでは、アイヌがアイヌであることに喜びを感じることはできません。私は、まだ私の生がこの世に残っているあいだに、同胞がアイヌとして生きる喜びを感じられる日が来て欲しいと切に願っています。

現在、アイヌ政策推進会議がまとめようとしている政策は、先住権にもとづくものではないと聞いています。「象徴空間」を全面的に否定はしません。でも、私たちは、何十億円もかかる大きな箱ものを、ほかのことに優先して作ってもらいたいと本当に望んでいるのでしょうか。

アメリカでは、アメリカ・インディアン博物館*が二〇〇四年にオープンしましたが、博物館建設のための法律が出来たのは一九八九年だとのことです。それまでにいろいろな先住民族政策の積み重ねがあり、そのうえに立って博物館計画が構想されたのだと思います。まず博物館から作ろうという日本とは大違いです。博物館はもっとあとでいいと私は言いたい。

＊ **国立アメリカ・インディアン博物館**（National Museum of the American Indian, NMAI）　アメリカ合衆国の首都ワシントンD.C.の中心部ナショナル・モールに位置する、ネイティブ・アメリカンの文化資料博物館。二〇〇四年九月に開館。着工から十五年の歳月をかけて建設されたこの博物館は、インディアンにのみ独占的に的を絞ったアメリカ合衆国最初の国立博物館となった。

「象徴空間」の建設準備は着々と進んでいます。建設を止めることはもう難しいかもしれません。でも、それ以外にアイヌが望んでいることがあると政府に要求することは可能です。私はアイヌの同胞に訴えたいんです。アイヌの漁業権を取り戻すために立ち上がろうではありませんか。

漁業権の回復にはさまざま法律問題が横たわっています。それを解決するには、学者の先生や弁護士の協力が必要です。この市民会議に弁護士の先生が参加しておられるでしょうか。アイヌの先住権要求は基本的に法律の問題です。ぜひ、弁護士の先生方に加わってもらいたいと思います。

もう一つ重要なことは、権利の受け皿となるアイヌの組織づくりです。アイヌが集団として漁業権を行使するには、明確な組織が必要です。北海道には、北海道アイヌ協会と各地のアイヌ協会がありますが、権利行使の組織として存在しているわけではありません。もし、漁業権回復を政府に要求するとしたら、漁業権という先住権を行使するためにどんな組織が必要なのか、既存の組織でいいのか、新しい組織を作らなければいけないのかを話し合って、合意を形成しなければいけません。

アイヌが合意を形成することがいかにむずしいか、私はこれまでの人生でいやというほど経験してきました。それは、アイヌが長い差別と収奪の歴史のなかで分断されてきたからです。しかし、それを乗り越えないとアイヌには未来がありません。アイヌがアイヌであるためには、和人まかせの運動ではだめです。アイヌの漁業権回復を目指して、アイヌが主体である運動を立ち上げたい、そのためにこの市民会議のお力を借りたいと思います。

このところ、天国からのお迎えの夢で日が覚めます。私にはもう長い時間は残されていません。体も弱っています。でも、私たちアイヌが日本の先住民族であるためにまだやることがある。いま、アイヌ民族の将来が決まる重要な岐路に立っている。そういう思いで必死に生きています。同胞の皆さんに心からのお願いです。先祖から受け継いだアイヌの魂と豊かなアイヌ文化を子孫に受け渡せるように、アイヌの暮らしを取り戻す、その第一歩としてアイヌの漁業権の回復のために立ち上がろうではありませんか。
(https://ainupolicy.jimdofree.com/ 二〇一七年三月十八日)

百数十年の歳月で失ったことは多くとも、今、残された伝統を取り戻し、生活の基盤をしっかりと固めたい、という思いを、同胞たちは抱いているのです。

心の平安、暮しの安定、生きていく意味を大切に思うこと。春早々に芽を出し、栄養滋養が豊富で、人々や、生き物を助ける、優しい自然、それこそがかつてのアイヌモシリの風景でした。それを想うことがアイヌのノスタルジーです。

ユーカラ(叙事詩)にうたわれているように、「食べる物を無駄にするな、人間の力だけでは植物等の生命は作ることはできないのだ」と、さとされて育ってきました。いま北海道内において、人の手を離れた空地が存在するならば、私たちの母であるその地を耕し、種を播き、生きる糧にしたいと思っています。各役所に届け出て、許可を得て耕作に励むといったことなどの相談が始まっています。それが一つの目標です。

このように自然を大切にしながら、営まれるアイヌの生活環境をアイヌの先住権として認めること。その第一歩は、アイヌモシリにおける河川や海での、漁業権を確立することだと考えています。適職を持つ、社会との調和を図り、お互いの違いを認め合い、共に母なる大地に友好を求めあいながら生きてゆく。必ず実現させたいと願うものです。

19　アイヌよ、今こそ立ち上がる時だ

語るより、実行で訴えたい

大きな動きをつくろうとすると、何かカムイが、「まだ早いよ」って言うのです。そんな時は、ちょっと立ち止まって考えてみます。でも、「これだけは止めないで、カムイ」という感じです。今の全道のアイヌも、その動きを感謝しているはずです。「この時こそ、宇宙とか天に、この大地に、みんなで感謝の言葉を述べられるんだよ」って。そういう気持ちがあって、今、私はアイヌに訴えたいのです。

花にしても、頭の中で咲いている菜の花と、行って見た菜の花は違うでしょう。アイヌだっ

て、たくさんのアイヌに会えば全然違うのです。私一人が何か言ったって、大したことではありません。語らないアイヌこそ、何かを語ってくれているのです。

だけど、私は今、吠えなきゃいけないのです。今は滅ぼされたけど、オオカミになりたいのです。吠えるだけ吠えて、アイヌはこうなのだ、と言いたいのです。松浦武四郎は直に現地を歩き、出逢ったアイヌと話し合っています。ご飯を食べたり、旅をしたりして。私は、語るのもいいけど、実行したいのです。もう、せっぱ詰まった状態なのです。叩けば動くというのを見ているから、叩いて歩きたいのです。

たとえば映画。札幌なら札幌、静内なら静内で、アイヌのグループができ、「監督さん、来てくれよ」と言われたら行くという体制を創りたいのです。何十年も、ずっと私は叫び続けてきましたが、アイヌの若手の監督が育ちません。何十万とする機械を買う金もありません。だいたいそういう芸術の学校に入っているわけでもないし、身内でそういう人たちもいません。生活で一杯いっぱいの親きょうだいであり、みんな学歴もありません。物をつくるには、基礎が必要ですが、その基礎が何もないのです。和人のカメラマンが来ても、私はいじめ続けてきましたが、「アイヌの本当の面を撮るときは、アイヌでなきゃだめだ」と言い続けてきました。アイヌでは誰も育ちませんでした。これまでは。

アイヌ問題というのは何百年の問題だから、理解することすら、私一人では困難です。しかし、もう何百年たったら消えてしまうのか。消すのか、消さないのか、という所まで来ているわけですから、そうゆとりはないのです。

大地、火、水、風などを神としたから生きられた

アイヌは何千年、何万年と何で戦争しなかったかというと、祈るものがあったからです。自分を養ってくれる大地とか水とか、風とかを神としたから生きられたのです。私もお寺とかに行けば、人並みに拝んだりしますが、本当に持っているものというのは大地しかないのです。風だとか水だとかがなかったら、私にはこんな強さは出ません。人の言う神や仏や絵に描いたようなキリスト様とか、そんなのをやっていたら、この力は出せません。

アイヌは生まれると、ちょっと耳が聞こえるようになった子どもにすら、水を汚さないように、水を大事に、火を大事に、風を大事にしろ、と言います。それが神だということです。

私はよくアイヌの女の人に「あんた、刺繍してるでしょう。それが神様だよ。神様が一番喜ぶことなんだよ」って言うのです。それが伝統を守っているということです。印《しるし》をずっとつくってやっているということです。その糸というのは、子宮から出た絆。目に見えないけど、子どもとお母さんの子宮からでた絆がつながっている、というアイヌの概念です。

小学校での講演会の様子

その絆があって親と子はつながります。どこに行っていようと、何しようとつながっています。ぱっと気づいたとき、子どもも気づいているのです。一瞬にして親と子がつながっているということがあり得ます。魂があるかないか、そんな問題じゃなくて、一瞬にして通じることがあるのが不思議です。不思議だからないがしろにするのではなくて、何だろうというクエスチョンをするのです。これが人間だと思います。

私は今、自分でアイヌに対峙したい時期が来ているのです。私はアイヌを起こしたいのです。それしかありません。今それはきっかけができて、札幌に集まっています。では、どういうふうに自分自身で責任とってアイヌをやっていくのかを考えています。事務所を持つのか持たないのか、金をどうやって集めるのか、そういうことまで話し合おうと思っているのです。アイヌが動く過渡期に来ているときに動かないと、もうこれで終わりだと思うのです。

アイヌだけで話していると、なかなか埒が明かなくて「ばば来い」ということになるのだと思うのです。動かなかったアイヌたちが今動き出しているのです。全然陽の当たるとこに行かないと言っていた人が、その当たる所に来ているのです。電話がじゃんじゃん来るんです。若い人たちが動き始めています。若いアイヌ同士での結婚なども始まっているのです。

今、アイヌのエネルギーが動き出している

自分も今、最後になって思うのは、アイヌの精神性ももちろん大切ですが、アイヌのエキサイトするエネルギー、それを表現したいのです。それをやらないと本当のアイヌが見えてきません。

石井ポンペ*さんが組織して、みんなで議論し、「アイヌの仕事をどうするか」と、「どうしても鮭の河川が欲しい」と。アイヌの仕事をするのには、「もともと自分たちの仕事にしていたことをやりたい」というので、アイヌたちがみんな、今すごくエキサイトし始めています。

アイヌのエネルギーとは、もう会って目つきを見てもらうしかありません。やっぱり言葉と

いうのは浅いのです。実際に会うということはすごいことなのです。

＊ **石井ポンペ**（一九四五―）　北海道勇払郡穂別町生まれ。サッポロピリカコタン（札幌市アイヌ文化交流センター）元職員。北海道アイヌ協会札幌支部長、支部役員を歴任。ムックリ、トンコリの演奏、木工などのアイヌ民族の文化の担い手で、一九九二年にサハリンを訪問し、サハリンアイヌ、北方諸民族とも交流している。

石井ポンペ

鮭をとるということは、エネルギーです。もともととって食べていたものじゃないですか。その鮭の物語の中には、たくさんの生活とエネルギーがあるわけです。それを自分たちのものにしなければなりません。

私は、たくさんのアイヌの青年たちとも会って、ああだ、こうだと言ってきましたが、彼ら自身がまず教育を受ける母体がありませんでした。みんな片親だったり母子家庭だったり、誰も背中を押してくれる人がいない。私は自分の経験で、劇団の先生に会ったとき、もう一押し誰かが押してくれれば、役者になっていたと思いますが、せっかく会えた人に、もう一押しする自信が自分にありませんでした。

私は強い父親と強いきょうだいがいたから、ここまで元気ですが、ほとんどのアイヌにはそれがないのです。

二十数年前のことですが、早稲田大学の前にアイヌ民族料理の店「風《レラ》の家《チセ》」がありました。私はそこで、少しの間お手伝いをしていました。その時のことですが、一人の青年が店のドアを開けて入って来ました。私とその青年は、その瞬間目と目が合いました。立派な、しかもイケメンのアイヌの青年でした。その青年の父親は、この時すでに亡くなられていましたが、アイヌ問題に大きな功績を残した方でした。しかし、彼自身は、幼い頃に父と離れて、神奈川県に住む叔母のもとで成長したのだそうです。そんな生い立ちの彼ですが、このレラチセを訪ねてみることについては、随分迷った末の決断だったそうです。

結城幸司（結城幸司ドキュメンタリー映画「響き――RHYTHM of DNA」より）

その後彼は、アイヌに関することをいろいろと勉強して、今ではアイヌの伝統文化をアニメや版画で表現するとともに、同世代の同胞や同志とともに、アイヌの音楽やアイヌ語の復元に努めています。父親が生きていた時には、自らの出自を思い悩んでいた彼ですが、成長し、正義を貫いた父の功績を知るにつって、その父を敬うようになり、自らもアイヌとして生きようとその身を正したのだと思います。

この青年こそ、結城幸司*、その人です。彼がそうだったように、和人と交わった子どもたちが、一時はアイヌから逃げていました。それが今少しずつだけど、戻ってきているのです。これが不思議です。アイヌ同士の結婚も始まっています。これまでは、アイヌということを避けていたわけです。「儀式や独特の生活道具は要らない。あんなものがあるからアイヌと言われるんだ」というのです。

＊ **結城幸司**（一九六四—）版画家、木彫作家、アイヌ民族運動家、ロックシンガー。二〇〇八年七月一日から四日にかけて開催された「先住民族サミット」アイヌモシリ二〇〇八の実行委員会事務局長に選ばれる。アメリカ合衆国、オーストラリア、ニュージーランド、フィリピン、ノルウェーなどの十二カ国の二十二の先住民の代表をふくめ一五〇〇人ほどが参加した。

私の家にも母の柳行李がありました。柳行李はいいものを入れる行李で、竹行李は普通のものを入れる行李です。柳行李は、きれいな柳でつくった行李ですが、それに入っていたものを、私は、「こんなものがあるから私ら傷つけられてきたんだ」と思い、母のそういうのもみんななくしてしまいました。でも母は、そんな私を怒りませんでした。何で怒らなかったのか。母にもアイヌを継がせる自信がなかったのだと思います。だけど今は、物じゃなくて、精神を取り戻そうと思っています。

政治では民族を変えることはできません。やっぱり個人個人が目覚めて、自分の文化を大切にするところからしかできないのです。政治は、もう恐ろしい借りもので、私は、政治は持ち出すまいと思っていました。だから札幌に今十何人集まるのも、政治じゃないと思っています。これはアイヌの目覚めに向かう行為なのです。だからいろいろな代議士を頼るやり方と、私たちの精神的なやり方と二つの動きがあります。それも分裂しているのではなくて、仲がいい。認め合っているのです。

ウタリ協会、アイヌ協会があって、北海道全道で支部があります。その支部の男たちには、女房子どもがついていています。その子どもたちも全部、一家を動かすのが私の狙いなのです。女も男も、みんな動かすのです。そのためには支部の大将に働きかけるしかありません。支部長が賛成すれば、みんなを動かしてくれます。

それには、「そうしたいというメッセージを書かなきゃいけません。それをみんなに渡して、「自分が主人公になって立ち上がるんだ」という気持ちを持たせないと立ち上がれない。今までは人任せでした。ためだ、だめだと批判ばかりしていたのです。お母さんであろうが、子どもであろうが、娘であろうが、息子であろうが、「自分がアイヌの魂を、人権を取り戻すんだ」という気持ちにならないと、アイヌという自覚を輝かせないと、なかなか立ち上がれません。アイヌを嫌っている相手がいっぱいいます。それを目覚めさせなければならないのです。

ウタリ協会に多くのアイヌは所属していません。みんな批判しています。政府の言いなりになっていると。参加者は、アイヌが百人いたら二、三人という感じです。多くのアイヌは、自分はアイヌであるということを公にしていません。したってつまらない、したっていいことない、という考えです。ウタリ協会に入っている人たちは、何らかの恩恵を国から受けたりしているようです。私ら内地に来ているアイヌは関係ありません。今は刺繍教室だとかウタリ踊りで、謝金（出演料）というのをもらってやっている程度です。そんなに喜ぶほどはもらっていません。

そういう人たちが自ら立ち上がる運動をしたい。それは伝播していくはずです。「おお、そうだよな」と。この間、民族の大会があったときに、別バージョンで私たちは話し合ったりしました。そういうときの交流とか、個人的に交流したのが、各部屋の同志で語らったことが、けっこう力になりました。二風谷のアイヌとか静内のアイヌとか、アイヌたちが一つになろうというのです。

それで札幌のアイヌも、何となく意気に感じて、いま元気になっています。だから、たとえば支部長とかを私は狙っています。「みんな、行動を起こそう」と。男にぶつからないと。それでお母さん方と娘たちに啓蒙していくという感じです。

アイヌがものを言っても、「ほんとかな、そんなことになるわけないじゃん」って、すぐ疑いの目を見せるのがアイヌでした。いまは違います、ぽっと首を上げるのです。そうなってきています。五十年かかっています。これまでは皆去っていきました。誰もいません。いつも一人でした。

ところで、外国の、黒人のラップってあるでしょう。アイヌにもこんなリズムの歌と踊りがあります。それで集まったときに、「私たち政府に何を言ってもだめなんだから、せっかく歌や踊りで呼ばれるんだから、ラップ式に自分たちの唄を歌おう」と言ったら、アイヌたちが何と言ったでしょう。「静江さんの言うことは二十年早いわ」って。せっかく提案してもそう言います。私が言うことは全然ダメです。「自分たちはこんなふうに生きてきたんだ。みんな元気で生きよう」とやればいいのに、もともとあるものを生かせばいいと思うのです。もうばあさんたちが、ああ、足痛いなんて言っていても、歌が始まると立ってはねるのです。今のアイヌには、そういうリズムがありません。青森の踊りの「はねっこ」、あれがアイヌの踊りです。格好つけて、俺は、俺はという感じとはまったく違います。自分の踊りを一生懸命やって、それが民族だと思うのです。

私は、カムイに尽くして死にたい

私がこうして八十六歳を過ぎるまで生きているのも、やっぱりカムイのエネルギーをいただいているからだと思います。何回も倒れて、もう本当に二年前は足がむくみ、立てなくなって、はいずってトイレに行っていました。「歩けるようになりたい」って、もう宇宙のカムイにまで祈っていました。「力をください」と。もう生きている間、何かカムイに尽くして死にたいと思っています。

足の手術で、京都で入院したとき、何かの数値がすごく高くて、そんなことが何回かありました。アイヌの身体にいいという草を送ってもらって、煎じて飲んだりしています。人がいいと言ったら、神の声だと思ってなんでもやってみます。すると、みんな「また静江さん、だまされて」って笑う。私は「そうやって生きてきたんだから、いいの」って言って、一緒に笑っています。

私が黙ってやる癖がついたのは、何でも反対されていたからです。それで、前述のように、銭っこを親が黙って受け取っているくせに、「女の子に商売させたら笑われる」とか、くだらないことを言ったって、私には通じません。お金がなければ回っていかない家だ、ということを知っていますから。いろいろと、私も身体を壊しました。一番は、二トントラックで五〇何個の商品を積んで、あっちこっちの団地を売り歩いて、売れ過ぎて身体を壊したことがありました。

私の旦那が何回か言っていましたが、「こんなに働いて、こんなに寛大な人、こんな優しい人が世の中にいるのか」と。私、誰に何と言われてもじっと我慢してきました。我慢する力があったから、ここまで来られました。娘に「お母さん、何でいつも言ってくれないの」とか「怒ってくれないの」とか言われましたが、「あんた方を怒る前に、先に涙出るから、怒れないんだよ」って言ったことがあります。

何者かが私を導いてくださる

今に思うと、私はなんという運の強い者だろうと、自分を振り返ります。と言うのも農業一辺倒で、田や畑に足が生えたかと思うほど、土地の上で働いていたからです。私が田や畑から抜け出したすぐ後に、農薬を使用して高収穫へと奨励され、それに従っていたらと、繰り返し思います。身体が丈夫とは言えず、気管支の弱い私の身体は、たちまち病気に苛まれたことでしょう。

いつも私は感じることがあるのです。「ここまで努力したけれど、もう行詰りだ」と苦しんだことは、一度や二度ではありません。しかし、なぜか助け舟がやって来て、波打ち際まで乗せてくださるのです。思えば、人さまから人さまを経て、歩いて来ることができました。

新制中学校を卒業後、続いて定時制高校に進学したくても、当時札幌市内ではアイヌの娘を雇ってくれる会社、あるいは商店などありませんでした。悩んでいる時に、進学する同窓生に誘われて、上京することになったのです。

東京では、仕事を選ばなければ、働く所も見つかり、定時制高校にも入学できて、働いて学費、あるいは家賃を払っていれば暮せました。その後もなんのかんのと暮していくことができました。人並みに結婚もさせてもらい、二人の子どもも授かり、苦労もあったけれど、幸せに生きてきました。

五十歳頃から一人暮しを続けていましたが、夫は六十五歳で天国へ召されました。子どもたちも、それぞれ成長してくれて、「お母さんは、自分のことだけを考えてくれれば良い」と子どもに言われて暮してきました。しかし、高齢になり、身体も動かなくなり、やっとの思いで歩けても、ひざは痛い、身体は重い、耳は遠くなり、と身体のバランスがくずれています。気が付けば八十歳を過ぎていて、もうこの辺で天国か地獄か行きの順番を待とうと、観念しておりました。

それでも歩ける間は、何かなすことがほしいと思っていましたが、何しろ高齢の身、誰も声はかけてくださらなくとも仕方ない、と思っておりました。娘が私の身体を心配してくれて、娘のマンションで世話になっています。老齢の私が、こうした幸運に恵まれたのも、何物か、実態はわからない力が、幸運な所へ私を誘ってくださるおかげだと、ひたすら手を合わせております。

民族の今後への祈り

今はただ、アイヌ民族の末裔たちの幸せを祈っています。自分でやりたいと思うこと、自分に適したことに出会ったら、それを手放さないこと、その先には確たる生きるという道が待っています。心身共にその中で生きることは、自分自身を守るということです。

私も文字を読むのが好きで、自分を引っぱってくれる本に出会えば、指先と目は文字を追いかけ、目と手と魂は充実する。これが喜びです。

プラトンの居る所まで、文字は私を誘ってくれました。書物は文字を持って歩いているのだと思います。ソクラテスは、知らないことを知らないと自覚すべく自己を吟味する哲学により、自己の魂に配慮するように勧めました。私のために必要な所に、文字は連れて行ってくださるのだ、と思うのです。なんと素晴らしいことでしょう。

両親よりもずっと長く生きていますが、今の私より若く亡くなった両親に会いたいと思います。会って、「大切なことって何?」とか、何か聞き忘れていることを聞きたいと思うのです。そして、ありがとう、と言いたいのです。心にしまい込んでいる秘密を、母に、そっと耳打ちしたいのです。

いとなみ

母が手渡してくれた糸がある
母が手渡してくれた針がある
母が手渡してくれた糸が、針が
絶えることのない生きるという営みをしるす
生きるという営みのしるし
糸という名の縄がある
切れることのない、切られることのない縄がある
火と水と大地は生をうみ
母はそこから生まれた

母からつらなるルーツがある
消えることのないルーツがある
母の手から渡された糸と針で
伝統のしるしを表わし
つなぎ合って、愛し合って
母の手の温もりを握りしめ
幸せを糸で縫いつける

二〇一三年五月十八日

あとがき

このたび藤原書店から、私、宇梶静江の人生記録、あるいは遺言とも称すべき本、『大地よ！――アイヌの母神、宇梶静江自伝』を出版して頂きました。恐れ多くももったいない題名に畏《かしこ》まる思いです。

思えば、アイヌの「ア」の音、例えばアイスクリームという言葉にすら怯えさせられてきました。時代を這いずり廻りながら、言葉では表現できないほどの圧力、圧迫を凌《しの》いできました。同胞よ、兄弟よ。私は今、あなたに語りたい。私の思い続けてきたことを話したい。

アイヌの同胞たちよ

アイヌの同胞たちよ
その実態を、手探り、まさぐり踏みわけて来て

見えかけてきた実態の、その先の実態の
真実に出会うまでの得体の見えづらい圧迫の本質を見極めるまで
屈辱に耐えた年月日
今もって覆い被《かぶ》さっている忌《い》まわしい差別を助長させる格差
この差別の実態とは
複雑に仕組まれている、仕組まれた民族差別
この根源こそ、世に言う蟒蛇《うわばみ》
ついては、大蛇の正体が見えたのだった
大蛇は餌をあさり
得体の知れぬ力を持って
辺り構わず、扱《しご》きをかけて
略奪・侵略のしほうだい
この蟒蛇《うわばみ》は、数を持って、武器を持って
われわれアイヌ民族が住む静かで豊かな大地に
対峙して来た飢えた蟒蛇《うわばみ》は
集団を持って静かに暮らしていた人間を

足げりにして、そこのけ、そこのけと
追い散らし勝手に決まりをつくり
意にそわない者は、メッタ切りにして
法という制度をつくり、法をもって制して
格差を策し、差別を助長し
蟒蛇《うわばみ》の思うがままの制度のもとに
苦しめられて来たのだということの意味を解明できた
暗闇が遠のき、光明に照らされたのだった

こうした苦難を余儀なくされたアイヌ民族の悲哀は
あまりにも真当な正直さを持って
神々と対峙しながらの営みが
和人と相反したことによるものであった

人を殺《あや》めず
姦淫を戒め

嘘をつかず
物乞いをしない

すべては、分け合って生きるを、モットーとしてきた人々
それが、アイヌの生き方であったに対して
人を人とも思わぬ、嘘で他人《ひと》の心を惑わす
武力で征伐する
差をつけて、己に従う者のみ助け
貧しい者の多くを望み
貧しき者の隊列を制し
働き蟻のごとく、労働を貪《むさぼ》り
己が懐を肥《こや》す
もし人心をお持ちでしたら
こうした制度を、改めて頂きたい

百五十年以上にわたり、崩壊してきた

生命体の母なる地球を癒し
自然を大切にして
見守り、改めてほしいものです

明治生まれの両親のもとに、昭和八（一九三三）年に生まれ、八十七年、この地球の母のもとで育てて頂いた。そこに人の子として、過ぎゆく世の荒波を、垣間《かいま》見てきました。思うに、こうした凌《しの》ぎづらい時を過ごしてきたのは、私だけではないはずです。人種の違いを楯に取り、見目形まで、民族の持つ特徴までなじり追い込んだ。追い込まれた者の痛みなど顧みることなく、人という者らしくない圧力をかけた。われら民族が持つ生き方まで阻止し、生業を奪い、民族の道を閉ざした。こうした行為を長い間行ってきた。為政者たちよ、改められたい。

八十代も半ばを過ぎた老いの身であれば、今ここで、アイヌの愛する同胞たちに、遺言として、思いを述べさせてください。

私の世代にとっては、世の流れがあまりにも変り、何を持って遺言となるか。ここ近年、堰《せき》を切ったような流れを感ずるのは、先ず同胞の動きです。若い同胞たちが、活き活きとした動きを見せてくれます。それに促されるように大人のアイヌたちも頭をもたげ、元気になっているのを感じます。
そうです。私たちには、語りという財産を、先祖たちが残してくださいました。

語りましょう
民族、人として
人とは、どうあるべきかを
民族に自負を持って

理解ある和人の友だち
あるいは世界の先住民族に向って
いわれなき差別と闘っている友だちに向って
まず人間＝アイヌを語りましょう

そして正義を培い
森羅万象と共に、生きる生命たちを抱きしめて

痛みを癒し愛し合いましょう
アイヌ民族の祖先たちが残してくださった営みを取りもどし
民族に適した仕事の復活を図り
分け合って、生きる
生きることを、楽しむ
追いつめあわない

そのように生きる。私自身顧みれば、貧しいながらも、優しい両親の児として生を受け、兄弟姉妹に恵まれ、家族ともども、世間の人々ともそれなりに、つつがなく生きてきたように思います。浮世の動きの中、他人との交際も、うまく出来たとは思えないながらも、人から人へと、つなげて頂くあたたかな出会いの機会を頂いていました。

八十歳を過ぎて、自分なりに、老いを生きようとしていましたおり、アイヌの子守歌を通して、藤原書店の社長様にお目にかかりました。平成二十八（二〇一六）年の初夏のことです。

その後、京都で一カ月の入院をしなければならなかった私ですが、藤原書店での出版の機会を頂き、杖も手放せるほど元気を取り戻しました。

現在八十六歳の私がこのような本をまとめ、古布絵までも発表する機会を頂けたことは非常に稀なことです。絵や作文は好きだと自負していましたが、この機会を生かそうと、いざ原稿用紙に向かい、文章を綴ろうとすると、筆が進まない自分を発見し、愕然としました。

すばらしい編集部の方々のおかげをいただきまして、ようやく一冊の本が上梓されることになりました。これはひとえに多くの方々のご協力のたまものです。この紙面をお借りして、厚く御礼を申し上げます。

二〇二〇年二月吉日

宇梶静江

宇梶静江関連年譜（1933–2020）

＊上段のゴシック体はアイヌ関連事項

年	歳	宇梶静江及びアイヌ関連事項	日本及び世界の出来事
一九三三（昭和8）	0	3・3（届け出は16日）北海道浦河郡荻伏村字浜荻伏で浦川春松と金子ミヤの三番目の子（姉、兄に続く次女）として超未熟児で生まれる。戸籍上の誕生地は北海道浦河郡荻伏村字姉茶。この日は東北大震災の日だった。	3・3 三陸地方大地震（M8・1、死者三〇二一名、不明四三名、負傷九六八名）。 12・23 皇太子明仁親王（現上皇）誕生。
一九三四（昭和9）	1		5月以後 東北地方を中心に冷害と不漁が相次ぎ、その年の同地方は深刻な凶作となって飢饉が発生。
一九三五（昭和10）	2	9・10 長弟（次男）の茂雄誕生。	3月 ナチス・ドイツが再軍備を宣言。
一九三六（昭和11）	3		2・26 二・二六事件。
一九三八（昭和13）	5	11月 次弟（三男）の治造誕生。	5・5 国家総動員法施行。
一九四〇（昭和15）	7	4月 野深尋常小学校に入学。	9・27 日独伊三国軍事同盟成立。

年	歳	宇梶静江及びアイヌ関連事項	日本及び世界の出来事
一九四一（昭和16）	8	4・1　野深尋常小学校が国民学校に改組。このころ、夏は、家族で海の小屋に行って昆布採り（7月下旬から9月末）、冬は、畑仕事をしていた母、姉と共に姉茶の村で過ごす。その間父は、山で材木伐採の仕事に従事していた。 12・27　末弟（四男）の富夫誕生。	6・22　独ソ戦が始まる。 10・18　東條英機が内閣総理大臣となり、内閣を組閣。 12・8　海軍が真珠湾を奇襲攻撃し、太平洋戦争始まる。
一九四二（昭和17）	9		4・18　東京空襲。 6・5　ミッドウェー海戦（～7日）。
一九四三（昭和18）	10	このころまでは身体が弱く、三回ほど急性肺炎にかかった。戦争のため生活は困窮、父が農業を始める。その手伝いや子守のため、ほとんど学校に通えなくなる。	4・18　山本五十六大将戦死。 9・8　イタリアが連合国に無条件降伏。
一九四四（昭和19）	11	この頃、姉のセンが最初の結婚。姉茶で熊送りの儀式「イオマンテ」を初めて見る（最初で最後）。自家の馬の世話役を兄松夫から引き継ぐ。 6・23　北海道で大噴火が起こり、新しく造山され、昭和新山と命名される。	3・8　日本軍がインパール作戦を開始。 6・19　マリアナ沖海戦（～20日）。 7・18　東条内閣が総辞職。 8・10　グアム島玉砕。 10・23　レイテ島の戦い。
一九四五（昭和20）	12	国民学校を修了するも、卒業証書は貰えず。以後は、父母の農業の手伝いをする。また、この頃から山ぶどうの行商を始める。	4・1　米軍が沖縄本島に上陸。 8・6　米軍が広島へ原子爆弾投下。 8・9　米軍が長崎へ原子爆弾投下。 8・15　敗戦。

一九四六（昭和21）	13	自家の農作業の空き時間に、一日米二升を得るために田んぼの出面（日雇い）に出る。 大叔父の浦川弁次郎（ベンエカシ）亡くなる（春か秋）。 地元に青年団の演芸会ができる。三年ほど青年団に出入りし、舞台にも出演。また、一七、一八歳までの四、五年間、冬期（11～3月）の裁縫教室に通う。 2・24 北海道アイヌ協会設立総会開催（静内町）。 3・13 社団法人北海道アイヌ協会認可。 9月「北海道旧土人保護法」第三回改正。	1・1 詔書（天皇の人間宣言）。 2・1 第一次農地改革実施。 4・22 幣原内閣総辞職。 5・3 極東軍事裁判所開廷。 5・22 第一次吉田内閣成立。 10・1 大邱一〇月事件、南朝鮮人二三〇万人が米軍政に抗議して蜂起。 11・3 日本国憲法公布。
一九四七（昭和22）	14	春 兄の松夫が結婚。 冬 和裁教室で覚えた技術で、毛布生地を使って、姉と自分のオーバーコートを作る。 3月「北海道旧土人保護法」第四回改正。	3・8 戦後初の国際婦人デー。 4・1 学校教育法施行（六三三学制発足）。 5・3 日本国憲法施行。
一九四八（昭和23）	15	10・23 兄嫁の妙子が男子（正年）を出産、名付け親となる。 この頃、姉セン二回目の結婚。女子（雪子）を出産。名付け親となる。	3・7 国家消防庁設置、新警察制度発足。 6・28 福井地震(死者三七六九名)。 11・12 東京裁判結審。
一九四九（昭和24）	16	夏、友人の要（かなめ）ちゃんと盆踊りに行く。 魚の行商を始める。 秋、北海道大学による解剖学的アイヌ調査。 この頃、シマフクロウと出会う。	7・5 下山事件。 7・15 三鷹事件。 11・3 湯川秀樹、ノーベル物理学賞を受賞。
一九五〇（昭和25）	17	父からアイヌの神様に天に帰ってもらった、と言われる。	6・25 朝鮮戦争開戦。

年	歳	宇梶静江及びアイヌ関連事項	日本及び世界の出来事
一九五一（昭和26）	18	この頃、青年団解散。演劇活動も途切れる。	9・8　サンフランシスコ平和条約、日米安全保障条約締結。
一九五二（昭和27）	19	12月中旬　姉のセンが亡くなる（享年26）。 この頃、『ゲーテ詩集』を読む。農閑期に飯場の人からそろばんを教わる。	3・4　十勝沖地震。死者二八名。 4・28　米国からの占領解除。 11・1　米国が水爆実験。
一九五三（昭和28）	20	4月　母には最初反対されたが、父や兄の支援もあり、札幌の私立北斗学園中等科に入学。 8・22　北海道大学で第八回日本人類学会日本民族学協会連合大会（～24日）があり、そのお茶くみの手伝いをして、知里真志保と知り合い、以後三回ほど北大の知里真志保の教室を訪ねる。	3・14　吉田茂内閣がバカヤロー解散。 7・27　朝鮮戦争の休戦成立。 8・8　ソ連が水爆保有を発表。 12・25　奄美群島が日本に返還。
一九五四（昭和29）	21	この頃、学内弁論大会に出て二位になる。	7・1　自衛隊発足。
一九五五（昭和30）	22	北海道庁がイオマンテの儀式を禁止する。	11月　ベトナム戦争勃発（～一九七五年4月）。
一九五六（昭和31）	23	3月　私立北斗学園中等科卒業。 3・17　上京。はじめは高円寺の友人宅に住まい、高円寺のタンゴ喫茶で働く。その後、すぐに早稲田の名曲喫茶「らむーる」のママさんにスカウトされ、ママさん宅（早稲田グランド坂下）に下宿し「らむーる」で働く。4月から定時制高校（代々木高校三部制）に通うようになる。 9・30　荻伏村が浦河町に編入される。	5・1　水俣病第一号患者公式確認。 10・19　日ソ共同宣言。 10・23　ハンガリー動乱勃発。 10・29　第二次中東戦争（スエズ戦争）。 12・18　日本が国際連合に加盟。

一九五七（昭和32）	24		2・25 岸信介内閣が成立。 10・4 ソ連が人工衛星スプートニク1号の打ち上げに成功。
一九五八（昭和33）	25	この頃、北海道を一人旅。阿寒のアイヌと出会う。	3・9 関門トンネル開通。 10・14 東京タワー竣工。
一九五九（昭和34）	26	12月 母、金子ミヤ死去。享年59。 この頃、宇梶順計と交際。	1・1 キューバ革命。 4・10 皇太子ご成婚。
一九六〇（昭和35）	27	5・26 長女・良子が生まれる。 この頃、宇梶順計と入籍、宇梶姓となる。 4月 北海道アイヌ協会再建総会開催。	6・15 日米安保条約批准阻止の全学連が国会に突入。 6・19 新日米安保条約が自然成立。
一九六一（昭和36）	28	6・9 知里真志保死去。享年52。 4・13 北海道アイヌ協会が北海道ウタリ協会に名称変更。	4・12 ソ連の人工衛星ボストーク1号が初の有人飛行。
一九六二（昭和37）	29	8・15 長男・剛士が生まれる。 この頃、次々と上京するウタリ（同胞）たちの面倒を見る。	2・1 東京都の常住人口が一千万人を突破(世界初の一千万都市に)。 7月 「詩人会議」発足。 10月 キューバ危機（〜11月）。
一九六三（昭和38）	30		11・22 ケネディ大統領暗殺事件。
一九六四（昭和39）	31	夏 ペウレ・ウタリの会が阿寒湖畔で働くアイヌと和人の交流から生まれた。	10・10 東京で第一八回オリンピック開催（〜24日）。
一九六五（昭和40）	32		2・7 米軍による北ベトナム爆撃（北爆）開始。

年	歳	宇梶静江及びアイヌ関連事項	日本及び世界の出来事
一九六六（昭和41）	33	「詩人会議」に所属。 6月 『詩人会議』に浦川恵麻名で、詩「わたしたちを知らない人たちが……」を発表。 12月 『詩人会議』に浦川恵麻名で、詩「誰もおいかけはしないのに」を発表。ただ、これらの詩作品でアイヌをテーマとした詩が書けないことに悩む。	2・3 ソ連の無人探査機ルナ9号が初の月面軟着陸に成功。 3・31 日本の総人口が一億人突破。 6・29 ビートルズ来日。 8・5 政界における黒い霧事件。 12・3 マカオで一二・三事件、マカオ史上最大の暴動。
一九六七（昭和42）	34	7月 『詩人会議』に浦川恵麻名で、詩「私の身のまわりの誰でもないもの」を発表。	6・17 中国が初の水爆実験。
一九六八（昭和43）	35	働きすぎのため倒れ、難病（居眠り病）と判明。秋、広島へ転居。 6月 「北海道旧土人保護法」第五回改正。	1・30 ベトナム戦争でテト攻勢開始。 5・21 フランスで五月革命。
一九六九（昭和44）	36	8月 広島で開催された第一五回原水爆禁止世界大会に出席。 6月 全道市長会、「北海道旧土人保護法」廃止を決議。北海道ウタリ協会総会において、同法廃止に反対決議。	7・20 アポロ11号月面に着陸。 8・15 ウッドストック・フェスティバル開催（〜8月17日）。
一九七〇（昭和45）	37	5月 『詩人会議』に浦川恵魔名で、詩「灯籠の火のかずを数える少女」を発表。	3・15 大阪で日本万国博覧会開催（〜9月13日）。
一九七一（昭和46）	38		8・15 ニクソン・ショック（米国が金兌換を停止）。

一九七二（昭和48）	39	2・8 **浦川美登子と共に、『朝日新聞』の「ひととき」欄に「ウタリたちよ、手をつなごう」の投稿が掲載**されるとともに、生活欄の記事として大きく取り上げられ、反響を呼ぶ。首都圏アイヌ結集の契機となる。 7月『詩人会議』に浦川恵麻名で、詩「灯を求めて」を発表。 7月　北海道、第一回北海道ウタリ生活実態調査を実施。 二風谷アイヌ文化資料館オープン。	2・19 連合赤軍によるあさま山荘事件（～28日）。 3・1 ローマクラブ、報告書『成長の限界』を発表。 5・30 イスラエルのテルアビブ空港で日本赤軍乱射事件。
一九七三（昭和48）	40	東京ウタリ会（東京アイヌウタリ会）を設立し、アイヌ権利獲得のために活動を始める。	10・17 第四次中東戦争でオイルショック。
一九七四（昭和49）	41	4月『文化評論』に「アイヌウタリたちよ手をつなごう」の記事が掲載される。 12・25 兄の松夫死去。享年45。 この頃、東京都在住のアイヌのための施策を求めて、東京都議会に働きかけを開始。 4月　北海道「第一次北海道ウタリ福祉対策」計画スタート。	3・10 ルバング島で小野田寛郎元少尉を発見。 8・8 ウォーターゲート事件でニクソン米大統領辞任。 12・9 田中角栄内閣総辞職。三木武夫内閣発足。
一九七五（昭和50）	42	都議会への働きかけによって、東京都による都在住のアイヌ民族の生活実態調査が実施され、その結果、新宿職業安定所にアイヌのための相談員枠が設けられ、初代相談員を務める。 その活動の軌跡は、道外のアイヌ活動家として唯一「北海道ウタリ協会五〇年の歩み」に記載される。	3・10 山陽新幹線・岡山駅―博多駅間開業。 4・30 ベトナム戦争終結。 7・20 沖縄国際海洋博覧会開催（～一九七六年1月18日）。

年	歳	宇梶静江及びアイヌ関連事項	日本及び世界の出来事
一九七六（昭和51）	43	5月 父 浦川春松、死去。享年73。 この頃、国立市で喫茶店を経営。喫茶店からスナックへ転業。 3・2 北海道庁爆破事件。	7・28 中国で唐山地震。二〇万人以上の犠牲（史上最大被害の地震）。 12・24 福田赳夫内閣発足。
一九七七（昭和52）	44	一〇年ぶりにイオマンテが行われる。	3・27 テネリフェ空港ジャンボ機衝突事故。
一九七八（昭和53）	45	高田馬場の歌声喫茶「十一時間」でアイヌイベントを開催。	11・18 「人民寺院」の集団自殺。
一九七九（昭和54）	46		2・17 中越戦争勃発（〜3月16日）。
一九八〇（昭和55）	47	関東ウタリ会設立。	9・22 イラン・イラク戦争（〜一九八八年8月20日）。
一九八一（昭和56）	48	この頃、息子の剛士が俳優デビュー。 11月 沖縄戦没者キムンウタリの塔慰霊祭実施。	1・20 ロナルド・レーガンが米国大統領に就任。
一九八二（昭和57）	49	5月 北海道ウタリ協会総会で北方領土の先住権主張の留保を正式に表明。「北海道旧土人保護法」廃止と新しい法律制定を総会決議。	4・2 フォークランド紛争（〜6月14日）。
一九八三（昭和58）	50	「アイヌ民族の現在を考えるレラの会」に参加、首都圏在住アイヌウタリの交流、アイヌ民族の権利回復、文化伝承、アイヌ民族についての啓発活動を目的として活動を続ける。	1・1 インターネットがスタート。 4・15 千葉県浦安市に東京ディズニーランド開園。 5・26 日本海中部地震。

		この頃、イギリス、ドイツ、フランス、オーストリア等、一一カ国をめぐる観光旅行。 9月 北海道ウタリ協会「アイヌ史編集委員会」を設置、編纂事業開始。12月 北海道ウタリ協会「北海道アイヌ古式舞踊連合保存会」を設立。	9・1 大韓航空機撃墜事件。 10・23 ベイルート・アメリカ海兵隊兵舎爆破事件。 10・25 アメリカ軍、グレナダに侵攻。
一九八四（昭和59）	51	8月 第一回アイヌ遺骨イ・チャルパを北海道大学医学部のアイヌ納骨堂で実施。	12・19 英国と中国が香港返還で合意。
一九八五（昭和60）	52	この頃、砂澤ビッキと知り合う。 8月 国連作業部会「先住民族の権利に関する国連宣言」の起草作業を開始。	8・12 日本航空123便墜落事故。 9・19 メキシコ地震（M8・1）。
一九八六（昭和61）	53		4・26 チェルノブイリ原子力発電所事故。
一九八七（昭和62）	54	ハワイに観光旅行。 8月 アイヌ民族代表が初めてスイス・ジュネーブでの第五回国連先住民作業部会に参加し、アイヌ民族問題について発言。アイヌ民族代表は、以来国連関連会議に継続参加。	4・1 国鉄分割民営化により日本国有鉄道が解散。 10・19 ブラックマンデー。世界同時株安に。
一九八八（昭和63）	55	3月 北海道知事の私的諮問機関「ウタリ問題懇話会」は、北海道ウタリ協会の陳情に対し、アイヌに関する新しい立法措置の必要性を報告。	1・1 ソ連でペレストロイカ開始。 3・13 青函トンネルが開業。
一九八九（昭和64／平成元）	56	1・25 砂澤ビッキ死去。享年57。 3月、第一回アイヌ民族文化祭を開催（以降毎年開催）。	1・7 昭和天皇崩御。 11・10 ベルリンの壁崩壊。

年	歳	宇梶静江及びアイヌ関連事項	日本及び世界の出来事
一九九〇（平成2）	57	国連総会は一九九三年を「世界の先住民のための国際年」とすることを採択。	10・3 東西ドイツ再統一。
一九九一（平成3）	58	国連先住民作業部会エリカ・イレーヌ・ダエス議長一行、アイヌ民族の地位を視察。東京と札幌でシンポジウム開催。	1・17 湾岸戦争勃発（〜2月28日）。 12・25 ソビエト連邦崩壊、ゴルバチョフ大統領辞任。
一九九二（平成4）	59		4・7 ボスニア紛争始まる（〜一九九五年12月14日）。
一九九三（平成5）	60	国際先住民年を記念して様々な催物が日本国中で開催。	11・1 ヨーロッパ連合（EU）が発足。
一九九四（平成6）	61	この頃、アイヌ詞曲舞踊団「モシリ」東京公演実行委員会のメンバーとして全国ツアーに参加。 6月　北海道立アイヌ民族文化研究センターが開設。 8月　萱野茂がアイヌ初の国会議員となる。 12月　「世界の先住民の国際十年」開幕。国連総会で以後毎年8月9日を「世界の先住民の国際デー」とすることが決議された。	4・7 ルワンダで集団虐殺（約百日間でおよそ百万人）。 5・6 英仏海峡トンネル開通。 5・10 ネルソン・マンデラが南ア初の黒人大統領に。 7・8 北朝鮮の金日成が死去。
一九九五（平成7）	62	萱野茂参議院議員を支援する会との交流のため九州訪問。秋、札幌へ。 3月　「ウタリ対策のあり方に関する有識者懇談会」（内閣官房長官の私的諮問機関／座長：伊藤正己）設置される。	1・17 阪神・淡路大震災。 3・20 地下鉄サリン事件。
一九九六（平成8）	63	1月〜4月　北海道ウタリ協会主催の職業訓練所でアイヌ刺繍を勉強し直す。	3・23 李登輝、台湾初の総統直接選挙で当選。

		伝統刺繍の技法を基に、アイヌの精神世界を古布絵として表現することに成功。 8月 札幌市の市田ギャラリーで初の刺繍作品の個展。古布絵作家としてデビュー。以後、全国各地で作品展を開く。原宿の長谷川ギャラリーで個展を開催。	4・28 オーストラリアでポートアーサー事件が発生。 7・17 トランスワールド航空800便墜落事故。 12・17 在ペルー日本大使公邸占拠事件発生、翌年4月22日解決。
一九九七（平成9）	64	2・3 「『北方領土の日』反対！ 『アイヌ新法』実現！全国実行委員会」（略称：ビリカ全国実）が発足。 10月 東京アイヌ協会設立。 4・10 長野の飯田を皮切りに、千葉の八街、広島の福山、和歌山の高野山別院、横浜、北海道浦河町等で、トーク「アイヌに生まれて」とともに古布絵展示の全国巡回を始め、九カ所で個展を行う。 5月 夫の宇梶順計死去。享年65。 6・27 民法第三四条に基づく公益法人として公益財団法人アイヌ民族文化財団設立。 7・1 北海道旧土人保護法廃止。アイヌ文化振興法公布・施行。	4・29 化学兵器禁止条約が発効。 7・1 香港がイギリスから中華人民共和国に返還される。 7・2 アジア通貨危機。 7・4 米国の火星探査機が火星に着陸。 11・17 エジプトのルクソールでテロ事件。 12・11 京都議定書が採択。
一九九八（平成10）	65	沖縄県石川町公民館で全国巡回個展を開催。	2・7 長野オリンピック・パラリンピック開幕（〜3月14日）。
一九九九（平成11）	66	12・4 東京渋谷区千駄ヶ谷 フジタヴァンテミュージアムで「イランカラプテー アイヌ展――宇梶静江・古布絵の世界」という個展を開催し（〜28日）、その開期中に首都圏在住のウタリ（同胞）たちをモデルに起用した、アイヌ刺繍作品のファッションショーを開催。	1・25 コロンビアでM6・2の地震。死者一九〇〇人。 9・21 台湾大地震（M7・6）。 9・30 東海村JCO臨界事故発生。

年	歳	宇梶静江及びアイヌ関連事項	日本及び世界の出来事
二〇〇〇（平成12）	67	詩作品「イフンケ（母地球）」を創作。	6・13 朝鮮半島の分断後、初の南北首脳会談。
二〇〇一（平成13）	68	4・18 弟浦川治造、星野工と共に、**米国の先住民支援NGOの招きで訪米**（〜28日）。 4・25 ハーバード大学ウェザーヘッド国際問題研究所主催の講演会で、「アイヌ――私たちのアイデンティティと望み」と題する講演を行う。 4・26 MITにおいて、日本プログラム主催でハーバードと同内容の講演を行う。 11月 福島県いわき市美術館にて、オーストラリア先住民族アボリジニの画家バーバラ・ウィアーさんと対談。	1・6 日本の中央省庁再編。 1・26 インド西部地震。約二万人が死亡。 3・3 ユニバーサル・スタジオ・ジャパンが開園。 4・26 第一次小泉内閣発足。 9・11 米国で同時多発テロ。 10・7 米軍によるアフガニスタン侵攻開始。
二〇〇二（平成14）	69	アイヌ衣服文化に関する調査団にオブザーバーとして参加し、ドイツの大学、博物館を訪問。ミュンヘン市で講演。	5・31 FIFAワールドカップ日韓大会（〜6月30日）。 9・17 日朝首脳会談。
二〇〇三（平成15）	70	5・12 福島県いわき市の海外姉妹都市との文化交流の一環としてオーストラリア、タウンズヴィル市を訪問、作品展、大学での講演、ラジオ出演などを行い、アボリジニの芸術家と交流（〜26日）。 7月 アイヌ工芸作品コンテスト（一般部門）で刺繍古布絵作品（「セミ神様のお告げ」）が優秀賞。	2・18 大韓民国で大邱地下鉄放火事件。 3・19 イラク戦争（〜二〇一一年12月15日）。 3月頃から中国で新型肺炎SARSが大流行、死者七〇〇人超。

		8月　ユーラシアン・クラブ主催のロシア東部地域訪問に参加し、先住民族と交流。 11月　弟浦川治造に関する原田詠志斗氏の著書『アイヌの治造』（「アイヌの治造」刊行会）出版。	8・14アメリカ・カナダで大規模な停電（BLACKOUT 2003）。 12・13　米軍がサッダーム・フセイン、イラク元大統領を拘束。
二〇〇四（平成16）	71	3月　詩作品「光への道」を創作。 3・30　詩作品「それでもなお」を創作。 古布絵を携え、ウタリとともに各地で展示、講演活動を行う。 10月　財団法人アイヌ文化振興・研究推進機構よりアイヌ文化奨励賞を受賞。	1・19　自衛隊イラク派遣開始。 4・7　イラク日本人人質事件。 5・22　拉致被害者の家族五人が帰国。 12・26　スマトラ島沖地震（M9・1）。
二〇〇五（平成17）	72	2月　『カムイ　チカプ　カムイ「神さまの鳥シマフクロウ物語」』（同成社）刊行。 夏　詩作品「イ・チャルパ」を創作。 7月　千葉県君津市に弟の浦川治造が「カムイミンタラ」を建設。	2・16　京都議定書発効。 3・25　「愛・地球博」が開幕（〜9月25日）。 3・29　スマトラ島沖地震（M8・6）。
二〇〇六（平成18）	73	5月　『アイヌの治造物語　思いはこずえにつなげて』（同成社）刊行。 5・6　萱野茂死去。享年79。 8月　リバティおおさか（大阪人権博物館）「語りの広場」で「アイヌ民族として」という演題で講演。 9月　『シマフクロウとサケ』福音館書店（日本傑作絵本シリーズ）刊行。	2・17　フィリピンのレイテ島で大規模な土砂崩れ。二千人が犠牲になる。 5・27　インドネシアでM6・3の地震、五七八二人が死亡。 7・17　インドネシア・ジャワ島南沖を震央とするM7・7の地震。死者五〇〇人以上。

年	歳	宇梶静江及びアイヌ関連事項	日本及び世界の出来事
二〇〇六（平成18）	73	9月『TOKYO人権』第三一号（公益財団法人東京都人権啓発センター、25日発行）にインタビュー記事が掲載される。	9・26 第一次安倍晋三内閣発足。 11・23 イラクのバグダードで連続爆弾テロ事件。
二〇〇七（平成19）	74	首都圏アイヌを描く映画製作を呼びかけ、ドキュメンタリー映画『TOKYOアイヌ』製作の契機となる。 5・13 先住民族の一〇年市民連絡会主催の「アイヌ民族のいま、そしてこれからを考えるシンポジウム」に参加。 7・4『神戸新聞』の「あのころいま」に「アイヌの哲学　針に込め」の記事が掲載される。 7・27 東京恵比寿のGallery Malleで個展（〜29日） 10・21『中日新聞』サンデー版「ハッピーDays」に「布絵でアイヌ文化紹介　自然を畏敬し創作」の記事が掲載。 4月 北海道庁が、一九五五年にイオマンテ儀式を禁止した通達を撤回。 9・13 国連総会で「先住民族の権利に関する国際連合宣言」が採択される。	2・3 イラク・バグダードでイラク戦争後最大規模の自爆テロ発生。 4・2 ソロモン諸島付近で、M8・0の地震。 4・16 バージニア工科大学銃乱射事件。死者三二人。 8・16 ペルー沖地震（M7・9）。死者五一〇名。 9・12 スマトラ島沖地震（M8・5）。 9・26 福田康夫内閣発足。 11・14 チリ地震（M7・7）。
二〇〇八（平成20）	75	3月『セミ神さまのお告げ』福音館書店（日本傑作絵本シリーズ）刊行。 5月『トーキナ・ト』福音館書店（日本傑作絵本シリーズ）（津島佑子と共著）刊行。	2・17 アフガニスタンで、約八〇人が死亡する自爆テロ。 5・12 四川大地震（M8・0）。新華社通信が約四万人が死亡したと報じた。

		7・1 洞爺湖でのG8サミットに先がけて二風谷と札幌で開催された「**先住民族サミット アイヌモシリ2008」に共同代表として参加**（〜4日）。**主催者として「アイヌは明治時代の同化政策で自分たちの権利だけでなく、自然そのものも失った」とのメッセージを発信する。** 11・22 日本華人教授会議創立五周年記念シンポジウム「グローバリズムと多民族社会——中国の現実、世界の課題」に参加。 6・6 衆参両院「アイヌの先住権を求める決議」。	5・20 台湾で馬英九が総統に就任。 7・7 洞爺湖町でG8サミット開催（〜7月9日）。 9・15 リーマン・ショック。 9・24 麻生太郎内閣発足。 11・26 ムンバイ同時テロ事件。
二〇〇九（平成21）	76	3・17 長弟、浦川茂雄死去。享年73。 3・28 山梨県北杜市の絵本の樹美術館で個展を開催（〜6月21日）。 4月 弟（四男）、浦川富夫死去。享年68。 6月 第一〇回笹山じょうもん市で歌や踊りを披露、プレイベント（5月30・31日）で古布絵作品を展示。 7月 雑誌『グラフィケーション』（No.163）にインタビュー記事「伝えていきたい、アイヌの心」が掲載される。 この頃、『セミ神さまのお告げ』が北海道学校図書館協会の北海道指定図書となる。 11月 インド旅行、釈尊入滅の地等を訪ねる。 4・1 北海道ウタリ協会が北海道アイヌ協会に名称変更。	1・20 バラク・オバマが、第四四代アメリカ合衆国大統領に就任。 3・11 ドイツでヴィネンデン銃乱射事件。一五人死亡。 7・5 ウイグル騒乱。 9・16 鳩山由紀夫（民主党）内閣発足。 9・30 南太平洋・サモア近海でM8・3、インドネシア・スマトラ島沖でM7・6の地震が発生。 10・7 インドで集中豪雨による洪水、二七〇人以上が死亡、二五〇万人以上が家屋を失う。

年	歳	宇梶静江及びアイヌ関連事項	日本及び世界の出来事
二〇〇九（平成21）	76	9・13　北海道アイヌ協会釧路支部の多くの会員が脱退し、新組織である「千島・道東アイヌ協会」（本部：釧路市）を新たに設置。 12月　「先住民族アイヌの権利回復を求める団体・個人署名の要請」。	10・8　南太平洋・バヌアツ諸島でM7・8の地震。 12・17　第15回気候変動枠組条約締約国会議が開催（～18日）
二〇一〇（平成22）	77	8・27　『朝日新聞』「ひと」欄に掲載される。 8月　自身が製作委員会に名を連ね、出演もしている森谷博監督、撮影、編集の映画『TOKYOアイヌ』が完成。 10・15～18　「先住民族サミットinあいち2010——先住民族が伝える」に参加。 12・19　札幌市ピリカコタンで開催されたシンポジウムに参加。 この頃、首都圏アイヌのとりまとめ組織アイヌ・ウタリ連絡会代表に選ばれる。	2・27　チリでM8・8の地震。 5・1　上海国際博覧会（～10月31日）。 6・8　菅直人内閣発足。 6・11　キルギスでキルギス人とウズベク人の民族抗争が激化。 11・13　横浜市でAPEC首脳会議（～14日）。
二〇一一（平成23）	78	1月　詩作品「おくるみ」を創作。 1・17　アイヌ・ウタリ連絡会代表として、先住民族としてのアイヌの権利回復を求める「政府要請書」と「議員要望書」を提出。22　「紋別のアイヌ漁師畠山敏さんのこと」を執筆。 2・10　詩作品「あの日あの時」を創作。23　東京都豊島区西池袋のブックギャラリーポポタムで「アイヌの大地がつないだ物語　宇梶静江の刺繍展」を開催（～3月6日）。	1・14　チュニジアでジャスミン革命。 2・22　ニュージーランドのクライストチャーチでカンタベリー地震（M6・3）。 3・11　東日本大震災。 3・12　九州新幹線鹿児島ルート全線開業。

3・14 詩作品「路傍におられるお地蔵さま（愛の発信地）」を創作。17 「アイヌ刺繡展 in 大阪」に古布絵作品を出展（～20日）。18 **詩作品「大地よ」を創作。**
4・5 詩作品「ひえデン あわデン こめデン」を創作。
11 **吉川英治文化賞を受賞。**24 『TOKYOアイヌ』上映会 in 国立（一橋大学）で講演。28 山梨県北杜市小淵沢のフィリア美術館で個展を開催（～6月26日）。
6・4 札幌エルプラザで開催された「希望の詩・東日本大震災チャリティーコンサート」に出演。21 東京中央区京橋のギャラリーモーツァルトで「宇梶静江・良子母子展」を開催（～30日）。24 著書『すべてを明日の糧として――今こそ、アイヌの知恵と勇気を』（清流出版）刊行。
7・26 詩作品「あなたへの手紙」を創作。
8・31 NHKラジオ第一放送「私も一言！夕方ニュース」に出演。
9・25 東京豊島区駒込の琉球センターで、吉川英治賞受賞記念講演。
10・9 国立民族学博物館で『TOKYOアイヌ』上映会開催、解説を行う。10 **詩集『ヤイコイタㇰ ひとりごと』（宇梶静江詩集刊行会）刊行。**東京のギャラリー八重洲で個展「古布絵・ポエム 宇梶静江の世界」を開催（～16日）。

3・14 東京電力が計画停電を実施（～18日）。
4・12 福島第一原発事故の国際評価レベルが7に。
4・21 七七〇〇万件に及ぶ過去最悪の個人情報流出事件（PSN個人情報流出事件）が発覚。
5・2 アル・カーイダのウサマ・ビンラディン容疑者が米国の諜報機関により殺害された。
6・4 チリ南部のプジェウエ火山が半世紀ぶりに噴火。
7・17 ドイツでFIFA女子ワールドカップが開催され、日本代表が初優勝。
7・23 中国で温州市鉄道衝突脱線事故。
8・23 リビアのカダフィ政権崩壊。
9・2 野田佳彦内閣が発足。
9・18 インド・ネパール国境でM7・0の地震、死者百人。
10・5 スティーブ・ジョブズ死去。

年	歳	宇梶静江及びアイヌ関連事項	日本及び世界の出来事
二〇一一（平成23）	78	11・5　東京総評会館で行われた第七回九条フェスタで古布絵を展示。13　東京都国立市のカフェ・レラで詩の朗読とお話の会を開催。23　新横浜での映画『ＴＯＫＹＯアイヌ』の上映会に際して講演。 12・5　アムネスティひろしまでの映画『ＴＯＫＹＯアイヌ』の上映会に際して講演。 この頃、弟の浦川治造と息子の宇梶剛士が出演したドキュメンタリー映画『カムイと生きる』が完成。	10月　タイ王国で過去50年間で最悪の水害が発生し、国土の3分の1が水没、8割が被災した。 11・3　フランスのカンヌでG20首脳会議（～11月4日）。 11・18　「気候変動に関する政府間パネル」（ＩＰＣＣ）が特別報告を発表。 12・17　北朝鮮の金正日総書記が死去。
二〇一二（平成24）	79	5・25　道庁を訪れ、3・27付で財団法人「アイヌ文化振興・研究推進機構」が全国の教育委員会に修整を通知した文書の撤回と、財団のホームページに掲載している修整の経緯などを説明した部分の削除などを求める。 7・14　新潟市の「水と土の芸術祭」第二回シンポジウム「見えない世界と遊ぶ術（アート）」に出演。同日より芸術祭期間中を通じて古布絵作品を展示（～12月24日）。 10・16　ＮＨＫラジオ第一放送「ラジオ深夜便」で「母を語る」を放送。	1・20　ナイジェリアでボコ・ハラムによる連続爆弾攻撃と銃撃戦が発生。一七八人の死亡が確認。 2・29　東京スカイツリーが竣工。 4・1　インドネシアのスマトラ島でＭ8・7の地震。 11・8　中国の共産党大会で胡錦濤党総書記・中軍委主席の後継として習近平が選出される。
二〇一三（平成25）	80	2・6　「『北方領土の日』反対！　アイヌ民族連帯！」関東集会で講演。 5・18　詩作品「いとなみ」を創作。	2・25　朴槿恵が韓国初の女性大統領に。 4・15　ボストンマラソン爆弾テロ事件。

		7・6 長野県上田市の「じねんや糸川」で「宇梶静江古布絵全作品展」を開催（～9月14日） 11・14 八ヶ岳美術館で「宇梶静江展 古布絵で描くアイヌの叙事詩」を開催（～二〇一四年1月26日）。	12・5 南アメリカで黒人初の大統領となったネルソン・マンデラ死去。
二〇一四（平成26）	81	3・15 横浜市港北区のスペース・オルタで「ウタリ達よ、手をつなごう！ ――宇梶静江 半世紀の思い、そして未来へ」を開催。 5・4 新潟県阿賀野市の阿賀野市安田公民館で行なわれた「映画『阿賀に生きる』二二周年 阿賀野岸辺にて二〇一四年追悼集会」で、娘の良子と「アイヌ文化の宝もん話」と題して講演。 4・1 公益社団・法人北海道アイヌ協会認定。	3・1 中国の雲南省昆明市の昆明駅前で無差別殺傷事件発生。 4・1 チリ沖を震源とする、M8・2の地震。 4・16 韓国でセウォル号沈没事故。 9・28 香港で雨傘革命（～12月15日）。
二〇一五（平成27）	82	8・28 新潟市の「水と土の芸術祭2015」で、市民プロジェクト「ウポポリムセ・アイヌに遊ぶ――宇梶静江さんとともに」を開催（～30日、9月25・26日）。 9・12 東京有楽町朝日ホールで「アイヌ文化フェスティバル2015」を主催者の一人として開催。 10・15 新横浜で開催されたアイヌフェスティバルに参加。 11・14 うらわ美術館「縫い――その造形の魅力」に古布絵作品「セミ神さまのお告げ」の連作を出品（～二〇一六年1月17日）。	1・7 シャルリー・エブド襲撃事件。 4・2 ケニア、ガリッサ大学襲撃事件。 7・20 アメリカとキューバが国交を回復。 11・13 パリ同時多発テロ事件。
二〇一六（平成28）	83	6・30 東京の内幸町ホールで開催された「母なる大地を唄おう――伝承の大切さ」でイフンケ（子守唄）を唄う。 8月 京都で一カ月の入院。	5・20 蔡英文が中華民国総統に就任。

年	歳	宇梶静江及びアイヌ関連事項	日本及び世界の出来事
二〇一六（平成28）	83	10・15 横浜市スペース・オルタで開催された「アイヌ感謝祭」で講演。 11・19 アイヌ政策市民会議（札幌市・北海道大学）「アイヌなるものを探し求めて」で講演。 12・17 さいたま市浦和区の南箇公民館で「自然と共に生きるアイヌの知恵」をテーマに講演（22日の『毎日新聞』埼玉版で報道）。 ドキュメンタリー映画『響き——RHYTHM of DNA』に出演。	5・27 バラク・オバマが米国現職大統領として、初めて広島市を訪問。 6・23 イギリスの欧州連合離脱是非を問う国民投票。離脱派が多数を獲得。 6・28 トルコ、アタテュルク国際空港襲撃事件。 7・15 トルコでクーデター未遂事件。二九〇人死亡。 7・26 相模原障害者施設殺傷事件。
二〇一七（平成29）	84	2・20 東京京橋のギャラリーモーツァルトで、宇梶静江とその仲間たちと結城幸司「神話と心話の世界から」展を開催（～25日）。 3・18 札幌市のアイヌ政策検討市民会議で「アイヌ漁業権回復を目指して」と題して講演。 10・8 「八ヶ岳 JOMONライフフェスティバル」の「茅野市 5000年尖石縄文まつり'17」で講演。 11・30 札幌で開催された「世界先住民大会」に参加。 12・3 北海道大学で開催された「世界先住民会議」に出席。 7・31 北海道で盗掘され、ドイツの学術団体で保管されていたアイヌ民族の遺骨が返還。	1・6 ドナルド・トランプが第四五代アメリカ合衆国大統領に当選。 2・5 アフガニスタンで雪崩が発生し、百人以上が死亡。 3・6 ソマリアの干ばつが深刻化し、同月4日までの2日間で一一〇人が死亡したことが発表された。 5・10 韓国で民主党の文在寅が大統領に就任。 6・25 パキスタンでバハワルプル爆発事件。一四三人死亡。二五〇人以上負傷。

二〇一八（平成30）	85	2・24 三重県松阪市の「松浦武四郎生誕200年記念事業」で、息子の剛士とトーク・セッション。 6・23 先住民族研究会主催の講演会（聖心女子大学四号館）で「アイヌの知恵と生きる力」を講演。 8・20 中野ポレポレ坐で藤原書店主催の「甦れ、大地！（カムイモシリ！） 宇梶静江 語りと詩の朗読」を開催。 11月 藤原書店『機』に「石牟礼道子さんに共感したこと」を掲載。 12月 ロシアのプーチン大統領は、クリル諸島（北方領土を含む千島列島）などに住んでいたアイヌ民族をロシアの先住民族に認定する考えを表明。	1・4 アフガニスタンで自爆テロ。二〇人死亡、ＩＳＩＬが犯行声明。 4・27 文在寅と金正恩が南北首脳会談。 6・12 トランプと金正恩が首脳会談。 9・6 北海道胆振地方中東部でＭ６・７の地震。
二〇一九（平成31／令和元）	86	1・11 アイヌ民族有志のグループ「モシリコルカムイの会」（畠山敏代表、紋別アイヌ協会長）として在札幌ロシア連邦総領事館にアンドレイ総領事を訪問し、プーチン大統領あての要望書を託し、その後「アイヌ政策検討市民会議」に出席。 2・3 コカリナ（木製のオカリナ）の創始者として知られるオカリナ奏者の黒坂黒太郎氏と、オカリナとアイヌのイベントで共演。 6・15 明治学院大学で開かれた「先住民の声は届いたか」をテーマとするシンポジウムに参加。 11・20 道新フォーラム「アイヌ民族はいま」にパネリストとして出席。	1・3 中国の嫦娥4号が月の裏側に到着。 3・31 香港で逃亡犯条例改正案に抗議する大規模デモが始まる。 4・15 パリのノートルダム大聖堂で大規模な火災。 4・30 天皇が生前退位し上皇となり、5月1日から令和元年となる。 7・18 京都アニメーション第一スタジオ放火殺人事件。 9・20 ラグビーワールドカップ日本開催（〜11月２日）。

年	歳	宇梶静江及びアイヌ関連事項	日本及び世界の出来事
二〇一九（平成31／令和元）	86	4・19「アイヌの人々の誇りが尊重される社会を実現するための施策の推進に関する法律」が成立し、同月26日公布。	12・4 中村哲医師がアフガニスタンで殺害される。
二〇二〇（令和2）	87	1・31「アイヌカナカプロジェクト――アイヌとハワイアンの儀式を繋ぐ旅で」ハワイを訪問（〜2月6日）。	1月 中国武漢市で発生した新型コロナウイルスによる肺炎が世界に拡大の兆し。

著者紹介

宇梶静江（うかじ・しずえ）

1933年北海道生まれ。幼少期を北海道浦河郡の姉茶村の和人も混在するアイヌ集落で過ごす。1956年札幌にある私立北斗学園中等科を卒業。卒業直後に上京、1959年に結婚。二児の母となる。

1966年から『詩人会議』同人となり詩を書く。1972年2月8日、『朝日新聞』の「ひととき」欄に「ウタリたちよ、手をつなごう」の投稿が掲載されて反響を呼び、首都圏在住のアイヌ結集の契機となり、翌年「東京ウタリ会」を設立。

1996年、アイヌ伝統刺繍の技法を基に、ユーカラに語られてきたアイヌの叙事詩を、古布絵として表現するオリジナルな手法を確立。以後、古布絵作家としての活動を展開。米国、オーストラリア、ドイツ、ロシア等海外の先住民とも交流を重ねる中で、世界の先住民としてのアイヌへの思いを新たにする。

2011年、古布絵作家としての活動が評価され、吉川英治文化賞を受賞。東日本大震災を契機とした詩作品「大地よ」が評判となる。以後も先住民としてのアイヌを意識した活動を続け、今日に至る。

著書に『シマフクロウとサケ』(2006年)、『セミ神さまのお告げ』(2008年、以上は福音館書店)、『すべてを明日の糧として――今こそ、アイヌの知恵と勇気を』(清流出版、2011年)詩集『ヤイコイタㇰ　ひとりごと』(宇梶静江詩集刊行会、2011年)などがある。

大地《だいち》よ！　アイヌの母神《ぼしん》、宇梶静江《うかじしずえ》自伝《じでん》

2020年3月3日　初版第1刷発行©

著　者　宇　梶　静　江
発行者　藤　原　良　雄
発行所　株式会社　藤　原　書　店

〒162-0041　東京都新宿区早稲田鶴巻町523
電　話　03（5272）0301
F A X　03（5272）0450
振　替　00160 - 4 - 17013
info@fujiwara-shoten.co.jp

印刷・製本　中央精版印刷

落丁本・乱丁本はお取替えいたします
定価はカバーに表示してあります

Printed in Japan
ISBN978-4-86578-261-5

J.ミシュレ
全体史の誕生
若き日の日記と書簡
「すべての学問は一つである。」
ミシュレは、いかにしてミシュレとなりえたか？

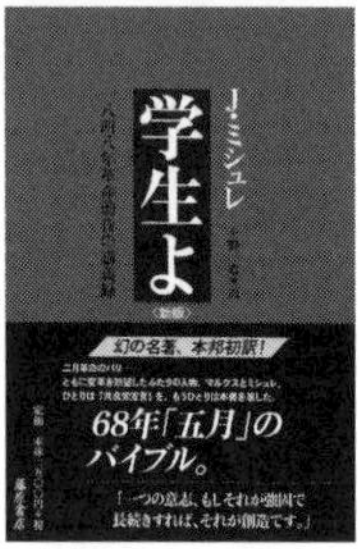

J.ミシュレ
学生よ
幻の名著、本邦初訳！
68年「五月」のバイブル。
「一つの意志、もしそれが強固で長続きすれば、それが創造です。」

ミシュレ伝
大野一道
〜ミシュレ生誕200年記念出版〜
思想家としての歴史家の生涯

ミシュレとルネサンス
リュシアン・フェーヴル
ミシュレは、歴史学の創始者である。

「東北」から世界を変える

「東北」共同体からの再生

〈東日本大震災と日本の未来〉

川勝平太＋東郷和彦＋増田寛也

「地方分権」を軸に政治の刷新を唱える静岡県知事、「自治」に根ざした東北独自の復興を訴える前岩手県知事、国際的視野からあるべき日本を問うてきた元外交官。東日本大震災を機に、これからの日本の方向を徹底討論。

四六上製　一九二頁　**一八〇〇円**
（二〇一一年七月刊）◇978-4-89434-814-1

東北人自身による、東北の声

鎮魂と再生

〈東日本大震災・東北からの声100〉

赤坂憲雄編
荒蝦夷＝編集協力

「東日本大震災のすべての犠牲者たちを鎮魂するために、そして、生き延びた方たちへの支援と連帯をあらわすために、この書を捧げたい」（赤坂憲雄）――それぞれに「東北」とゆかりの深い聞き手たちが、自らの知る被災者の言葉を書き留めた聞き書き集。東日本大震災をめぐる記憶／記録の広場へのささやかな一歩。

Ａ５並製　四八八頁　**三二〇〇円**
（二〇一二年三月刊）◇978-4-89434-849-3

草の根の力で未来を創造する

震災考 2011.3-2014.2

赤坂憲雄

「方位は定まった。将来に向けて、広範な記憶の場を組織することにしよう。途方に暮れているわけにはいかない。見届けること。記憶すること。記録に留めること。すべてを次代へと語り継ぐために、希望を紡ぐために。」

復興構想会議委員、「ふくしま会議」代表理事、福島県立博物館館長、遠野文化研究センター所長等を担いつつ、変転する状況の中で「自治と自立」の道を模索してきた三年間の足跡。

四六上製　三八四頁　**二八〇〇円**
（二〇一四年二月刊）◇978-4-89434-955-1

復興は、人。絆と希望をつなぐ！

福島は、あきらめない

〈復興現場からの声〉

冠木雅夫（毎日新聞編集委員）編

二〇一一年三月一一日、東日本大震災。福島は地震・津波に加え、原発事故に襲われた。あれから六年。風評被害、避難、帰還……さまざまな困難と向き合い、それでも地元の復興に向け生き生きと語る人びと。福島生まれの記者が、事故直後から集めつづけた、現地で闘い、現地に寄り添う人々の声。

四六判　三七六頁　**二八〇〇円**
（二〇一七年三月刊）◇978-4-86578-116-8

琉球の八賢人が語り尽くす！

これからの琉球はどうあるべきか

藤原書店編集部編

（インタヴュー）**大田昌秀**

（座談会）**安里英子＋安里進＋伊佐眞一＋海勢頭豊＋我部政男＋川満信一＋三木健**

沖縄の賢人たちが、今後の日本と沖縄の関係について徹底討論。従属でもなく独立でもない道を探る。

「日米開戦半年後、アメリカは沖縄の日本からの分離を決めていた！」（大田昌秀）

四六並製　三四四頁　**二八〇〇円**　（二〇一六年一月刊）

◇ 978-4-86578-060-4

沖縄・女性の視点から見つめ直す

新しいアジアの予感

〈琉球から世界へ〉

安里英子

琉球という己れの足元を深く掘り下げ、同時にアイヌ、台湾、朝鮮半島、日本とのつながりを、民俗・生活の根源にある〝自然〟〝いのち〟から、一つ一つたどり直す。揺れ動く現代の沖縄から発信する、揺るがない琉球の歴史のこころとは？　琉球に生まれた女性が、日本列島の南と北を結び、世界へひらく、精神史の旅。

四六上製　三六八頁　**二八〇〇円**　（二〇一八年一一月刊）

◇ 978-4-86578-206-6

琉球の死生観とは何か？

珊瑚礁の思考

〈琉球弧から太平洋へ〉

喜山荘一

奄美・沖縄地方の民俗（風葬、マブイ、ユタなど）が南太平洋の島々や日本本土の民俗と共鳴しながら示す島人の思考とは、珊瑚礁の形成とともに生まれた「あの世」と「この世」が分離しつつ自由に往き来できる死生観だった。文字を持たなかった時代の琉球弧の精神史を辿る！

四六並製　三二〇頁　**三〇〇〇円**　（二〇一五年一二月刊）

◇ 978-4-86578-056-7

従来の古代史を書き換える問題作！

「琉球文明」の発見

海勢頭豊

琉球の絶対平和の思想を訴えてきた著者が、その思想のルーツを求めて日本各所に残る龍宮神信仰の痕跡を調査、卑弥呼こそ龍宮神の教えを受けて平和国家倭国を作った百襲姫《モモソヒメ》であり、その後倭国は南朝ユダヤ族に奪われたという歴史を明らかにした。そして「大」「邑」「山」の甲骨文字から、「琉球文明」が黄河文明を作り出したという仮説を実証した画期的書！

四六上製　二五六頁　**二二〇〇円**　（二〇一九年一月刊）

◇ 978-4-86578-210-3

未発表処女作を含む初期作品集！

不知火おとめ

〔若き日の作品集1945–1947〕

石牟礼道子

戦中戦後の時代に翻弄された石牟礼道子の青春。その若き日の未発表の作品がここに初めて公開される。十六歳から二十歳の期間に書かれた未完歌集『虹のくに』、代用教員だった敗戦前後の日々を綴る「錬成所日記」、尊敬する師宛ての手紙、短篇小説・エッセイほかを収録。

口絵四頁

A5上製　二一六頁　**二四〇〇円**
（二〇一四年一一月刊）
◇978-4-89434-996-4

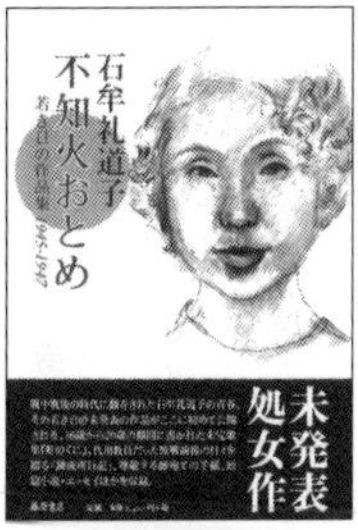

高群逸枝と石牟礼道子をつなぐもの

最後の人　詩人　高群逸枝

石牟礼道子

世界に先駆け「女性史」の金字塔を打ち立てた高群逸枝と、人類の到達した近代に警鐘を鳴らした世界文学『苦海浄土』を作った石牟礼道子をつなぐものとは。『高群逸枝雑誌』連載の表題作と未発表の「森の家日記」、最新インタビュー、関連年譜を収録！

口絵八頁

四六上製　四八〇頁　**三六〇〇円**
（二〇一二年一〇月刊）
◇978-4-89434-877-6

生前交流のあった方々の御霊に捧げる悼詞

無常の使い

石牟礼道子

荒畑寒村、細川一、仲宗根政善、白川静、鶴見和子、橋川文三、上野英信、谷川雁、本田啓吉、井上光晴、砂田明、土本典昭、石田晃三、田上義春、川本輝夫、宇井純、多田富雄、八田昭男、原田正純、木村栄文、野呂邦暢、杉本栄子、久本三多ら、生前交流のあった二三人の御霊に捧げる珠玉の言霊。

B6変上製　二五六頁　**一八〇〇円**
（二〇一七年二月刊）
◇978-4-86578-115-1

絶望の先の〝希望〟

花の億土へ

石牟礼道子

「闇の中に草の小径が見える。その小径の向こうのほうに花が一輪見えている」――東日本大震災を挟む足かけ二年にわたり、石牟礼道子が語り下ろした、解体と創成の時代への渾身のメッセージ。映画『花の億土へ』収録時の全テキストを再構成・編集した決定版。

＊DVD（四八〇〇円）につきましては、二八八頁をご覧ください。

B6変上製　二四〇頁　**一六〇〇円**
（二〇一四年三月刊）
◇978-4-89434-960-5